NATIONAL GEOGRAPHIC

DRESDEN

Inhalt

Das Magazin 5

✦ Weltkulturerbe ✦ Highlights auf einen Blick ✦ Eine verhängnisvolle Affäre ✦ Der 13. Februar ✦ Kunst-Schatz ✦ Made in Dresden ✦ Die Brücke ✦ Feste feiern ✦ Stadt im Wandel ✦ »Wir treten aus unseren Rollen heraus« ✦ Wein gut, alles gut ✦ Zukunftsstandort Dresden ✦ Oh, du fröhliche … ✦ Wussten Sie …

Erster Überblick 35

✦ Ankunft
✦ Unterwegs in Dresden
✦ Übernachten
✦ Essen und Trinken
✦ Einkaufen
✦ Ausgehen

Die historische Altstadt 49

Erste Orientierung ✦ In zwei Tagen ✦ Nicht verpassen!
✦ Zwinger und Gemäldegalerie Alte Meister ✦ Semperoper und Theaterplatz ✦ Frauenkirche ✦ Residenzschloss ✦ Brühlsche Terrasse
Nach Lust und Laune!
✦ Acht weitere Adressen zum Entdecken
Wohin zum … ✦ Essen und Trinken? ✦ Einkaufen? ✦ Ausgehen?

Die Neustadt 81

Erste Orientierung ✦ An einem Tag ✦ Nicht verpassen!
✦ Japanisches Palais ✦ Neustädter Markt und Hauptstraße ✦ Königstraße ✦ Albertplatz ✦ Äußere Neustadt
Nach Lust und Laune!
✦ Sechs weitere Adressen zum Entdecken
Wohin zum … ✦ Essen und Trinken? ✦ Einkaufen? ✦ Ausgehen?

Vom Stadtzentrum zum Großen Garten 107
Erste Orientierung ✦ An einem Tag ✦ Nicht verpassen!
✦ Altmarkt ✦ Prager Straße ✦ Deutsches Hygiene-Museum ✦ Großer Garten
Nach Lust und Laune!
✦ Zwei weitere Adressen zum Entdecken
Wohin zum ... ✦ Essen und Trinken? ✦ Einkaufen? ✦ Ausgehen?

Der Elbhang 127
Erste Orientierung ✦ An einem Tag ✦ Nicht verpassen!
✦ Elbschlösser ✦ Körnerplatz ✦ Schloss und Park Pillnitz
Nach Lust und Laune!
✦ Sechs weitere Adressen zum Entdecken
Wohin zum ... ✦ Essen und Trinken? ✦ Einkaufen? ✦ Ausgehen?

Ausflüge 147
✦ Sächsische Schweiz
✦ Meißen
✦ Moritzburg
✦ Bautzen – Budyšin
✦ Radebeul

Spaziergänge & Touren 161
✦ **1** Durch die Gartenstadt Hellerau
✦ **2** Die Elbe entlang
✦ **3** Durch die Friedrichstadt

Praktisches 171
✦ Reisevorbereitung ✦ Reisezeit
✦ Das Wichtigste vor Ort
✦ Veranstaltungen rund ums Jahr

Cityplan 179
Straßenregister 185
Register 187

Autorin: Angela Stuhrberg
Redaktion: Nadia Al Kureischi
Bildredaktion: Gabriele Forst
Gestaltung: Cyclus – Visuelle Kommunikation
Aktualisierung: Angela Stuhrberg

„NATIONAL GEOGRAPHIC" ist eine eingetragene Marke der National Geographic Society. Deutsche Ausgabe lizensiert durch NATIONAL GEOGRAPHIC DEUTSCHLAND (G+J/RBA GmbH & Co. KG), Hamburg 2009
www.nationalgeographic.de

Unsere Autoren haben nach bestem Wissen recherchiert. Trotzdem schleichen sich manchmal Fehler ein, für die der Verlag keine Haftung übernehmen kann. Hinweise, Verbesserungsvorschläge und Korrekturen sind jederzeit willkommen. Einsendungen an:
E-Mail: spirallo@nationalgeographic.de oder
NATIONAL GEOGRAPHIC SPIRALLO-Reiseführer
MAIRDUMONT GmbH & Co. KG,
Postfach 3151, D-73751 Ostfildern

Covergestaltung und Art der Bindung
mit freundlicher Genehmigung von AA Publishing

Dieser Titel der National Geographic Spirallo Reiseführerserie wird mit freundlicher Genehmigung der Automobile Association Developments Limited, Eigentümerin der AA Spiral Guide Reiseführerserie, herausgegeben.
© Konzept und Design: Automobile Association Developments Limited, Fanum House, Basing View, Basingstoke, Hampshire RG21 4EA, UK.
Handelsregister Nr. 1878835.
Printed in Poland.

A03878

Das Magazin

Weltkulturerbe

Dresdens größter Schatz hängt in keinem Museum. Es ist die Elbe samt der von ihr geschaffenen und von Menschenhand gestalteten Landschaft. Dieser Meinung schloss sich auch die Unesco an und nahm das Dresdner Elbtal in die Weltkulturerbe-Liste auf.

Canal Grande

Auf einer Länge von 30 km fließt die Elbe in weiten Bögen durch Dresden, gesäumt von bis zu 400 m breiten Wiesen und eingerahmt von einer über die Jahrhunderte gewachsenen Kulturlandschaft. August der Starke machte den Fluss einst – inspiriert von einer Venedig-Reise – zu seinem »Canal Grande« und ließ an den Ufern Schlösser und Palais errichten mit Anlegestellen für die höfischen Festgondeln. Dass die Stadt schließlich nicht als »Elbvenedig«, sondern als »Elbflorenz« in die Geschichte einging, verdankt sie Johann Gottfried Herder, der sie 1802 angesichts ihrer Kunstschätze »Deutsches Florenz« genannt hatte. Noch heute, nach Zerstörung und Wiederaufbau, macht gerade die einzigartige Verbindung von Architektur, Kultur und Natur den besonderen Reiz Dresdens aus.

Loblied

»Dresden hat eine große, feierliche Lage, in der Mitte der umkränzenden Elbhöhen ... Der Strom verlässt plötzlich sein rechtes Ufer und wendet sich schnell nach Dresden, seinen Liebling zu küssen.« Heinrich von Kleist, 1801

Seite 5: Auferstanden aus Ruinen – die Frauenkirche

Die Sonne genießen

Lebensader Elbe

Die für eine moderne europäische Großstadt einmalige Synthese aus städtischem Lebensraum und weitgehend unverbauter Flusslandschaft ist Generationen von weitsichtigen Stadtplanern zu verdanken. Bis zu 10 Mio. Touristen jährlich wissen das Gesamtkunstwerk mit Fluss zu schätzen. Die Einheimischen sowieso.

Mehr als alles andere bestimmt die Elbe das Lebensgefühl. Bei den ersten warmen Sonnenstrahlen strömen die Dresdner zu den Elbwiesen – mit Kinderwagen, Hund und Picknickkorb oder mit dem Rad für eine Tour auf dem Elberadweg. Stolz präsentiert man Besuchern den Blick von der Neustadt auf das Altstadtpanorama. Im Sommer verwandeln sich die Elbufer in eine Kulisse für Volksfeste und Open-Air-Kino.

Die gestiegene Wasserqualität hat Elbebiber, Fischotter und Elblachs zurückgebracht, lockt inzwischen aber auch wieder Menschen in die Fluten. Nach dem Hochwasser im August 2002 scheint das Verhältnis der Dresdner zu ihrem Fluss noch inniger geworden zu sein. Zu den Elbwiesen allemal – die hatten als natürlicher Überflutungsraum die Stadt schließlich vor noch Schlimmerem bewahrt.

Uferspaziergang vor atemberaubender Kulisse

Erinnerung an die Elbeflut in Loschwitz

Listenplatz

2004 nahm die Unesco das »Elbtal Dresden« in die prestigeträchtige Welterbe-Liste auf, die derzeit rund 850 Kultur- und Naturdenkmäler in 141 Staaten umfasst. Die Planungen zu der unter Politikern wie Bürgern erbittert umkämpften vierspurigen »Waldschlösschenbrücke« – von den Gegnern einer oberirdischen Elbquerung als »Betonmonstrum« geschmäht – bescherten der Kulturlandschaft nur zwei Jahre später den eher peinlichen Platz auf der »Roten Liste« der gefährdeten Welterbestätten. Nach Baubeginn Ende 2007 gewährte die Unesco eine letzte Gnadenfrist: Baustopp und Rückbau bis 2009 oder der Titel ist futsch.

Allein schon der Blick auf die unvergleichliche Stadtsilhouette lohnt die Reise nach Dresden. Zu den Sehenswürdigkeiten, die Sie nicht verpasse sollten, zählen Frauenkirche, Zwinger, Semperoper, Brühlsche Terrasse. Und das Schloss Pillnitz am Stadtrand. Gut zu wissen: Die Dresdner kennen und lieben ihre Stadt und ge ben ihr Wissen gern weiter.

Highlights auf eine

Höhenflug

Der Hausmanns- und der Rathausturm sowie die Türme von Frauen-, Kreuz- und Dreikönigskirche locken mit schönen – und immer wieder anderen – Aussichten. Außerdem lässt sich der Blick über die Stadt und das Elbtal bis hin zur Sächsischen Schweiz und den Ausläufern des Erzgebirges auch vom Elbhang aus genießen.

Dampferfahrt

Eine Fahrt mit einem der historischen Dampfschiffe ist die entspannteste Art, das Weltkulturerbe Elbtal zu erkunden. Vom Terrassenufer unterhalb der Brühlschen Terrasse und der Dresdner Altstadt geht es vorbei an den Elbschlössern bis zum Blauen Wunder oder dem Schloss Pillnitz. Elbaufwärts werden Fahrten bis in die Sächsische Schweiz nach Schmilka an der tschechischen Grenze angeboten, elbabwärts bis Meißen und Diesbar-Seußlitz.

Neustadtstreifzug

Die Äußere Neustadt ist das lebendigste und jüngste Viertel der Stadt, mit hippen Läden in schönen Gründerzeitbauten. In der Alaun-, der Louisen- und der Görlitzer Straße finden Sie eine rekordverdächtige Dichte an

Links oben: Liotards *Schokoladenmädchen* in der Gemäldegalerie Alte Meister

Mit dem Schaufelraddampfer die Elbe entlang

Kult-Treff: das Café Blumenau

Restaurants, Bars und Kneipen. Ein paar Straßenbahnhaltestellen weiter nördlich liegt in einem alten Industriegelände das Epizentrum der Dresdner Clubszene.

Abends am schönsten: Die Brühlsche Terrasse mit Kunstakademie und Sekundogenitur

Museumstour

Die Sixtinische Madonna in den Alten Meistern und Augusts Pretiosen im Grünen Gewölbe sind ein Muss. Doch Dresden hat insgesamt rund 40 Museen, die jede Menge Entdeckungen bereithalten. Zur Museums-Sommernacht im Juli gibt es dazu zahlreiche Veranstaltungen und den einen oder anderen Blick hinter die Kulissen. Busse und historische Straßenbahnen verbinden die einzelnen Stationen.

Blick

Landpartie

Zu einem Dresden-Besuch gehört unbedingt ein Ausflug in die reizvolle Umgebung. Hier locken mittelalterliche Städte, Schlösser und Burgen, Weinberge sowie eine weltberühmte Porzellan-Manufaktur. Und dann ist da noch die Sächsische Schweiz, mit ihren Felsen und romantischen Tälern ein Mekka für Klettersportler und Naturliebhaber.

Festprogramm

Von Mai bis Juli weist der Dresdner Veranstaltungskalender ganz besonders viele Feste und Festivals aus. Höhepunkte sind das traditionsreiche Dixielandfestival samt Dixieparade, die Dresdner Musikfestspiele, die Bunte Republik Neustadt, das Elbhangfest und die Filmnächte am Elbufer. Im Herbst kann man bei den Weinfesten entlang der Sächsischen Weinstraße die Rebensäfte des Elbtals verkosten, und in der Adventszeit lockt der Striezelmarkt Besucher aus aller Welt nach Dresden.

Auf dem Hausmannsturm des Residenzschlosses liegt einem die Altstadt zu Füßen

Sie sind das schillerndste Paar der sächsischen Geschichte: Anna Constantia Gräfin von Cosel (1680–1765), geborene von Brockdorff und geschiedene von Hoym sowie Friedrich August I. (1670–1733), genannt »der Starke«, Kurfürst von Sachsen und König von Polen. Mit ihrer Liaison würden sie heutzutage die Klatschspalten füllen.

Rechts: August-Büste von Paul Heermann in der Skulpturensammlung

Die Cosel lebt!

August der Starke …

Als zweitgeborenem Sohn des sächsischen Kurfürsten Johann Georg III. war Friedrich August nicht das Herrschen, sondern eine militärische Karriere in die Wiege gelegt. Doch dann starb sein Bruder Johann Georg IV. 1694 nach nur drei Jahren Regentschaft, und der 24-jährige Friedrich August musste die Regierungsgeschäfte übernehmen. Das einzige Kind aus der Ehe mit Christiane Eberhardine von Brandenburg-Bayreuth, Friedrich August II., kam 1696 zur Welt. 1697 und noch einmal 1709 wurde der zum katholischen Glauben konvertierte Kurfürst zum polnischen König gewählt.

Friedrich August I., ob seiner legendären Körper- und Manneskraft »der Starke« genannt, sollte Sachsens glanzvollster Herrscher werden; seinen verschwenderischen Stil hatte er sich beim französischen Sonnenkönig Ludwig XIV. abgeschaut. Die sächsische Residenz wandelte sich unter seiner Herrschaft zu einer Kunst- und Kulturstadt von euroäischem Format.

Eine ve

… und die Gräfin Cosel

Die im holsteinischen Depenau aufgewachsene Anna Constantia von Brockdorff, 1706 vom Kaiser zur Gräfin von Cosel erhoben, war nicht die einzige, aber die bekannteste Mätresse Augusts des Starken. Nach der Geburt eines unehelichen Kindes und zwei Jahren glückloser Ehe mit dem sächsischen Ober-

Ach du lieber (Friedrich) August

August der Starke war als **Friedrich August I.** (1670–1733) Kurfürst von Sachsen und als August II. zudem König von Polen. Seinen Namen vererbte er gleich zweimal: An seinen einizigen legitimen Sohn und Nachfolger **Friedrich August II.** (1696–1763), ebenfalls Kurfürst von Sachsen und als August III. König von Polen. Und an den Sohn, den er mit der Gräfin Cosel zeugte: **Friedrich August** von Cosel (1712–70).
Im Stammbaum der Wettiner finden sich zudem noch **Friedrich August III.** (1750–1827), genannt der Gerechte, Kurfürst von Sachsen und ab 1806 von Napoleons Gnaden König **Friedrich August I.** von Sachsen, König **Friedrich August II.** (1797–1854) und schließlich **Friedrich August III.** (1865–1932), der letzte sächsische König.

steuerdirektor Adolf Magnus von Hoym wurde die schöne und gebildete junge Frau Friedrich Augusts »Gemahlin zur Linken«, ausgestattet mit einem Eheversprechen für den Fall des Todes von dessen rechtmäßiger Gattin. 1713 beendete der Kurfürst die sieben Jahre andauernde Beziehung, aus der drei Kinder hervorgegangen waren – und er verlangte sein Eheversprechen zurück. Anna Constantia verlor Macht, Besitztümer und Sicherheit. Einer Flucht nach Berlin folgte ihre Auslieferung durch die Preußen. Am 24. Dezember 1716 wurde die Gräfin Cosel auf die Burg Stolpen gebracht, wo sie nach 49-jähriger Gefangenschaft am 31. März 1765 starb. Ihren Geliebten hatte sie um 32 Jahre überlebt.

ängnisvolle Affäre

Die Flucht der Gräfin in Porzellan

Ein Datum steht für die größte Katastrophe in der Geschichte Dresdens: Der 13. Februar 1945. In wenigen Stunden legten britische und amerikanische Bomberverbände die Stadt, die bis dahin zu den schönsten Europas gezählt hatte, in Schutt und Asche.

Zerstörung

Anfang 1945 rückte das Ende des Zweiten Weltkrieges, der Millionen Opfer gekostet hatte, in greifbare Nähe. Viele Dresdner glaubten bereits, noch einmal davon gekommen zu sein; die Kunststadt an der Elbe galt gar als der »sicherste Luftschutzkeller des Reiches«. Bis zu jenem 13. Februar 1945. Es war die Nacht vom Faschingsdienstag zum Aschermittwoch, als um 21.39 Uhr die Sirenen aufheulten. Um

Das Dresdner Stadtzentrum nach der Zerstörung

Baustelle Residenzschloss: Die Fassade des Ostflügels wurde 2007 rekonstruiert

22.13 Uhr fielen die ersten Bomben. In zwei Angriffswellen im Abstand von drei Stunden klinkten insgesamt mehr als 750 britische Lancaster-Bomber ihre Tod und Zerstörung bringende Last über der Dresdner Innenstadt aus. Ein dritter Angriff, diesmal durch amerikanische Verbände, erfolgte am Mittag des darauf folgenden Tages.

Der von Spreng- und Brandbomben erzeugte Feuersturm hinterließ ein 15 km² großes Trümmerfeld. Mindestens 25 000 Menschen kamen laut einer 2004 eingesetzten Historikerkommission ums Leben. Die Kuppel der ausgebrannten Frauenkirche stand noch bis zum Vormittag des 15. Februar über den rauchenden Ruinen. Dann gaben die ausgeglühten Pfeiler nach, und das Wahrzeichen Dresdens stürzte in sich zusammen.

Wiederaufbau und Versöhnung

In den Jahrzehnten nach dem Krieg wuchs aus den Trümmern der Stadt ein neues Dresden – ein Kraftakt, der noch immer andauert. Über einen Zeitraum von 60 Jahren wurden wertvolle Baudenkmäler der historischen Altstadt wie Zwinger, Hofkirche und Semperoper wiedererrichtet. Die Außenfassade des Residenzschlosses ist inzwischen fertiggestellt, auch ein Großteil der Räume ist wieder hergerichtet; die Arbeiten am Großen Schlosshof, am neuen Foyer und an den restlichen Sälen und Gemächern gehen zügig voran und sollen voraussichtlich bis 2013 abgeschlossen werden. Die Wiedergeburt der Frauenkirche und ihre Weihe im Herbst 2005 kam einer Krönung des Aufbauwerkes gleich. Zu DDR-Zeiten galt die Ruine als Antikriegs-Symbol – seit Anfang der 1980er-Jahre pilgerten Dresdner Bürger an jedem 13. Februar mit Kerzen zu den Mauerresten. Während ihres Wiederaufbaus wurde die Frauenkirche auch zu einem Sinnbild der Versöhnung. Menschen aus der ganzen Welt, zudem viele Amerikaner und Briten – nicht nur aus Dresdens Partnerstadt Coventry – unterstützten das Werk mit ihren Spenden, das Turmkreuz schuf beispielsweise der Sohn eines britischen Bomberpiloten.

»Nur jetzt nicht noch nachträglich krepieren«

Einer der erschütterndsten Augenzeugenberichte aus der Bombennacht stammt von Victor Klemperer, der die Geschehnisse in seinem Tagebuch festhielt. In einer kaum fassbaren Wendung des Schicksals rettete der Angriff ihm und anderen der noch verbliebenen etwa 100 Dresdner Juden das Leben. Die am 13. Februar zugestellten Deportationsbefehle waren danach nicht mehr ausführbar.

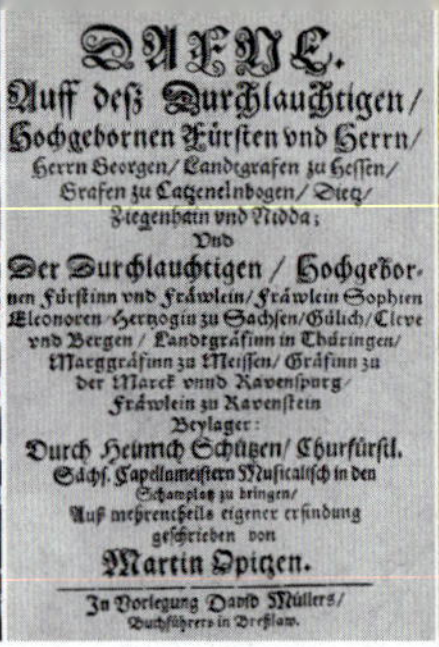

DAFNE.
Auff deß Durchlauchtigen/
Hochgebornen Fürsten vnd Herrn/
Herrn Georgen/ Landtgrafen zu Hessen/
Grafen zu Catzenelnbogen/ Dietz/
Ziegenhain vnd Nidda;
Vnd
Der Durchlauchtigen / Hochgebor-
nen Fürstinn vnd Fräwlein/ Fräwlein Sophien
Eleonoren Hertzogin zu Sachsen/ Gülich/ Cleve
vnd Bergen / Landtgräfinn in Thüringen/
Marggräfinn zu Meissen/ Gräfinn zu
der Marck vnnd Ravenspurg/
Fräwlein zu Ravenstein
Beylager:
Durch Heinrich Schützen/ Churfürstl.
Sächs. Capellmeistern Musicalisch in den
Schauplatz zu bringen/
Auß mehrentheils eigener erfindung
geschrieben von
Martin Opitzen.
In Verlegung David Müllers/
Buchführers in Breßlaw.

Große Namen bevölkern die Kultur- und Kunstgeschichte Dresdens. Die Stadt verfügt über ein einzigartiges Erbe, das von ihren Bewohnern mit Stolz gepflegt wird und immer neue Generationen junger Künstler inspiriert.

KUNST-SCHAT

Musik

Das älteste musikalische Ensemble der Stadt und einer der renommiertesten Knabenchöre der Welt ist der aus rund 150 jungen Sängern bestehende **Dresdner Kreuzchor**, der auf eine fast 800-jährige Geschichte zurückblicken kann.
Mit der 1548 als Hofkapelle gegründeten **Sächsischen Staatskapelle Dresden** – dem traditionsreichen Klangkörper der Semperoper – und der 1870 aus einer mehrhundertjährigen Ratsmusiktradition hervorgegangenen **Dresdner Philharmonie** hat die Stadt Dresden gleich zwei Orchester von absolutem Weltrang aufzuweisen.

Heinrich Schütz (1585–1672) komponierte 1627 in der sächsischen Residenz *Die Tragicomoedia von der Dafne*, die erste deutsche Oper, **Carl Maria von Weber** (1786–1826) – dessen Namen die Dresdner Musikhochschule heute trägt – schrieb an der Elbe die deutsche Nationaloper *Der Freischütz*. Wie Schütz und Weber war auch **Richard Wagner** (1813–83) in Dresden Hofkapellmeister. Drei seiner Opern – *Rienzi*, *Der fliegende Holländer* und *Tannhäuser* – erlebten hier ihre Uraufführung. Bevor er die Stadt nach seiner Beteiligung am Maiauf-

Unten: Richard Strauss mit den Mitgliedern der Dresdner Oper; Uraufführung von Wagners *Rienzi* in Dresden im Jahr 1842

stand 1849 verlassen musste, arbeitete er zudem an seinem *Lohengrin*. **Richard Strauss** (1864–1949), des Öfteren Gastdirigent an der Dresdner Oper, nannte die Sächsische Staatskapelle »das beste Opernorchester der Welt«. Neun seiner Opern wurden in Dresden uraufgeführt, darunter *Der Rosenkavalier*, der noch heute zum Repertoire der Semperoper gehört.

Tanz

Die Geschichte des modernen Tanzes begann in Dresden mit der 1910 in Hellerau durch den Schweizer Musikpädagogen **Émile Jacques-Dalcroze** (1865–1950) gegründeten Bildungsanstalt für Rhythmische Gymnastik. Die Tänzerin und Choreografin **Mary Wigman** (1886–1973), die hier bis 1913 studierte, gründete 1920 in Dresden ihre eigene Schule, die sich zu einem Zentrum des Ausdruckstanzes entwickelte. Wigmans berühmteste Schülerin, **Gret Palucca** (1902–93), machte bald mit Soloabenden Furore und eröffnete 1925 ihrerseits eine Schule für den Neuen Künstlerischen Tanz. Die Palucca Schule Dresden ist heute die einzige eigenständige Tanzhochschule in Deutschland.

Literatur

Dem in Dresden geborenen **Theodor Körner** (1791–1813) war nur eine sehr kurze Karriere als Dichter und Dramatiker beschieden. Der Autor von *Lützows wilde, verwegene Jagd* fiel 21-jährig als Lützows Adjutant im Kampf gegen Napoleon. Vorübergehend in Dresden und später in Radebeul zu Hause war der Abenteuerschriftsteller **Karl May** (1842–1912).

Dresdens berühmtester Schriftsteller **Erich Kästner** (1899–1974) setzte seiner Geburtsstadt mit dem Buch *Als ich ein kleiner Junge war* ein Denkmal. Der Romanist **Viktor Klemperer** analysierte in *LTI – Lingua Tertii Imperii* die Sprache des Dritten Reiches und legte mit seinen Tagebüchern Zeugnis ab über die Judenverfolgung im Dresden des Nationalsozialismus.

Von links nach rechts: Der Kreuzchor; die erste deutsche Oper – aus Dresden; Carl Maria von Weber

Mary Wigman; junge Tänzerinnen an der Palucca Schule Dresden; Karl May

Kindheitsmuster

»Wenn es zutreffen sollte, dass ich nicht nur weiß, was schlimm und hässlich, sondern auch, was schön ist, so verdanke ich diese Gabe dem Glück, in Dresden aufgewachsen zu sein.« Erich Kästner

Bildende Kunst

Über 40 Jahre wirkte mit **Balthasar Permoser** (1651– 1732) einer der bedeutendsten Bildhauer des Barock in Dresden. Im 19. Jh. dominierten **Ernst Rietschel** (1804–1861) und dessen Schüler **Johannes Schilling** (1828– 1910) das bildhauerische Schaffen der Stadt.

Der Venezianer **Bernardo Bellotto**, genannt **Canaletto** (1721–80), prägte mit seinen berühmten Stadtansichten das Bild des barocken Dresden für nachfolgende Generationen. 1764 wurde der Maler zudem Lehrer an der soeben gegründeten Kunstakademie, der heutigen Hochschule für Bildende Künste. Gleich ihm lebten, arbeiteten und lehrten zahlreiche weitere bedeutende Künstler in Dresden: **Caspar David Friedrich** (1774–1840) und **Adrian Ludwig Richter** (1803–84), **Robert Sterl** (1867–1932) und **Oskar Kokoschka** (1886–1980), **Otto Dix** (1891–1969) und **Hans Grundig** (1901–58). Prominente zeitgenössische Künstler wie **Gerhard Richter** (geb. 1932) und **A. R. Penck** (geb. 1939) haben in der Elbestadt ihre Wurzeln.

Von Dresden ging mit der Gründung der Künstlergruppe **Brücke** im Jahr 1905 (➤ 20; u.a. Karl Schmidt-Rottluff, Ernst Ludwig Kirchner) einer der wichtigsten Impulse für die europäische Kunstgeschichte der letzten 100 Jahre aus.

Permoser-Kanzel in der Hofkirche

Caspar David Friedrich, porträtiert von Georg Friedrich Kersting

Kokoschka-Gemälde in der Galerie Neue Meister

Bernardo Bellotto, genannt Canaletto, malte Dresden vom rechten Elbufer in mehreren Versionen

MADE IN DRESDEN

Zahlreiche Erfindungen – von Alltagsgegenständen bis zu bahnbrechenden technischen Errungenschaften, die allesamt aus unserem Leben nicht mehr wegzudenken sind – begannen in der sächsischen Residenz ihren Siegeszug um die Welt.

Not macht erfinderisch. Und so war es eine Frau, eine Dresdnerin, die dazu beitrug, ihre Leidensgenossinnen vom Korsett zu befreien, indem sie im September 1899 beim Kaiserlichen Patentamt ein »Frauenleibchen als Brustträger« anmeldete. Der von der patenten Christine Hardt geschaffene **Büstenhalter** zeichnete sich zudem dadurch aus, dass das Leibchen »von seinem verstellbaren Träger behufs Waschens getrennt werden kann«, wie in der Patentschrift Nr. 110888 zu lesen war.

Praktisch

Einer ebenso einfachen wie genialen Idee einer anderen Dresdner Hausfrau verdanken wir den heute so selbstverständlichen ungetrübten Kaffeegenuss. 1908 hatte die 35-jährige Dresdnerin Melitta Bentz genug von dem lästigen Kaffeesatz. Aus einem Messingtopf mit eigenhändig durchlöchertem Boden und einem Blatt Löschpapier aus dem Schulheft ihres Sohnes entwickelte sie einen **Kaffeefilter**, ließ ihre Erfindung patentieren und gründete im selben Jahr mit einem Startkapital von 73 Reichspfennigen eine noch heute unter ihrem Vornamen bekannte Firma.

Die Schwäche der Dresdner für ein gutes »Schälchen Heeßen« ist legendär, als leidenschaftliche Teetrinker sind sie eher nicht bekannt. Und das, obwohl die Geschichte des **Teebeutels** ebenfalls ihren Anfang in der Elbestadt nahm. Adolf Rambold, Ingenieur beim Teekanne-Stammhaus R. Seelig & Hille in Dresden, entwarf Ende der 1920er-Jahre den heute noch gebräuchlichen, mit einer Heftklammer verschlossenen Doppelkammerbeutel, und zwar samt der dazugehörigen Packmaschinen.

Eine weitere nützliche Dresdner Erfindung, die weltweit Verbreitung fand, ist der **Bierdeckel**. 1893 füllte Robert Sputh einen Papierbrei in Formen und ließ ihn über Nacht trocknen. Seine Fasergussuntersetzer mit dem nach wie vor üblichen Durchmesser von 107 mm wurden ein Hit.

Böttger und Tschirnhaus »erfanden« in Dresden das europäische Hartporzellan

Der Ernemannturm, das Wahrzeichen der Dresdner Kameraindustrie (heute Technische Sammlungen der Stadt)

Im Jahr 1823 gründeten Gottfried Heinrich Christoph Jordan und Friedrich Timaeus die erste deutsche Schokoladenfabrik, welche 16 Jahre später – »zu 1 Thaler per Pfund« – die erste **Milchschokolade** der Welt produzierte, früher als die gemeinhin als Erfinder derselben geltenden Schweizer. Der Dresdner Chocolatier und Pralinenmacher Herbert Wendler stellte ab 1934 eine preiswerte und leckere »Not-Praline« aus Lebkuchen, Sauerkirschgelee, Marzipan und Zartbitterschokolade her, die damals als **Domino-Stein** bekannt wurde.

Köstlich

Der Arzt und Apotheker Friedrich Adolph August Struve entwickelte 1821 in Dresden das künstliche Mineralwasser als wissenschaftlich exakte Nachbildung des natürlichen **Mineralwassers** und schuf eine ganze Reihe von Trinkkuranstalten.

Links unten: In aller Munde – Odol

Die Exakta – ein Kamera-Klassiker aus Dresden

Gesund

In einem Laboratorium auf dem Dachboden der Löwenapotheke am Dresdner Altmarkt mixte der Apotheker Ottomar Heinsius von Mayenburg 1907 Naturkalkstein, ätherische Öle, sauerstoffhaltige Salze und Pfefferminz – und revolutionierte die Zahnpflege. Seine in Tuben abgefüllte **Zahnpaste** der Marke »Chlorodont« war fortan in aller Munde und löste das bis dahin verwendete Zahnpulver ab. Der Unternehmer und spätere Hygiene-Museums-Gründer Karl August Lingner hatte 15 Jahre zuvor in Dresden sein antiseptisches **Odol-Mundwasser** herausgebracht und war damit zum bedeutendsten Mundwasserfabrikanten der Welt aufgestiegen.

Wegweisend

Eine wahrlich epochale technische Erfindung stammt von Johann Andreas Schubert, Ingenieur und Professor an der Technischen Bildungsanstalt Dresden. Nachdem er der Elbe

zuvor den ersten Personendampfer beschert hatte, konstruierte er die erste deutsche **Lokomotive**, die Saxonia. In ihrem Führerstand nahm er am 8. April 1839 an der Eröffnungsfahrt der ersten Fernbahnlinie Deutschlands zwischen Leipzig und Dresden teil. Das Jahr 1839 war auch die Geburtsstunde der Dresdner Fotoindustrie, knapp 100 Jahre später brachten die Ihagee-Kamerawerke 1936 die »Kine Exakta«, die erste **Kleinbild-Spiegelreflexkamera** der Welt, auf den Markt. Das **Kino** wurde zwar nicht in Dresden aus der Taufe gehoben, dafür aber nach dem 1903 hier präsentierten »Ernemann-Kino«, einem Apparat zur Aufnahme und Projektion von Filmbildern, benannt.

Nikolaus Joachim Lehmann, zu DDR-Zeiten Mathematikprofessor an der Technischen Hochschule Dresden, der heutigen Technischen Universität, und ein Vordenker der Computertechnik, baute 1962 als erster Computerforscher der Welt einen »Rechenautomaten auf dem Tisch«. Der »D4a« arbeitete mit Transistoren, war so groß wie ein Fernseher und gilt als Vorläufer der heutigen PCs.

Last but not least – selbst eines der bekanntesten sächsischen Produkte, das **Meissener Porzellan**, wurde nicht in Meißen, sondern in Dresden erfunden– von Johann Friedrich Böttger und Ehrenfried Walther von Tschirnhaus, denen 1708 die Herstellung des ersten europäischen Hartporzellans gelang.

DRESDEN MACHEN

Die Saxonia, die erste Lokomotive Deutschlands, wurde in Dresden konstruiert

Zu Beginn des 20. Jhs. schlossen sich vier Dresdner Architekturstudenten zu einer Künstlergruppe zusammen, die maßgeblichen Einfluss auf die Entwicklung der klassischen Moderne haben sollte und Dresden zur Wiege und zu einem der wichtigsten Schauplätze des deutschen Expressionismus machte.

Die Brücke

Karl Schmidt (1884–1976) und Erich Heckel (1883–1970), seit ihrer Gymnasialzeit in Chemnitz befreundet, lernten während des Studiums der Architektur an der Technischen Hochschule Dresden Ernst Ludwig Kirchner (1880–1938) und Fritz Bleyl (1880–1966) kennen. Die vier Kommilitonen, zwischen 20 und 25 Jahre alt, einte die Liebe zur Kunst und die Suche nach neuen Ausdrucksmöglichkeiten. Am 7. Juni 1905 gründeten sie die Künstlergruppe Brücke. Karl Schmidt fügte seinem Namen den seines Geburtsortes hinzu und nannte sich fortan Karl Schmidt-Rottluff. In den Folgejahren gehörten der Brücke u. a. auch Max Pechstein, Otto Mueller sowie – für kurze Zeit – Emil Nolde an.

Ernst Ludwig Kirchner: *Eine Künstlergemeinschaft* (1925)

Auf neue Art

Die jungen Wilden brachen mit den akademischen Kunstauffassungen ihrer Zeit. Statt der reinen Abbildung der Wirklichkeit stellten sie die eigene subjektive Wahrnehmung von Dingen, Landschaften und Menschen in den Mittelpunkt ihrer Arbeit. Sie reduzierten Formen auf das Wesentliche, verweigerten sich dem Diktat von Perspektive und Proportion und nutzten Farben zum Ausdruck von Emotionen. Auf diese

…on links nach …chts: Ernst …dwig Kirchner: *…ehende …ackte*; Karl …hmidt-Rottluff: *…auenkopf und …aske*, beide …lerie Neue …eister

Weise entstanden flüchtig hingeworfene Zeichnungen, kraftvolle Holzschnitte, leuchtend farbige Ölgemälde. Zu den bevorzugten Motiven der Gruppe zählten Dresdner Stadtansichten, etwa aus der Friedrichstadt, in der die Künstler lebten und arbeiteten, sowie Darstellungen weiblicher Akte, für die oft Freundinnen und spätere Ehefrauen Modell standen. In der unverfälschten Natur an den Moritzburger Teichen im Norden Dresdens oder an der Nord- und der Ostsee entstanden Landschaftsbilder und Badeszenen.

Anfang und kein Ende

Die erste Dresdner Brücke-Ausstellung fand im Herbst 1906 in der Lampenfabrik Karl-Max Seifert in Dresden-Löbtau statt, die wohl bedeutendste im September 1910 in der Galerie Arnold. Es gab zahlreiche Wanderausstellungen, und bis 1912 erschienen sieben druckgrafische Jahresmappen. Im Herbst 1911 zog es die Gruppe nach Berlin, wo sie sich 1913 infolge von Streitigkeiten auflöste. Während der Nazizeit wurden die Werke der Brücke-Mitglieder als »entartete Kunst« diffamiert, viele gingen in den Kriegswirren verloren. Den ihnen gebührenden Platz in der Kunstgeschichte fanden die Pioniere des Expressionismus erst in den letzten Jahrzehnten.

Motivsuche

Die Staatlichen Kunstsammlungen Dresden besitzen einige Brücke-Werke, darunter das Ölgemälde Ernst Ludwig Kirchners *Eisenbahnüberführung Löbtauer Straße in Dresden*, dessen Motiv man noch heute an der Kreuzung Löbtauer/Roßthaler Straße finden kann. In Anlehnung an das von Zeichnungen und Gemälden bekannte »Rote Haus« hat die Brücke-Gesellschaft Moritzburg am Dippelsdorfer Teich ein Kunst- und Veranstaltungshaus errichtet, Brücke-Führungen folgen den Moritzburger Spuren der Künstler.

Die Dresdner feiern gern und ausgelassen. Allein die großen Stadt- und Stadtteilfeste ziehen jedes Jahr im Sommer einige Hunderttausend Besucher an.

Feste

Festumzug beim Stadtfest

Jubelfest

2006 feierte Dresden den 800. Jahrestages seiner ersten urkundlichen Erwähnung. Das in Vorbereitung auf das große Ereignis ins Leben gerufene **Stadtfest** findet seit Ende der 1990er-Jahre alljährlich an einem Augustwochenende statt. Festgelände der besucherreichsten Party im Veranstaltungskalender ist die gesamte Dresdner Innenstadt.

Republikgeburtstag

Am Wochenende vor der Währungsunion im Juni 1990 wurde in der Dresdner Äußeren Neustadt die **Bunte Republik Neustadt** proklamiert – als Zeichen der Selbstbehauptung, fröhlich und fatalistisch zugleich, mit provisorischer Regierung, Demarkationslinien und eigener Währung. Über die Jahre entwickelte sich die »BRN« zu einem in dieser Form im regelwütigen Deutschland wohl einmaligen Stadtteilfest. Versuche, die Organisation in »geordnete Bahnen« zu lenken und in eine Hand zu legen, waren nur mäßig erfolgreich. Inzwischen gibt es statt einem zentralen Dutzende eigenverantwortlich handelnde Veranstalter, ein gemeinsames Datum und einige respektierte Grundregeln. Für ein Wochenende Mitte Juni wird die Neustadt so zu einer einzigen großen Partyzone, mit Konzerten und Theater auf Plätzen und in Hinterhöfen, mit Freiluft-

feiern

kneipen, Disco-Boxen auf Fensterbrettern und Hausgemeinschafts-Bratwurst-Grillständen am Straßenrand.

Ein Hang zum Feiern

Das letzte Juniwochenende gehört dem **Elbhangfest**. Dann feiern die Dresdner zwischen Loschwitz und Pillnitz ihre ganz eigene Lebensart – und eine Landschaft, die im Jahr 2004 immerhin zum Weltkulturerbe erklärt wurde. Alte Dorfkerne, die von Wiesen gesäumte Elbe und der Elbhang mit seinen Villen, Gärten und Weinbergen bilden die Kulisse für das wohl charmanteste aller Dresdner Feste. Auf einer Strecke von 7 km finden rund 200 Veranstaltungen statt: Musik- und Theateraufführungen, Vorträge, Lesungen und Kunstaktionen. Dazu gibt es Kunsthandwerkermärkte und nicht zuletzt allerlei kulinarische Genüsse. Das 1991 aus den Benefizveranstaltungen für die Pillnitzer Weinbergkirche und die Loschwitzer George-Bähr-Kirche hervorgegangene Kunst- und Bürgerfest steht jedes Jahr unter einem anderen Motto und wird traditionell mit einem großen Festumzug eröffnet.

Mensch und Tier feiern das Elbhangfest

Rechts: Drachenbootrennen beim Elbhangfest

Den Vogel abschießen

Das älteste Dresdner Fest geht auf das seit dem 15. Jh. zu Pfingsten stattfindende Vogelschießen der Armbrustschützen zurück. Zum Volksfest mit Fahrgeschäften und Schaustellerbuden avancierte die **Vogelwiese** um 1800 – und blieb es bis zum heutigen Tag. Rund drei Wochen im Sommer präsentieren vor allem einheimische Schausteller auf dem Volksfestgelände an der Marienbrücke ihre Attraktionen. Und nach der Wende wurde in Dresden auch die Tradition des Armbrustschießens wiederbelebt.

Wallpavillon im Zwinger

Die Dresdner Altstadtsilhouette sieht heute beinahe wieder genauso aus wie vor der Zerstörung des Stadtzentrums im Zweiten Weltkrieg. Einheimische und Besucher schätzen vor allem das historische Dresden. Kein Wunder, dass es moderne Architektur hier nicht leicht hat.

Stadt im Wandel

Der Mythos von der Barockstadt Dresden, konserviert in den Bildern Canalettos, hat die Zeiten, ihre Kriege und Umbrüche überdauert – ungeachtet der Tatsache, dass heute nur noch wenige, wenn auch bedeutende Zeugnisse jener glanzvollen Epoche existieren. Der Abschied von der barocken Stadt begann lange vor der Bombennacht im Februar 1945. So fielen etwa die Barockbauten an der Brühlschen Terrasse dem Bauboom am Ende des 19. Jhs. zum Opfer. Stattdessen wurden hier – wie am gegenüberliegenden Elbufer – repräsentative Gebäude im historistischen Stil errichtet.

Die Frauenkirche

Große Architekten haben in Dresden ihre Spuren hinterlassen, Baustile aus drei Jahrhunderten prägen heute das Bild der Stadt – in einem mal mehr, mal weniger harmonischen Miteinander.

Das 18. Jahrhundert

Der Lieblingsarchitekt Augusts des Starken, Matthäus Daniel Pöppelmann (1662–1736), schuf die Pläne für den Zwinger, das Taschenbergpalais und das Japanische Palais, für die Schlösser Pillnitz und Moritzburg sowie für die Matthäuskirche, in deren Krypta er begraben liegt. George Bähr (1666–1738) brachte es in Dresden vom einfachen Zimmermann zum Ratszimmermeister. Er hatte bereits mehrere Dorfkirchen, u. a. die Loschwitzer Kirche, gebaut, als ihn der Rat der Stadt Dresden mit

Die Semperoper am Theaterplatz

Entwurf und Ausführung der Frauenkirche betraute. Die Vollendung seines Meisterwerkes im Jahr 1743 erlebte Bähr nicht. 1854 wurden seine sterblichen Überreste vom Johannisfriedhof in die Katakomben der Frauenkirche überführt.

Kempinski-Hotel Taschenbergpalais

Das 19. Jahrhundert

Gottfried Semper (1803–79) entwarf während seiner Dresdner Zeit ein Opernhaus, die Gemäldegalerie am Zwinger und die am 9. November 1938 von den Nationalsozialisten zerstörte Synagoge. Die Planungen für die heutige Semperoper entstanden im Exil, in das er nach seiner Beteiligung am Dresdner Maiaufstand 1849 hatte fliehen müssen.

Die Namen der Architekten von Kunstakademie (Constantin Lipsius), Finanzministerium (Otto Wanckel) und Staatskanzlei (Edmund Waldow und Heinrich Tscharmann) spielen im öffentlichen Bewusstsein der Stadt nur eine Nebenrolle. Deren um 1900 entstandene Bauten galten lange als zu groß, zu üppig, nicht dresdnerisch genug. So schrieb etwa Fritz Löffler, Autor des Baugeschichts-Standardwerkes *Das alte Dresden*: »Die Glaskuppel der Akademie, von der Bevölkerung Zitronenpresse genannt, bildete, gegen die Frauenkirche gesehen, ein dauerndes Ärgernis.«

Das 20. Jahrhundert

Die letzte herausragende Einzelpersönlichkeit, die das Gesicht der Stadt veränderte, war Hans Erlwein (1872 bis 1914). Von 1904 bis zu seinem Unfalltod 1914 entstanden unter Leitung des Stadtbaurates etwa 50 Gebäude, darunter das

Das Denkmal Gottfried Sempers vor der Kunstakademie mit der »Zitronenpresse« und der Kuppel der Frauenkirche

Italienische Dörfchen, der Schlachthof im Ostragehege und der – zum Kongresshotel umgebaute – »Erlweinspeicher«. Die Stadt Dresden verleiht seit 1997 den Erlweinpreis.

Nach den Zerstörungen des Zweiten Weltkrieges hatte neben dem Wiederaufbau der wichtigsten Baudenkmäler – Zwinger, Hofkirche, Semperoper – jahrzehntelang vor allem die Schaffung von Wohnraum Vorrang. Neubaugebiete wurden aus dem Boden gestampft – in den 1950er-Jahren als Ring um das Stadtzentrum, in den 1970ern in den Außenbezirken Prohlis und Gorbitz. Und es entstanden Ensembles wie die Altmarktbebauung samt Kulturpalast und die Prager Straße, die mittlerweile als exemplarische städtebauliche Zeugnisse ihrer Zeit anerkannt sind.

Der politischen Wende 1989 und dem Engagement Dresdner Bürger ist der Wiederaufbau der Dresdner Frauenkirche zu verdanken. Wie ungleich schwerer die Dresdner für moderne Architektur zu begeistern sind, belegen die öffentlichen Kontroversen, die jeden Neubau begleiten. Frank Stella, der Dresden gleich neben dem Zwinger eine futuristische Kunsthalle schenken wollte, wurde unverrichteter Dinge nach Hause geschickt. Da verwundert es schon fast, dass seit 1990 dennoch einige bemerkenswerte Bauten – wie der Sächsische Landtag (Peter Kulka), das St.-Benno-Gymnasium (Günter Behnisch), der Kristallpalast (Coop Himmelb(l)au) oder die Neue Synagoge (Wandel, Lorch und Hirsch) – entstanden sind.

Prager Straße in der ursprünglichen Gestaltung

Rundkino und Kristallpalast hinter der Prager Straße

Und weiter?

Daniel Libeskind und HG Merz bauen das Militärhistorische Museum um, am Elbufer wurde der erste Plattenbau abgerissen, und über der Altstadt drehen sich die Baukräne. Dort, am Neumarkt, entsteht ein altes Stück Dresden neu, begleitet vom Streit zwischen Traditionalisten und Modernisten.

Der Sächsische Landtag von Peter Kulka

»Wir treten aus unseren Rollen heraus«

m Herbst 1989 war Dresden einer der Ausgangspunkte der friedlichen Revolution, die das nde eines ganzen Systems einläutete. Mit Zivilourage erzwangen Dresdner Bürger den landeseit ersten Dialog zwischen Staatsmacht und olk.

ie Stimmung ist schlecht in enem Sommer 1989. Die DR-Führung verweigert ich Glasnost und Perestroika nd fälscht stattdessen auf reiste Weise Kommunalwahlergebnisse. Zu Tausenden erlassen vor allem unge Menschen die DR über die durchässig gewordene ungarisch-österreichische Grenze oder uchen Zuflucht in undesdeutschen otschaften.

Vir wollen raus

ls die SED-Führung die Grenze zur SSR schließt und ekannt wird, dass ie Züge mit den rager Botschaftslüchtlingen auf ihem Weg in den Vesten Dresden passieren verden, eskaliert die Situaion. Am Hauptbahnhof kommt es am 3. Oktober zu rsten Auseinandersetzungen wischen Ausreisewilligen nd Sicherheitskräften – flastersteine gegen Wasserverfer.

Hunderte Menschen weren in dieser Nacht und an len folgenden Tagen bei den nun friedlichen Demonstraionen verhaftet. Statt »Wir vollen raus« schallt es inzwichen »Wir bleiben hier, Reormen wollen wir«.

Wir bleiben hier

Am 6. Oktober, dem Vorabend des 40. DDR-Geburtstages, verlesen Mitglieder des Staatsschauspiels im Kleinen Haus eine denkwürdige Resolution, die mit den Worten »Wir treten aus unseren Rollen heraus« beginnt und demokratische Grundrechte einfordert. Zwei Abende später formiert sich aus einem eingekesselten Demonstrationszug auf der Prager Straße eine Gruppe von ganz unterschiedlichen Männern und Frauen – die »Gruppe der 20« –, der es gelingt, den Dresdner Oberbürgermeister an den Verhandlungstisch zu bringen. Ein Jahr darauf ist die DDR Geschichte.

Herbst 1989: Auch in Dresden gehen die Menschen auf die Straße

Weinlese in Pillnitz

Weingut Museum Hoflößnitz in Radebeul

Blick vom Biergarten des Restaurants *Spitzhaus* über Radebeul

Wirtshausschild eines Weinkellers

WEIN GUT, ALLES GUT

Von Pirna über Dresden bis Diesbar-Seußlitz erstreckt sich das nach »Sachsen« benannte nordöstlichste der insgesamt 13 deutschen Weinanbaugebiete.

Gute Lage

Die Winzer im Elbtal können auf eine jahrhundertelange Tradition zurückblicken; die erste urkundliche Erwähnung stammt aus dem Jahr 1161. Weinberge an terrassierten Hängen, alte Winzerhäuser und Weinbergkirchen prägen die Landschaft. Ein mildes Klima lässt prächtige Reben gedeihen, und mit durchschnittlich 1570 Stunden Sonnenschein im Jahr überflügelt Sachsen sogar manch anderes deutsche Anbaugebiet. Eine Vielfalt an unterschiedlichen Böden verleiht den Weinen ihren typischen Charakter.

Rebsorten

Auf rund der Hälfte der sächsischen Anbaufläche wachsen Müller-Thurgau, Riesling und Weißburgunder. Zwar stieg der Rotweinanteil in den letzten Jahren auf über 15 %, traditionell werden an den Hängen der Elbe jedoch vor allem trockene Weißweinsorten kultiviert, die für ihre kräftig fruchtige Säure bekannt sind. Der Meißner Schieler ist keine Rebsorte, sondern ein aus roten und weißen Trauben gekelterter Wein.

Winzer

Knapp drei Dutzend Weinbaubetriebe und 3650 Kleinwinzer bewirtschaften heute eine Fläche von rund 470 ha. Zu den

bekanntesten Produzenten zählen das Sächsische Staatsweingut Schloss Wackerbarth und das Weingut Hoflößnitz in Radebeul, das Weinhaus Schuh in Sörnewitz, die Weingüter Vincenz Richter und Schloss Proschwitz Prinz zur Lippe in Meißen und das Weingut Jan Ulrich (nein, nicht der Radfahrer) in Diesbar-Seußlitz. Die Sächsische Winzergenossenschaft Meißen hat rund 1800 Mitglieder. Und auch in Dresden wird Wein nicht nur konsumiert: Einen erstklassigen Tropfen bringt der Pillnitzer Königliche Weinberg des Weingutes Zimmerling hervor, und 1998 übernahm der Winzer Lutz Müller die Weinberge unterhalb der Elbschlösser.

Kein Etikettenschwindel

Bisweilen bekommt man die Weine der Region auch noch unter der Überschrift »Meißner Wein« angeboten, selbst wenn sie aus Radebeul oder Dresden stammen. Der historische Begriff für die Elbtalweine wurde jedoch inzwischen weitgehend von dem heute korrekten »Sächsischer Wein« abgelöst.

Die Weinbergkirche von Matthäus Daniel Pöppelmann unterhalb der Pillnitzer Weinberge

Weintourismus

1992 wurde die 55 km lange »Sächsische Weinstraße« von Pirna bis Diesbar-Seußlitz aus der Taufe gehoben. Viele Weingüter bieten mittlerweile Verkostungen und Führungen an; im Weingutmuseum Hoflößnitz kann man sich über die Geschichte des Weinanbaus in Sachsen informieren. Der 2004 eingeweihte, über 90 km lange Sächsische Weinwanderweg führt zu den schönsten Weinbergen und Aussichtspunkten, den besten Straußwirtschaften, Weinkellern- und lokalen. Beliebt ist auch der Urlaub beim Winzer.

Die Sächsische Weinstraße führt durch eines der kleinsten Weinanbaugebiete Deutschlands

Feste

Ende August beginnt an der Sächsischen Weinstraße die Zeit der Weinfeste. Die größten und bekanntesten sind das Herbst- und Weinfest Radebeul (mit Internationalem Wandertheater-Festival) auf dem Dorfanger Altkötzschenbroda, das Meißner Weinfest und das Federweißerfest in Diesbar-Seußlitz.

Dresden ist eine Stadt im Aufschwung. Forscherdrang und Pioniergeist haben hier Tradition. Und so verwundert es nicht, dass die Sachsenmetropole andere ostdeutsche Großstädte auf den Gebieten Wirtschaft und Wissenschaft längst hinter sich gelassen hat.

Stadt der Wissenschaft

Durch die beispielhafte Entwicklung seiner Wissenschaftsinfrastruktur verfügt Dresden heute über die höchste Konzentration an technischen und naturwissenschaftlichen Forschungs- und Entwicklungskapazitäten in den neuen Bundesländern. Acht Hochschulen sind in der Elbestadt zuhause, darunter die 1828 gegründete Technische Universität Dresden. Daneben gibt es zahlreiche außeruniversitäre Forschungseinrichtungen – drei Max-Planck-, fünf Leibnitz- und elf Fraunhoferinstitute. Die Region Dresden ist der führende Mikroelektronikstandort in Europa und belegt weltweit den 5. Platz. Wichtige Impulse kommen aus Bereichen wie Informations- und Kommunikationstechnologie, Nanotechnologie, Neue Werkstoffe und Biotechnologie. Netzwerke und Kompetenzzentren wie Silicon Saxony, BioMet Dresden oder das Nano-CC-UFS – das Nanotechnologie-Kompetenzzentrum – fungieren als Katalysatoren der Entwicklung und fördern Synergien. 2006 war Dresden Deutschlands »Stadt der Wissenschaft«.

Touristenattraktion und Wirtschaftsfaktor: die Gläserne Manufaktur

Zukunftsstandort Dresden

Wissensdurst

Seit 2003 veranstalten die Dresdner Bildungs- und Forschungseinrichtungen im Sommer die »Lange Nacht der Wissenschaften«. Hochschulen, Forschungsinstitute und Labore öffnen dann ihre Türen für interessante Führungen, Vorträge und Experimentalshows, Ausstellungen, Filme und Musik. Mehr als 30 000 Besucher belegen das überwältigende Interesse der Dresdner an der Wissenschaft und populärwissenschaftlichen Veranstaltungen wie dieser. Die Kinder-Universität oder das Projekt »Juniordoktor« haben sich der Nachwuchsförderung verschrieben.

Aufschwung Ost

Das enorme Wissenschaftspotenzial, aber auch die kreative Atmosphäre einer Kunst- und Kulturstadt haben die sächsische Landeshauptstadt zu einem attraktiven und dynamischen Wirtschaftsstandort gemacht – mit besten Aussichten für die Zukunft. Fast 20 % der Dresdner Erwerbstätigen verfügen über einen Hoch- oder Fachhochschulabschluss. Gerade innovative Unternehmen wissen dieses Reservoir an motivierten und hoch qualifizierten Arbeitskräften zu schätzen. In den letzten Jahren entstanden Tausende neue Arbeitsplätze, die Arbeitslosigkeit liegt bei weniger als 12 % und damit weit unter dem ostdeutschen Durchschnitt.

Zahlreiche Firmen aus technologieorientierten Branchen siedelten sich seit der Wende in Dresden an, darunter Global Player wie das DAX-Mitglied Infineon Technologies oder der amerikanische Chip-Hersteller AMD. Die Vision von der »Biopolis Dresden« nimmt Gestalt an, die traditionsreichen Elbe Flugzeugwerke sind mittlerweile ein Tochterunternehmen der EADS, und die Gläserne Manufaktur des Volkswagenkonzerns ist zugleich Produktionsstätte und Touristenattraktion nicht nur für Volkswagenfreunde.

Oh, du fr

Er zählt zu den ältesten und wohl bekanntesten Weihnachtsmärkten in Deutschland: der Dresdner Striezelmarkt. Seinen Namen verdankt er einem seit dem Mittelalter bekannten Backwerk.

Die Geschichte des Striezelmarktes begann mit einem landesherrlichen Marktprivileg aus dem Jahr 1434, welches die Abhaltung eines Marktes am Tag vor Heiligabend erlaubte. Nach wechselnden Standorten kehrte der traditionsreiche Weihnachtsmarkt im 20. Jh. an seinen ursprünglichen Platz, den Altmarkt, zurück. Heute zieht er jedes Jahr im Advent Hunderttausende Dresdner und Gäste an – mit Lichterglanz, Musik und weihnachtlichen Düften, mit Glühwein, Pulsnitzer Pfefferkuchen und anderen kulinarischen Genüssen – und mit liebevoll geschmückten Marktbuden, in denen rund 250 Händler überwiegend traditionelles Kunsthandwerk feilbieten. Das Angebot wird bestimmt von Keramik und Blaudruck aus der Lausitz, Baumschmuck aus Thüringen und Herrnhuter Sternen, vor allem aber von den weihnachtlichen Holzerzeugnissen aus dem Erzgebirge: Pyramiden, Schwibbögen, Nussknacker und Räuchermännchen. In der Mitte des Marktes dreht sich neben der Lichtertanne die mit fast 15 m Höhe und über 42 Figuren weltgrößte erzgebirgische Stufenpyramide. Jeden Nachmittag öffnet

Alle Jahre wieder erstrahlt der Altmarkt im Dezember in festlichem Glanz

der Weihnachtsmann ein Fenster des stattlichen Weihnachtskalenders.

Dresdner Stollen

Der heute als Stollen bekannte Striezel, der dem Dresdner Weihnachtsmarkt seinen Namen gab und hier seit 500 Jahren verkauft wird, war ein vorweihnachtliches Fastengebäck aus Mehl, Hefe und Wasser – bis der Papst 1450 in einem »Butterbrief« die Verwendung gehaltvollerer Zutaten erlaubte. Heute machen Mandeln und Sultaninen, Orangeat und Zitronenschalen, Rum und etliche »geheime« Gewürze den Stollen zu einer unverwechselbaren Köstlichkeit. Original Dresdner Stollen® darf sich übrigens nur nennen, was das goldene Qualitätssiegel des »Schutzverbandes Dresdner Stollen« trägt.

Seit 1994 findet am Samstag vor dem zweiten Advent alljährlich das Stollenfest statt, das – wie so vieles in Dresden – auf August den Starken zurückgeht. Ein 3 bis 4 Tonnen schwerer Riesenstollen wird nach einer Prozession durch die Altstadt auf dem Striezelmarkt mit einem Riesenstollenmesser geschnitten und unter Schirmherrschaft eines Stollenmädchens verkauft.

liche . . .

Fröhliche Weihnacht überall

Seit einigen Jahren hat der Striezelmarkt Gesellschaft: Weihnachtsmärkte in der Prager- und der Hauptstraße sowie in Loschwitz. Das mittelalterliche Adventsspektakel im Stallhof wurde 2007 Opfer eines Brandes.

Dresdner Pflaumentoffel

Die Backpflaumen-Männchen mit Leiter, Halskrause und Zylinderhut wurden vor rund 200 Jahren den damals oft keine zehn Jahre alten Schornsteinfegerjungen nachempfunden, von armen Familien gebastelt und von Kindern verkauft. Heute sind die Pflaumentoffel Glücksbringer und Symbol des Striezelmarktes.

Wusstén Sie …

… dass die ersten Dresdner Sorben waren und der Name Dresden von dem sorbischen Wort Drezdany für »Sumpfwaldleute« abgeleitet wurde?

… dass Dresden im Bevölkerungsvergleich deutscher Städte an dreizehnter, im Flächenvergleich jedoch (nach Berlin, Hamburg und Köln) an vierter Stelle steht und zudem mit einem Anteil von 62 % Wald- und Grünfläche als eine der grünsten Städte Europas gilt?

… dass 16 % der Einwohner Dresdens evangelisch-lutherisch und 4 % römisch-katholisch sind, die überwiegende Mehrheit jedoch überhaupt keiner Konfession angehört?

… dass Dresden besonders bei Touristen aus den USA, der Schweiz und Japan beliebt ist?

… dass das Dresdner Sächsisch anders klingt als etwa das in Leipzig oder Chemnitz? Und dass die sächsische Sprache durch Luthers Bibelübersetzung ins »Meißner Kanzleideutsch« maßgeblichen Einfluss auf die Entwicklung der heutigen hochdeutschen Sprache hatte?

… dass die mit 45 m längste Straßenbahn der Welt in Dresden fährt? Gebaut wurden die modernen Niederflurstraßenbahnen übrigens im Bombardier-Werk im sächsischen Bautzen.

… dass in Dresden rund eine halbe Millionen Menschen leben und die Einwohnerzahl entgegen dem ostdeutschen Trend ansteigt?

… dass die zwei bekanntesten Dresdner in der Gemäldegalerie Alte Meister herumlungern – und dass es sich dabei um die beiden Engel auf Raffaels Gemälde Die Sixtinische Madonna handelt?

Erster Überblick

Ankunft

Flughafen Dresden

Dresdens Flughafen liegt in Klotzsche am nördlichen Stadtrand, 9 km von der City entfernt. Aus einer ehemaligen Montagehalle des Dresdner Flugzeugwerkes entstand bis 2001 ein modernes großzügiges Terminal.

Flughafentransfer

- Der Flughafen ist an das Netz der Dresdner **S-Bahn** angebunden. Die Linie S 2 verkehrt halbstündlich, die Fahrt bis Bahnhof Dresden-Neustadt dauert 9 Minuten, bis Hauptbahnhof 23 Minuten.
- Eine Fahrt mit dem **Taxi** ins Stadtzentrum kostet ca. 20 Euro und dauert je nach Tageszeit und Verkehrssituation 15 bis 30 Minuten.
- Die Fahrt mit **Bus und Straßenbahn** in die Innenstadt dauert etwa 35 Minuten. Mit dem Bus der Linie 77 fährt man bis zur Haltestelle Infineon Nord und steigt dort in die Straßenbahn der Linie 7 in Richtung Gorbitz.
- Mit dem **Auto** gelangt man über die Karl-Marx-Straße, die Königsbrücker Landstraße und die Königsbrücker Straße ins Stadtzentrum, abhängig von Tageszeit und Verkehrssituation in 15 bis 30 Minuten. Über die Autobahnabfahrt Dresden-Flughafen erreicht man die A 4 und die A 13.

Flughafeninformationen

Zentrale Flughafenauskunft: Tel. 881 33 60, www.dresden-airport.de

Bahnhöfe

Die Züge im Fernverkehr halten am südlich der Innenstadt gelegenen **Hauptbahnhof**, die aus Richtung Norden und Osten zumeist auch am rechtselbischen **Bahnhof Neustadt**. Der Hauptbahnhof wird derzeit umgebaut. Bei vollem Betrieb kommt es während der Bauarbeiten zu Einschränkungen.

Bahninformationen

Bahnauskunft/Buchung: Tel. 118 61, www.bahn.de; Fundbüro Hauptbahnhof: Tel. 461 32 62; Fundservice-Hotline: Tel. 09 00/199 05 99, www.fundservice.bahn.de

Anfahrt mit dem Auto

- **Autobahn**: Aus nördlicher (A 13 von Berlin) und östlicher (A 4 von Görlitz) Richtung empfiehlt sich die Ausfahrt Dresden-Hellerau, aus westlicher Richtung (A 4 von Eisenach) die Ausfahrt Dresden-Altstadt.

Anreise mit dem Schiff

Verschiedene Reiseveranstalter (u.a. Viking: www.vikingrivers.com; Reederei Deilmann: www.deilmann-kreuzfahrten.de) bieten **Schiffsreisen auf der Elbe** von Hamburg oder Magdeburg nach Dresden und auch nach Tschechien an.

Besucherinformationen

- Informationen und Material bekommt man vorab bei der **Dresden-Werbung und Tourismus GmbH** (DWT), Ostra-Allee 11, 01067 Dresden, Tel. 49 19 21 00, Fax 49 19 21 16, www.dresden-tourist.de, info@dresden-tourist.de, prospekt@dresden-tourist.de
- **Tourist-Information Prager Straße** in der »Prager Spitze« (nahe Hauptbahnhof), Mo–Sa 10–19 Uhr, **Tourist-Information Schinkelwache** (Theaterplatz), Mo–Do 10–18, Fr 10–19, Sa/So 10–17 Uhr

Unterwegs in Dresden

Dresden verfügt über ein gut ausgebautes Netz an Straßenbahn- und Buslinien. S- und Regional-Bahnen führen von Dresden aus ins Umland. Vom Elberadweg abgesehen, ist das Fahrradwegenetz immer noch recht lückenhaft. Die Stadt erkunden kann man mit Bussen, Rikschas und Velotaxis und sogar mit dem Dampfer.

Öffentlicher Nahverkehr

- Wichtigstes Verkehrsmittel im Dresdner Stadtzentrum ist die **Straßenbahn** mit zwölf regulären Linien. Knotenpunkte sind der Pirnaische Platz und der Postplatz. Die Bahnen verkehren tagsüber im Abstand von 10 bis 20 Minuten, zwischen 24 und 5 Uhr halbstündlich bzw. stündlich. Aufgrund von umfangreichen Bauarbeiten im Stadtzentrum kommt es auf absehbare Zeit immer wieder zu Strecken- und Fahrplanänderungen.
- **Stadtbusse** verkehren vor allem in den Stadtbezirken außerhalb des Zentrums auf 27 Linien. Einige Busse verkehren rund um die Uhr (nachts stündlich), andere nur tagsüber. Die Linien 75 und die 82 kreuzen das Stadtzentrum.
- Drei **S-Bahn-Linien** verbinden das Stadtzentrum mit dem Flughafen, den Außenbezirken und dem Umland. Die **S 1** führt von Dresden Hauptbahnhof in die Sächsische Schweiz bis nach Schöna und über den Bahnhof Neustadt nach Meißen, die **S 2** von Pirna über den Dresdner Hauptbahnhof, Bahnhof Mitte und Bahnhof Neustadt zum Flughafen, die **S 3** nach Freital und Tharandt sowie Mo–Fr als S 30 weiter nach Freiberg.
- Für **Ausflüge** in die schöne Umgebung Dresdens stehen zahlreiche **Regional-Bahnen und -busse** zur Verfügung. Zwischen Radebeul Ost und Moritzburg/Radeburg verkehrt eine dampfbetriebene **Schmalspurbahn**, an der zwischen Freital und Kipsdorf wird derzeit gebaut.

Informationen

Dresdner Verkehrsbetriebe AG (DVB): Tel. 857 10 11 (Servicetelefon), www.dvb.de. Das **MobilitätsZentrum** der Dresdner Verkehrsbetriebe befindet sich in der Wilsdruffer Straße 25 (Mo–Fr 9.30–19, Sa 9–16 Uhr). Innerstädtische **Servicepunkte** der DVB gibt es außerdem am Wiener Platz/ Hauptbahnhof, an Post-, Albert- und Pirnaischen Platz sowie an der Prager Straße (Mo–Fr 8/9–18/19, Sa 8/9–16/19 Uhr, Hauptbahnhof und Prager Str. auch So 9–18 Uhr). Außerdem: Verkehrsverbund Oberelbe (VVO), Tel. 0180/ 22 66 22 66, www.vvo-online.de.

Fahrausweise

- Mit nur einem Fahrausweis des **Oberelbetarifs** kann man alle Stadt- und Regionalbusse, Straßenbahnen, S-Bahnen und Nahverkehrszüge innerhalb des Verkehrsverbunds Oberelbe nutzen. Das gesamte Stadtgebiet Dresdens gehört zu einer von insgesamt 21 Tarifzonen. Preisstufe und Gültigkeitsdauer des Fahrausweises ergeben sich aus der Anzahl der zu befahrenden Tarifzonen.
- **Fahrausweise kaufen** kann man in den Servicezentren und an Fahrkartenschaltern der beteiligten Verkehrsunternehmen. Automaten an Haltestellen bieten ein nahezu komplettes Fahrausweissortiment (außer Abo- und Jahreskarten), an Automaten in Fahrzeugen und bei Fahrern im Stadtverkehr erhält man nur ausgewählte Fahrausweise.
- Achtung: Alle im Vorverkauf erworbenen Fahrausweise (außer Abo- und Jahreskarten) sind bei Fahrtantritt zu **entwerten**!

- **Einzelfahrscheine** für eine Zone (also z. B. Dresden) gelten ab Entwertung eine Stunde. Kinder von 6 bis 14 Jahren zahlen einen ermäßigten Preis. (Anmeldung zum HandyTicket über www.dashandyticket.de)
- Bei den preiswerteren **4er-Karten** muss pro Zone ein Feld entwertet werden. Kinder von 6 bis 14 Jahren zahlen einen ermäßigten Preis.
- **Kurzstreckentickets** gibt es ausschließlich als **4er-Karten** und nur zum Normalfahrpreis. Ein entwertetes Feld berechtigt zur Fahrt bis zur vierten Haltestelle nach Zustieg. Ein Umsteigen ist nicht möglich.
- **Tageskarten** (lohnenswert ab drei Fahrten, Ermäßigung für Kinder von 6 bis 14 Jahren und Senioren ab 60) und **Familientageskarten** (für maximal sechs Personen, von denen nur zwei über 14 Jahre alt sein dürfen) gelten ab Entwertung bis 4 Uhr des Folgetages.
- Für längere Aufenthalte empfiehlt sich der Kauf einer **Wochen-** oder **Monatskarte** (pro Person ab mehr als 8/20 Fahrten).
- Für **Fahrräder** und **Hunde** muss der ermäßigte Preis der entsprechenden Fahrtstrecke entrichtet werden.
- **Schwarzfahren** kostet ein erhöhtes Beförderungsentgelt von 40 Euro.
- Für Touristen besonders empfehlenswert sind die Dresden City-Card und die Dresden Regio-Card. Mit der **City-Card** (21 Euro, Familien 42 Euro) haben Sie 48 Stunden freie Fahrt mit allen öffentlichen Verkehrsmitteln im Tarifgebiet Dresden, freien Eintritt in allen elf Museen der Staatlichen Kunstsammlungen Dresden sowie Ermäßigungen bei anderen Museen, Stadtrundfahrten und Dampferfahrten. Die **Regio-Card** (32 Euro) gilt 72 Stunden und zusätzlich für die Linienverkehrsmittel im Dresdner Umland. Sie bekommen die Cards bei der Tourist-Information Dresden (Schinkelwache am Theaterplatz und Prager Straße) sowie den Servicezentren der Dresdner Verkehrsbetriebe.

Bergbahnen

Die **Standseilbahn** verkehrt vom Körnerplatz zum Weißer Hirsch (Mo–Fr ca. 6–20, Sa/So ca. 9–23 Uhr), die **Schwebebahn** von der Pillnitzer Landstraße nahe Körnerplatz nach Oberloschwitz (tägl. ca. 10–20 Uhr). Die Bahnen fahren alle 10–15 Minuten.

Mit dem Auto

Wer in Dresden mit dem Auto unterwegs ist, sollte auf Straßenbaustellen und Umleitungen sowie – im Berufsverkehr – auf Staus an den Elbbrükken gefasst sein. **Kostenpflichtige Parkmöglichkeiten** – Parkplätze und -häuser – sind im Innenstadtbereich ausreichend vorhanden, die Preise verglichen mit anderen Großstädten moderat (meist 1,50 Euro/ Stunde, 6 Euro/Tag). Ein **Parkleitsystem** zeigt die freien Stellplätze an. Parkplatzinformation: Tel. 471 51 74.

Taxi

Freie Taxis von **Funk-Taxi** Dresden stehen an über 100 Halteplätzen im gesamten Stadtgebiet und können unter dem Taxiruf 211 211 telefonisch bestellt werden. Weniger als einen Euro mehr für die Anfahrt und einige Cent mehr pro Kilometer, dafür keine Gebühren für Standzeiten kostet der **Limousinen- & Chauffeurservice 8x8** (Tel. 88 88 88 88).

Velotaxi und Rikscha

In den Straßen der Dresdner Innenstadt sieht man immer mehr High-Tech-Dreiräder. Die Fahrten werden wie beim Taxi zumeist nach Kilometern berechnet, es gibt auch günstigere Pauschalpreise. Telefonische Buchungen z. B. bei **Im Nu Rikscha-Service** (Tel. 803 07 70) oder **Velotaxi** (Tel. 0800/ 83 56 82 94).

Mit dem Fahrrad

Der **Elberadweg** (www.elberadweg.de) gehört zu den beliebtesten Fernradwegen Deutschlands, der wohl schönste Abschnitt führt von der Dresdner Altstadt elbaufwärts vorbei am Blauen Wunder und dem Schloss Pillnitz bis in die Sächsische Schweiz (➤ 164ff).

Wer sein eigenes Rad nicht dabei hat, kann sich eins borgen. **Fahrrad-Ausleihstationen** gibt es beim Kundendienst im Hauptbahnhof (Tel. 461 32 62) und im Bahnhof Neustadt (Tel. 461 10 53). Tägl. 6.15–21.30 bzw. 6–22.30 Uhr).

Auch einige **Fahrradläden** bieten Leihfahrräder an: u. a. **antrieb – der fahrradladen** (Könneritzstr. 7/Ecke Maxstr., Tel. 858 20 59, Mo–Fr 8-20, Sa 8–18 Uhr), Radsport Päperer (Veilchenweg 2/Körnerplatz, Tel. 264 12 40, Mo–Fr 9–19 Uhr, Nov.–Feb. bis 18, Sa 9–13 Uhr).

Elbfähren, Dampfer und Boote

- Die Dresdner Elbufer sind auch durch Fähren miteinander verbunden: **Johannstadt–Neustadt** (Mo–Fr 6.30–22, Sa/So 9.30–22 Uhr), **Niederpoyritz–Laubegast** (Mo–Fr 6–20, Sa 10–22, So 10–20 Uhr), **Kleinzschachwitz–Pillnitz** (Autofähre, ca. 5.30–24 Uhr, Autos 8–21.30 Uhr). Es gelten hier die Fahrausweise des VVO. Wer nur die Fähre nutzt, zahlt 0,90 Euro für eine Fahrt, 1,50 Euro für Hin- und Rückfahrt. (Pkw 2,90/5 Euro).
- Die Dampfer der **Sächsischen Dampfschifffahrt** verkehren vom Terrassenufer elbabwärts bis Diesbar-Seußlitz und elbaufwärts bis Bad Schandau. (Fahrscheine/Abfahrt am Terrassenufer, Auskunft: Tel. 86 60 90, www.saechsische-dampfschifffahrt.de).
- Von **Speedbootfahrten** bis zu **Paddeltouren** mit dem Zweier-Kanu oder dem Dreier-Kanadier reicht das Angebot von Elbe-Taxi. (Buchung: Tel. 417 24 24 40, www.elbe-taxi.de).
- Stadt-Land-Floß-Touren bietet **Stadtfloßfahrten** auf der Elbe bis zu mehrtägigen **Abenteuertouren** für bis zu 29 Personen. Die Katamaran-Motor-Flöße »Druschba« (Freundschaft) und »Swoboda« (Freiheit) sind überdacht, eine dem Wetter angepasste Ausrüstung, Sonnenschutz und Regenjacke sind dennoch angebracht. (Infos/Buchung 799 30 53, www.flossexpedition.de).

Flugzeug und Ballon

- Bei **Rundflügen mit Kleinflugzeugen** ab Flughafen Dresden und ab Flugplatz Großenhain kann man ab ca. 70 Euro/Person zzgl. Start- und Landegebühren Elbflorenz und die Sächsische Schweiz aus der Vogelperspektive erleben, u. a. mit dem Fliegerservice »August der Starke«, Tel. 881 55 55, www.flieger-august.de, und mit Sachsenflug, Tel. 035 22/529 50, www.sachsenrundflug.de.
- Bei schönem Wetter starten von den Elbwiesen regelmäßig **Heißluftballone** in den Dresdner Himmel. Ballonsport und Luftwerbung Dresden GmbH, Tel. 47 96 52 50, www.ballon-sport-dresden.de; Ballonfahrten Dresden, Tel. 416 17 00, www.ballon-dresden.de; Sky-Lift Ballonfahrten, Tel. 411 71 14, www.sky-lift.de.

Stadtrundgänge und -rundfahrten

- **Abfahrtsstellen** für Stadtrundfahrten sind u. a. Postplatz/Zwinger, Hauptbahnhof, Augustusbrücke/Schloss- und Theaterplatz.
- Die Dresdner **Tourist-Information** vermittelt Stadtrundgänge und -rundfahrten zu unterschiedlichsten Themen, Gästeführer und Gruppenprogramme. Es gibt Angebote in Deutsch, Englisch, anderen Fremdsprachen – und Sächsisch. Außerdem Rundgänge und Rundfahrten für

Gehörlose in Gebärdensprache, für Blinde und Sehbehinderte sowie Rollstuhlnutzer (Tel. 49 19 21 40, www.dresden-tourist.de).

- Die **Dresdner Verkehrsbetriebe** bieten ebenfalls Rundgänge und Rundfahrten (Tel. 857 10 11, www.dvb.de).
- Ideenreiche thematische Führungen, Stadtteilerkundungen und Exkursionen in Dresden und Umgebung – zu Fuß, mit Bus oder Rad – veranstaltet **Igeltour Dresden** (Tel. 804 45 57, www.igeltour-dresden.de).
- Stadtrundgänge mit »August dem Starken«, der »Gräfin Cosel« oder dem »Reichsgrafen von Brühl« offerieren **Programmgestaltung Matthes** (Tel. 411 67 56, www.programmgestaltung-matthes.de), **Dresdner Hoftheater** (Tel. 899 56 55, www.dresdner-hoftheater.de) und **Barokkokko** (Tel. 479 81 84, www.reichsgraefliche-geschichten.de).
- An 22 Haltestellen beliebig oft ein- und aussteigen können Sie in die Doppelstockbusse der **Stadtrundfahrt Dresden**. Bei Start ab 15 Uhr gilt das Tagesticket auch am folgenden Tag, gegen einen Zuschlag bekommen Sie ein Zwei-Tages-Ticket (Tel. 899 56 50, www.stadtrundfahrt.com).
- Touren mit dem **Roten Doppeldecker** hat die Hamburger Hummelbahn (Tel. 494 04 04, www.stadtrundfahrt-dresden.de) im Programm.
- Bei der **Trabi-Safari** gehts im Trabant-Konvoi mit 30 km/h, Live-Gästeführer-Erklärungen per Funk und Ihnen selbst am Steuer durch die Stadt (Tel. 89 90 01 10, www.trabi-safari.de).

Eintrittspreise
Die Eintrittspreise für die im Text beschriebenen Sehenswürdigkeiten sind in drei Kategorien eingeteilt:
Preiswert: unter 3 Euro
Mittel: 3–6 Euro
Teuer: über 6 Euro

Übernachten

Die Auswahl an Übernachtungsmöglichkeiten ist groß und vielfältig. Mehr als 16 000 Betten in rund 150 Hotels und Pensionen stehen zur Verfügung, dazu etwa 1000 Betten in Herbergen und Hostels sowie mehrere Campingplätze. Wer länger bleiben will, kann sich auch eine Ferienwohnung mieten.

Information und Reservierung

Die Dresden-Werbung und Tourismus GmbH vermittelt Übernachtungen in Hotels aller Preiskategorien, in Pensionen, Gästezimmern und Ferienwohnungen, außerdem attraktive Arrangements des **Dresden-Days**-Pauschalprogramms. Angebote und Buchungen: Tel. 49 19 22 22, www.dresden-tourist.de, zimmer@dresden-tourist.de, dresdendays@dresden-tourist.de.
Informationen zu Dresdner Hotels – sortiert nach Gegend und Sternen – gibt es beim Dresdner Hotelverein unter www.dresden-hotels.de.

Herbergen und Hostels

Preiswerte Übernachtungen gibt es vom Doppelzimmer bis zum Zehn-Personen-Schlafsaal, Dusche/WC inklusive oder auf dem Flur. Ein Bett für die Nacht (Mehrbettzimmer, ohne Frühstück) ist ab ca. 15 Euro zu haben.
Das **Jugendgästehaus Dresden**, Sachsens größte Jugendherberge, befindet sich nur fünf Fußminuten vom Zwinger entfernt (Maternistr. 22, Tel. 49

26 20, www.djh-sachsen.de, Übernachtung mit Jugendherbergsausweis), die **City-Herberge** (Lingnerallee 3, Tel. 485 99 00, www.city-herberge.de) liegt gleich gegenüber dem Rathaus.

Die **Hostels** in der Äußeren Neustadt erfreuen sich großer Beliebtheit, eine Reservierung ist deshalb ratsam. Sie bieten eine lockere, internationale Atmosphäre, oft originell gestaltete Zimmer, Internetanschluss oder Leihfahrräder und sind z. T. rund um die Uhr geöffnet:

Guesthouse Mezcalero (Königsbrücker Str. 64, Tel. 81 07 70, www.mezcalero.de), **Hostel Die Boofe** (Hechtstr. 10, Tel. 801 33 61, Straßenbahn 7, 8, 13 Bischofsweg, 13 Bischofsplatz, www.boofe.de), **Hostel Louise 20** (Louisenstr. 20, Tel. 889 48 94, www.louise20.de), **Hostel Mondpalast** (Louisenstr. 77, Tel. 563 40 50, www.mondpalast.de), **Lollis Homestay** (Görlitzer Str. 34, Tel. 810 84 58, www.lollishome.de), **Hostel kangaroo-stop** (Erna-Berger-Str. 8–10, Tel. 314 34 55, www.kangaroo-stop.de; spezielle Angebote für Familien mit Kindern).

Camping- und Caravanplätze

Wer mit Zelt oder Wohnwagen anreist, kann zwischen mehreren Camping- und Caravanplätzen auswählen: Der **Campingplatz Mockritz** (Boderitzer Str. 30, Tel. 471 52 50, Fax 479 92 27, www.camping-dresden.de) im Süden der Stadt und der **Caravan Campingplatz Dresden-Nord** (Elsterweg 13, Tel. 880 97 92, Fax 880 92 90, www.camping-sachsen.de) sind ganzjährig bzw. April-Dez. geöffnet, der im Südosten nahe der Elbe gelegene **Campingplatz Wostra** (mit FKK-Strandbad; An der Wostra 7, Tel. 201 32 54, Fax 202 54 48) wird von April bis Oktober betrieben. Auf dem **Parkplatz Große Meißner Straße/Wiesentorstraße** (Dresden-Neustadt, direkt an der Elbe) befindet sich ein Caravanstellplatz (mit Stromanschluss, ohne Sanitär- und Entsorgungseinrichtungen, zu erreichen über Parkhaus Semperoper, Tel. 496 77 05). Hinter dem Hygienemuseum gibt´s einen weiteren Stellplatz (Vermietung über City-Herberge, s.o.).

Pensionen und Hotels

Preise

Die unten angegebenen Preise sind Richtwerte für ein Doppelzimmer (inkl. Frühstück). Zu bestimmten Zeiten können sie darunter (Jahresbeginn) oder darüber (Frühjahr, Herbst, Events) liegen.

€ unter 100 Euro
€€ 100–150 Euro
€€€ 150–200 Euro
€€€€ über 200 Euro

art'otel dresden €€

Gerade mal 300 m von Zwinger und Semperoper entfernt, liegt dieses hypermoderne Hotel. Die Gestaltung der Zimmer und der öffentlichen Bereiche stammt von dem italienischen Designer Denis Santachiara, die rund 750 über das gesamte Haus verteilten Kunstwerke – inklusive der 6,50 m hohen Plastik eines nackten Mannes auf dem Dach – sind Originale des gebürtigen Dresdners A. R. Penck.

180 B4 Ostra-Allee 33 492 20; Fax 492 27 77 Straßenbahn 6, 11 Kongresszentrum www.artotel.de

Backstage €€

Ein altes Fabrikgebäude der früheren Pfunds Molkerei am Ostende der Äußeren Neustadt verwandelte sich in ein einzigartiges Hotel. Die elf Zimmer sind allesamt eine wahre Augenweide: Jedes wurde in einem anderen Stil von Dresdner

Künstlern und Kunsthandwerkern gestaltet – in Handarbeit und mit ungewöhnlichen Materialien wie Wildholz, Bambus oder Naturstein. Die Zimmer im Dachgeschoss besitzen zudem eine Terrasse. Es gibt eine Kneipe & MusikBar und einen schönen Sommergarten.
181 E5 Prießnitzstr. 12 888 77 77; Fax 888 77 99 Straßenbahn 11 Diakonissenkrankenhaus www.backstage-dresden.de

Bülow-Residenz €€€€
Eine der nobelsten Adressen der Stadt. 1730 entstand das prächtige barocke Gebäude im Zuge der Bebauung der Neustadt, bis 1993 erfolgte nach jahrelangem Leerstand eine umfassende Restaurierung, 2006 eine Auffrischung. Die 30 verschieden geschnittenen Zimmer sind individuell und elegant eingerichtet, der romantische Innenhof verbreitet südländisches Flair. Zum Haus gehört mit dem *Caroussel* eines des besten Gourmetlokale Dresdens.
180 C4 Rähnitzgasse 19 800 30; Fax 800 31 00 Straßenbahn 4, 8, 9 Neustädter Markt www.buelow-residenz.de

CVJM-Jugendschiff €
Das Jugendschiff des Christlichen Vereins Junger Menschen hat seinen festen Liegeplatz im Neustädter Hafen unweit des Dresdner Stadtzentrums. Die gemütlichen Zwei- und Drei-Bett-Kabinen sind mit Dusche/WC ausgestattet. Und auch wenn der Name anderes vermuten lassen könnte: Es gibt keine Alters- oder gar konfessionellen Beschränkungen.
180 B5 Leipziger Str. 15 894 58 50; Fax 894 58 42 Straßenbahn 4, 6, 9, 11 Anton-Leipziger Straße www.cvjm-sachsen.de/Schiff

Hilton Dresden €€€
Das in den letzten DDR-Jahren als »Devisenhotel« errichtete heutige *Hilton* liegt direkt gegenüber der Frauenkirche. Die Zimmer und Suiten – einige mit Blick auf Dresdens altes neues Wahrzeichen – wurden nach der Wende auf den neuesten Stand gebracht. Das Haus verfügt über ein modernes Congress Center, einen ausgezeichneten Fitness- und Wellnessbereich sowie zwölf Restaurants, Cafés und Bars.
184 AB 3–4 An der Frauenkirche 5 864 20; Fax 864 27 25 Straßenbahn 1, 2, 4 Altmarkt www.hilton.de/dresden

Ibis Hotels Bastei / Lilienstein / Königstein €
Die drei nahezu identischen Hotels an der »Prager«, Dresdens beliebter Shopping- und Flaniermeile, verfügen zusammen über 918 Zimmer. Nach der Wende wurden die in den 1960er-Jahren entstandenen Plattenbauten saniert und mit zeitgemäßem Komfort ausgestattet. Wer zentral, ohne Verkehrslärm und preisgünstig wohnen will, ist hier richtig.
180 B2 Prager Str. 5, 9, 13 Tel. 48 56 20 00; Fax 48 56 29 99 Straßenbahn 3, 7, 8, 10, Bus 72, 76 Hauptbahnhof, Straßenbahn 3, 7–9, 11 Hbf-Nord www.ibisdresden.de

Kempinski-Hotel Taschenbergpalais Dresden €€€€
Das erste Haus am Platz, gelegen im Herzen der historischen Altstadt. Mitte der 1990er-Jahre wurde das im Krieg zerstörte Taschenbergpalais – welches August der Starke einst seiner Mätresse, der Gräfin Cosel, geschenkt hatte – rekonstruiert.
Hinter der originalgetreu wiederhergestellten barocken Fassade findet man den Komfort und Luxus eines modernen Grandhotels: großzügige und mit erlesenem Mobiliar eingerichtete Zimmer und Suiten (von der 4,80 m hohen und 360 m^2 großen Kronprinzen Suite blickt man auf den Theaterplatz), Spitzengastronomie und erstklassigen Service sowie einen exquisiten Fitness- und Wellnessbereich.

184 BC2/3 Taschenberg 3 491 20; Fax 491 28 12 Straßenbahn 1, 2, 4, 8, 9, 11, 12, Bus 75, 94 Postplatz www.kempinski dresden.de

Maritim Hotel Dresden €€€

Der »Erlweinspeicher« – vor über 90 Jahren vom damaligen Dresdner Stadtbaurat Hans Erlwein am Elbufer errichtet und zuletzt lange Zeit ungenutzt – beherbergt seit 2006 ein elegantes Luxushotel, gleich neben dem Internationalen Congress Center. Das Haus verfügt über 328 große Zimmer und Suiten (darunter die Präsidenten-Suite in der achten Etage mit Blick auf die Altstadt), einen Wellnessbereich und einen Wintergarten mit Restaurant und Terrasse über die gesamte Elbseite. Der Clou ist jedoch das 38 m hohe glasüberdachte Atrium.

184 A1 Ostra-Ufer 2 21 60; Fax 216 10 00 Straßenbahn 6, 11 Kongresszentrum www.maritim.de

Pension am Zwinger €

In Sichtweite des Zwingers und keine 10 Minuten Fußweg von der Frauenkirche entfernt, befindet sich diese Pension. Die über drei prächtige Gründerzeithäuser verteilten geschmackvoll gestalteten Suite- und Familienapartments besitzen ein bis drei Schlafzimmer, ein eigenes Bad sowie jeweils eine Küche oder Küchenzeile und sind damit ideal für Selbstversorger und Familien.

180 B4 Ostra-Allee 27 (Empfang Maxstr. 3 89 90 01 00; Fax 89 90 01 70 Straßenbahn 6, 11 Kongresszentrum www.pension-zwinger.de

Pullman Dresden Newa €€

Das Haus ist Teil des in den 1960er-Jahren entstandenen Neubau-Ensembles der Prager Straße. Eine komplette Modernisierung verwandelte den leicht angestaubten Plattenbau 2003 in ein Schmuckstück: modern, puristisch-elegant, urban. Die Zimmer sind klein, dafür schick, klimatisiert und mit Panoramafenstern ausgestattet.

180 B2 Prager Str. 2 481 40; Fax 495 51 37 Straßenbahn 3, 7, 8, 10, Bus 72, 76 Hauptbahnhof, Straßenbahn 3, 7–9, 11 Hbf-Nord www.pullmanhotels.com

Rothenburger Hof €€

Traditionsreiche Gastlichkeit in einem stattlichen Gründerzeitgebäude inmitten des Szeneviertels Äußere Neustadt. Sämtliche Zimmer wurden 2003 renoviert; die zur Gartenseite sind etwas teurer, dafür jedoch ruhiger: Auf der Straße vor dem Haus fährt die Straßenbahn. Es gibt einen Wellness-Bereich mit Schwimmbad, maurischem Dampfbad und Solarium. Für Langzeitgäste stehen ab einem Monat Mietdauer voll eingerichtete Apartments zur Verfügung.

181 D5 Rothenburger Str. 15–17 812 60; Fax 812 62 22 Straßenbahn 6, 11, 13 Bautzner/Rothenburger Straße www.rothenburger-hof.de

Schloss Eckberg €€–€€€€

Am Hang hoch über der Elbe liegt das Mitte des 19. Jhs. im Tudorstil erbaute romantische Schloss. Die 17 im wahrsten Sinne fürstlichen Schlosszimmer und -suiten sind mit Antiquitäten ausgestattet und mit edlen Textilien dekoriert. Marmorbäder runden das Bild ab. Das Restaurant glänzt mit einer vorzüglichen internationalen Küche, reich verzierten Wänden und Decken sowie einer Terrasse mit atemberaubendem Blick über das Elbtal. Im Park liegt das Kavaliershaus, das Ihnen noch weitere preisgünstige Übernachtungsmöglichkeiten bietet.

182 C4 Bautzner Str. 134 809 90; Fax 809 91 99 Straßenbahn 11 Elbschlösser www.schloss-eckberg.de

Schloss Hotel Dresden-Pillnitz €€

Das Hotel befindet sich in einem rekonstruierten Nebengebäude des

am östlichen Stadtrand Dresdens zwischen Elbe und Weinbergen gelegenen Pillnitzer Schlosses. Die Zimmer und Suiten (zwei davon mit Wasserbetten) sind behaglich, und die vom Juniorchef des Familienbetriebs geführte Küche genießt einen guten Ruf. Ein unvergleichliches Erlebnis ist ein morgendlicher Spaziergang durch den noch menschenleeren Schlosspark.
✉ August-Böckstiegel-Str. 10 ☎ 261 40; Fax 261 44 00 🚌 Bus 83 Pillnitzer Platz ? www.schloss hotel-pillnitz.de

Steigenberger Hotel de Saxe €€€
An der Stelle, an der von 1786 bis 1888 das ursprüngliche Hotel de Saxe stand, begrüßt nun die Steigenberger Hotel Group ihre Gäste – in einem nach dem historischen Vorbild gebauten und mit modernem Komfort ausgestatteten 185-Zimmer-Haus. Von einem Restaurant blickt man auf den Neumarkt.
184 B4 ✉ Neumarkt 9 ☎ 438 60; Fax 438 68 88 🚌 Straßenbahn 1, 2, 4 Altmarkt ? www.desaxe dresden.steigenberger.de

VCH-Hotel Martha Hospiz €€
Das nahe der Königstraße am Rande der Inneren Neustadt und dennoch ruhig gelegene Haus kann auf eine 100-jährige Tradition zurückblicken. Freundliche Zimmer, ein sonniger Wintergarten und das nette Personal sorgen dafür, dass Sie sich hier als Gast rundum wohlfühlen.
180 C4 ✉ Nieritzstr. 11 ☎ 817 60; Fax 817 62 22 🚌 Straßenbahn 4, 9 Palaisplatz, 3, 6, 11 Bahnhof Neustadt ? www.vch.de

The Westin Bellevue Dresden €€€
Das Hotel am Neustädter Elbufer macht seinem Namen wirklich alle Ehre: Von den Zimmern auf der Fluss-Seite hat man den unvergleichlichen Canaletto-Blick auf die schöne Dresdner Altstadt. Die Einbeziehung eines barocken Bürgerhauses samt Innenhof in das moderne Hotelensemble macht der besonderen Reiz des *Westin Bellevue* aus.
180 C4 ✉ Große Meißner Str. 15 ☎ 80 50; Fax 805 16 09 🚌 Straßenbahn 4, 8, 9 Neustädter Markt ? www.westin.com/dresden

Zur Königlichen Ausspanne €
Idylle pur: Die ehemaligen Remisen eines alten Herrensitzes am Elbhang wurden 1999 zu einer schönen Pension umgebaut. Man schläft in Zimmern im Landhausstil und wird von Vogelgezwitscher geweckt. Unter dem Kreuzgewölbe des Kaminsaales finden Hauskonzerte statt. Der Mindestaufenthalt beträgt zwei Nächte.
183, südl. F1 ✉ Eugen-Dieterich-Str. 5 ☎ 268 95 02; Fax 268 95 18 🚌 Bus 83 Staffelsteinstr. ? www.koeniglicheausspanne.de

Essen und Trinken

Die Dresdner kochen längst nicht mehr nur ihr eigenes Süppchen. Neben sächsischen Spezialitäten, oft solchen aus dem Erzgebirge, dem Vogtland oder der Oberlausitz, belegen die Speisekarten auch tschechische, russische oder ungarische Einflüsse. Und seit der Wende hat sich die ganze kulinarische Welt an der Elbe niedergelassen.

Typisches
- **Süß:** Der Dichter und Theatermann Robert Prutz wusste schon vor 150 Jahren, dass die Dresdner »Kuchenfresser« sind. Noch heute findet man auf der Suche nach typisch Dresdnerischem vor allem Süßes: die **Dresd-**

ner Eierschecke etwa, einen gehaltvollen Kuchen mit Quark und einer luftigen Eiermasse – und natürlich den **Dresdner Stollen**. Dazu gibt es immer ein **»Schälchen Heeßen«**, schließlich wurde in Dresden der Kaffeefilter erfunden und sind die Sachsen auch als »Kaffeesachsen« bekannt. Dass die Dresdner nur »Bliemchengaffee« trinken, der so dünn ist, dass man die »Bliemchen« auf dem Tassenboden sieht, ist allerdings ein Gerücht. Als **süße Souvenirs** empfehlen sich das **Russisch Brot** und die **Schmätzchen** des Dresdner Backwarenherstellers Dr. Quendt, – der **Nudossi**-Brotaufstrich (mit 36 % Haselnussanteil!) –, die »Ost-Nutella« der Firma Vadossi– und die **Pulsnitzer Pfefferkuchen**.

- **Deftig:** Unter der Überschrift »Sächsische Küche« werden zumeist saftige Braten mit leckeren Soßen und allerlei Kartoffelvariationen sowie verschiedene Eintöpfe aufgetischt. Fast immer dabei: der **Dresdner Sauerbraten** und die **Sächsische Kartoffelsuppe**. Letztere gern mit Majoran und Wiener Würstchen. Daneben gibt es Pellkartoffeln mit Quark und Leinöl aus der Lausitz, Erzgebirgische Glitscher (Kartoffelpuffer) oder Sorbische Hochzeitssuppe.
- **Nostalgisch:** Bisweilen findet man auch noch Gerichte, die auf kaum einer DDR-Speisekarte fehlen durften: das **Würzfleisch** (Ragout fin), gern auch in der Variante **Schweinesteak au four** zubereitet – mit Würzfleisch überbacken –, immer jedoch mit der »Exzellent Worcester Sauce Dresdner Art«. Der DDR-Klassiker schlechthin stammt eigentlich aus Russland (oder der Ukraine): Die **Soljanka** ist eine pikante Suppe, meist mit Fleisch- und Wurststücken, Zwiebeln und saurer Gurke zubereitet und mit einem Klecks saurer Sahne abgerundet.
- **Süffig:** Längst hat Sächsischer Wein über die Grenzen Sachsens hinaus einen guten Namen. Und das bekannteste (und beste!) Bier des Ostens, das Radeberger Pilsener, wird zwar nicht in Dresden, aber im 15 km entfernten Radeberg gebraut.

Restaurants, Cafés, Kneipen

Seit der Wende sind im gesamten Stadtgebiet Hunderte neuer Gaststätten entstanden.

- **Altstadt und Innere Neustadt:** Im Umfeld der wichtigsten Sehenswürdigkeiten finden sich zahlreiche Cafés und Restaurants, die sowohl traditionell sächsische als auch internationale Gerichte – oft aus dem mediterranen Raum – anbieten. Zudem gibt es u. a. japanische, spanische, holländische und tschechische Restaurants. Und, v. a. in den Nobelhotels, einige Gourmetlokale: **Das Caroussel** (➤ 42, Bülow-Residenz), **Intermezzo** (➤ 42, Kempinski-Hotel Taschenbergpalais), **Canaletto** (➤ 44, The Westin Bellevue).
- **Äußere Neustadt:** Das Viertel verfügt über die höchste »Kneipendichte«. Hier setzt man auf Trends und Internationales. Frühstück ist zuweilen bis 16 Uhr zu haben, Abendessen oft bis nach Mitternacht. Besonders beliebt sind Café- und Cocktail-Bars.
- **Essen im Grünen:** Es gibt kaum ein Restaurant, das im Sommer nicht Tische und Stühle nach draußen stellt. Besonders romantisch speist man in den zahlreichen **Restaurants mit Blick auf die Elbe**. In der grünen Stadt Dresden gibt es außerdem jede Menge **Biergärten**.
- **Fleischlos:** Vegetarier finden in »normalen« Restaurants meist nur wenige Gerichte. Eine große und ausgezeichnete Auswahl bieten das **Ladencafé aha** (➤ 125) und die **BrennNessel** (➤ 77).

Imbiss

Im Stadtzentrum trifft man immer noch auf **Bratwurst-Stände**, der Siegeszug des **Döners** ist jedoch auch in Dresden nicht aufzuhalten. Selbst einige der **vietnamesisch/chinesischen Imbissgeschäfte** haben das gefüllte Fladenbrot im Programm. Vor allem in der Äußeren Neustadt sind in letzter Zeit diverse **Bagel-**, **Sandwich-** und **Suppenläden** entstanden.

Übrigens

Das Brötchen heißt in Dresden **Semmel**, die Scheibe Brot **Bemme**, der Napfkuchen **Bäbe** und der Berliner **Pfannkuchen**.

Preise
Die Preisangaben gelten pro Person für ein Essen ohne Getränke.
€ unter 10 Euro **€€** 10–20 Euro **€€€** über 20 Euro

Einkaufen

Schicke neue Kaufhäuser und Shoppingcenter, Kunstgewerbeläden, flippige Boutiquen und jede Menge Galerien machen einen Einkaufsbummel zum Vergnügen. Einzig Dependancen internationaler Luxusmarken machen sich in Dresden bislang immer noch rar. Mit der fortschreitenden Bebauung des Neumarktes wird sich das aber auch ändern.

Wo gibt es was?

- **Prager Straße, Seestraße, Altmarkt-Galerie:** Die »Prager« ist die klassische Shoppingmeile Dresdens. Hier und in der angrenzenden Seestraße haben sich nach der Wende die großen Kaufhäuser und Modeketten angesiedelt. Die Altmarkt-Galerie zwischen Altmarkt und Wallstraße bietet rund 100 Fachgeschäfte und Restaurants unter einem Dach (2009 Eröffnung der Centrum-Galerie).
- **Neumarkt:** Rund um den Neumarkt entstehen in den kommenden Jahren eine Vielzahl von Geschäften - vor allem für betuchte Kundschaft. In der bereits feriggestellten QF-Passage werden auch Normalverdiener fündig.
- **Innere Neustadt:** Kunden mit gehobeneren Ansprüchen werden in der Königstraße samt angrenzenden Passagen und in den Modeboutiquen, Galerien und Antiquitätengeschäfte fündig. In den Kunsthandwerker-Passagen in der Hauptstraße bieten sächsische Handwerker ihre Waren feil.
- **Äußere Neustadt:** Jede Woche eröffnen neue Läden – und andere schließen wieder. Vor allem junges Publikum findet hier so ziemlich alles, was das Herz begehrt: hippe Klamotten, Skaterbedarf, Kunst, Schmuck oder die neuesten CDs.
- **Körnerplatz:** Hier liegen zahlreiche Galerien und Kunstgewerbeläden.

Märkte

- Auf dem Altmarkt finden regelmäßig **Wochenmärkte** sowie spezielle **Frühjahrs- und Herbstmärkte** statt. In der Weihnachtszeit lockt der **Striezelmarkt** (➤ 126) Millionen Besucher in die Dresdner Innenstadt.
- Der **Elbeflohmarkt** an der Albertbrücke findet ohne Winterpause immer am Samstag und an jedem dritten Sonntag im Monat von 8–14 Uhr statt.
- Auf dem **Sachsenmarkt** in der Lingnerallee werden jeden Freitag von 8–17 Uhr vor allem regionale Produkte angeboten.

Galerien

Dass Dresden eine Stadt der Kunst ist, wird auch durch eine große Anzahl Galerien deutlich. Die meisten liegen in der Neustadt, einige rund um den

Körnerplatz. Das Kulturamt (Königstr. 15, Tel. 488 89 42) gibt vierteljährlich einen Ausstellungskalender für alle Galerien heraus.

Souvenirs

- **Engel der *Sixtinischen Madonna* von Raffael:** Man findet sie in der ganzen Welt, in Dresden sind sie zu Hause. Zum Mitnehmen bekommt man die beiden auf Mousepads, Kaffeetassen, T-Shirts, Regenschirmen ...
- **Frauenkirche:** Es begann mit einer Frauenkirchenuhr samt kleinem Originalstein aus der Ruine und 10 Euro Spendenanteil. Inzwischen gibt es Dresdens berühmtesten Neubau in unzähligen Varianten – vom Puzzle bis zum Zinnhumpen – im Treffpunkt Galerie Frauenkirche.
- **Kunsthandwerk:** Das Angebot reicht von weihnachtlichem Kunsthandwerk aus dem Erzgebirge über Sorbische Ostereier bis zu Blaudruck und Keramik aus der Lausitz.
- **Meissener Porzellan:** Autorisierte Händler der Staatlichen Porzellan-Manufaktur Meissen finden Sie auch in Dresden: bei Karstadt, im Hotel Hilton und am Flughafen.
- **Sächsischer Wein und Dresdner Stollen:** In und um Dresden gibt es rund zwei Dutzend Weingüter, viele produzieren Spitzenweine. Der echte Dresdner Stollen trägt das Siegel »Schutzverband Dresdner Stollen«.
- **Museumsläden:** In den Shops der Staatlichen Kunstsammlungen Dresden (u. a. im Residenzschloss) im Stadtmuseum oder im Laden des Landesmuseums für Vorgeschichte im Japanischen Palais bekommt man Souvenirs mit Stil.

Ausgehen

Dresden gilt gemeinhin als Stadt der Hochkultur – mit der Semperoper als Flaggschiff. Doch die sächsische Landeshauptstadt besitzt auch eine lebendige Jazz- und Rockszene sowie jede Menge Bars, Clubs und Kinos. Und gefeiert wird hier bis in den frühen Morgen – ohne Sperrstunde.

Informationen

- Eine Anlaufstelle für Veranstaltungsinformationen ist die **Tourist-Information** (Schinkelwache am Theaterplatz und Prager Straße, Tel. 49 19 21 00, www.dresden.de/veranstaltungen).
- Den umfassendsten Veranstaltungskalender mit Adress-Übersicht bietet das monatlich erscheinende Stadtmagazin **SAX** (1,80 Euro, www.cybersax.de).
- Tagesaktuelle Informationen über Dresden und Umgebung liefern Ihnen die regionalen Tageszeitungen **Sächsische Zeitung** (donnerstags mit Veranstaltungsbeilage PluSZ, www.sz-online.de) und die **Dresdner Neuesten Nachrichten** (www.dnn.de).
- Über das aktuelle Leinwandgeschehen informiert der kostenlos ausliegende Kinokalender (www.kinokalender.com).

Oper, Theater, Konzerte

Manch einer kommt nur wegen des Besuchs einer der fast immer ausverkauften Aufführungen in der **Semperoper** (➤ 60) nach Dresden. Doch die Stadt hat noch viel mehr hochkarätige Kulturveranstaltungen zu bieten. So etwa spannende Inszenierungen des Staatsschauspiels Dresden im **Schauspielhaus** (➤ 80) und im **Kleinen Haus** (➤ 105), Konzerte des Kreuzchores in der Kreuzkirche (➤ 112), Meisterkonzerte auf Schloss Albrechtsberg (► 146), Ballettabende im Zwingerhof (► 80). Die 1947 gegründete **Staatsoperette** (Pirnaer Landstr. 131, Tel. 207 99 29, www.staatsoperette-dresden.de) ist mittlerweile die einzige selbstständige Operettenbühne im deutschsprachigen Raum, das am westlichen Stadtrand gelegene **Theater Junge Generation** (Meißner Landstr. 4, Tel. 429 12 20, www. tjg-dresden.de) Deutschlands letztes Jugendtheater. Im benachbarten Radebeul, nur wenige Kilometer vom Dresdner Stadtzentrum entfernt, hat das Stammhaus der **Landesbühnen Sachsen** (Meißner Str. 152, Tel. 895 40, www.dresden-theater.de) seinen Sitz. Im Sommer bespielt das Mehrspartentheater zudem die **Felsenbühne Rathen** (► 150) in der Sächsischen Schweiz.

Konzerte zwischen Volksmusik, Pop und Klassik sowie Tournee-Musicals hat der **Kulturpalast** (► 126) auf dem Programm; zugleich ist das Haus auch Sitz der **Dresdner Philharmonie**. Angesagte Stars aus Pop und Rock treten regelmäßig im **Alten Schlachthof** auf (Gothaer Str. 11, Tel. 43 13 30, www.alter-schlachthof.de).

Für Großevents bietet die Halle der **Dresdner Messe** (Messering 6, Tel. 445 80, www.messe-dresden.de) ausreichend Platz. Avantgardistisches in Musik, Tanz und Theater veranstaltet das Europäische Zentrum der Künste im **Festspielhaus Hellerau** (Karl-Liebknecht-Str. 56, Tel. 26 46 20, www.zeitmusik.de).

Clubs

Die besten Locations für alternative Musik unterschiedlichster Art sind **beatpol** (Altbriesnitz 2a, Tel. 421 03 97, www.beatpol.de) und die **Scheune** (► 106). Tanzwütige finden viele kleine Clubs, etwa den **Motown Club** (► 126), **Katy´s Garage** (► 106) oder das **M5 Nightlife** (► 80). Von Mai bis Oktober lohnt sich auch ein Abstecher in die **Saloppe** (► 146). Die **Strasse E** (► 106) bietet gleich eine ganze Club-Sammlung.

Kino

Dresden ist die Kinometropole des Ostens. Es gibt vier Multiplexe, darunter der eher dem Mainstream verpflichtete **Kristallpalast** (► 126) und das ambitionierte **Metropolis** (► 106).

Programmkinos wie die **Schauburg** (► 106), das **Programmkino Ost** (Schandauer Str. 73, Tel. 310 37 82, www.programmkino-ost.de) oder das **Thalia** (► 106) sorgen für Vielfalt. In allen Kinos werden auch Vorführungen in Originalsprache angeboten.

Schwule und Lesben

Erster Anlaufpunkt für Schwule in Dresden ist noch immer das für seine Partys bekannte **Queens** (Görlitzer Str. 3, Tel. 810 81 08, www.queens-dresden.de). Unweit davon liegt die quirlige Gay-Bar **Boys** (Alaunstr. 80, Tel. 563 36 30, www.boys-dresden.de). Frauen treffen sich gern im Café **Sappho** (Hechtstraße 23, Tel 404 51 36, www.sappho-dresden.de). Anfang Juni wird in Dresden eine Woche lang der **Christopher Street Day** gefeiert.

Tickets

Eintrittskarten für Konzerte, Theatervorstellungen, Partys oder Sportevents erhalten Sie in der **Tourist-information** Dresden (Schinkelwache am Theaterplatz und Prager Straße, Tel. 49 19 22 33, www.dresden-tourist.de, ticket@dres den-tourist.de), bei **saxTicket** (Schauburg/Seiteneingang, Königsbrücker Str. 55, Tel. 803 87 44, www.saxticket.de) oder an der **Konzertkasse im Florentinum** (Ferdinandstr. 12, Tel. 86 66 00, www.konzert kasse-dresden.de).

Die historische Altstadt

Erste Orientierung 50
In zwei Tagen 52
Nicht verpassen! 54
Nach Lust und Laune! 74
Wohin zum ... 77

Erste Orientierung

Zwinger, Semperoper, Frauenkirche. Es ist das alte Dresden, das aus den Trümmern des Krieges wiedergeborene »Florenz des Nordens« mit seinen unvergleichlichen Bauwerken und seinem Reichtum an Kunst und Kultur, das Menschen aus der ganzen Welt fasziniert. Der Mythos lebt.

Bei den Dresdnern heißt die »Innere Altstadt« – so der verwaltungstechnisch korrekte Name des Areals zwischen Theaterplatz und Neumarkt – schlicht »die Altstadt«. Gebräuchlich wurde die Bezeichnung für das linkselbische einstige »Neuendresden« allerdings erst, nachdem das rechtselbische »Altendresden« 1685 abgebrannt und als »Neue Stadt bey Dresden« wiederaufgebaut worden war.

Heute sind in dieser historischen Altstadt auf gerade einmal einem halben Quadratkilometer unter anderem ein weltberühmtes Opernhaus, ein geschichtsträchtiges Schloss, zwei einzigartige barocke Kirchen und ein Dutzend hochkarätige Museen versammelt. Vereint in einem Panorama, das nicht nur Romantiker zum Schwärmen bringt.

Seite 49: Die abendliche Altstadt von Dresden

Der Fürstenzug: Ahnengalerie der Wettiner

Blick von der Kuppel der Frauenkirche über die Kunstakademie und das Elbtal

★ Nicht verpassen!

- **1** Zwinger und Gemäldegalerie Alte Meister ➤ 54
- **3** Semperoper und Theaterplatz ➤ 60
- **6** Frauenkirche ➤ 63
- **7** Residenzschloss ➤ 65
- **10** Brühlsche Terrasse ➤ 70

Nach Lust und Laune!

- **2** Cholerabrunnen ➤ 74
- **4** Augustusbrücke ➤ 74
- **5** Sächsische Dampfschiffahrt ➤ 74
- **8** Johanneum / Verkehrsmuseum Dresden ➤ 75
- **9** Neumarkt ➤ 75
- **11** Coselpalais ➤ 75f
- **12** Landhaus / Stadtmuseum und Städtische Galerie ➤ 76
- **13** Neue Synagoge ➤ 76

Sie können die Altstadt zwischen Semperoper und Frauenkirche, Zwinger und Brühlscher Terrasse an einem Tag durchqueren und haben alles gesehen. Von außen. Wer mehr will – der *Sixtinischen Madonna* in die Augen schauen, Augusts Pretiosen bewundern, die Kuppel der Frauenkirche erklimmen, Kaffee auf der Brühlschen Terrasse trinken – sollte sich wenigstens zwei Tage Zeit nehmen. Achten Sie bei der Planung darauf, dass die Museen im Zwinger am Montag, die im Residenzschloss am Dienstag geschlossen sind.

Die historische Altstadt in zwei Tagen

Erster Tag

Vormittags

Die Museen öffnen erst um 10 Uhr, der Zugang zum 1 **Zwinger** (links; ➤ 54) samt Zwingerhof ist jedoch bereits ab 6 Uhr möglich. Zeit genug, das barocke Kleinod zunächst ganz in Ruhe zu erkunden. Versuchen Sie nicht, so viele Museen wie möglich abzuhaken. Für ein Highlight wie die 1 **Gemäldegalerie Alte Meister** (rechts; ➤ 54) sollten Sie mindestens zwei, besser noch drei Stunden einplanen.

Mittags

Im östlich des Zwingers gelegenen Kempinski-Hotel Taschenbergpalais (➤ 42) finden Sie ganz unterschiedliche Cafés und Restaurants, von nobel bis bodenständig-rustikal. Werfen Sie auf dem Weg in die Mittagspause einen Blick auf den 2 **Cholerabrunnen** (➤ 74).

Nachmittags

Frisch gestärkt können Sie nun ein weiteres Museum im Zwinger besuchen. Oder eine Runde über den 3 **Theaterplatz** (➤ 60) drehen. Anschließend sollten

Sie versuchen, an einer Führung durch die 3 **Semperoper** (➤ 60) oder die **Hofkirche** (links unten; ➤ 61) teilzunehmen. Lassen Sie den Tag mit einem Blick von der 4 **Augustusbrücke** (➤ 74) auf das Altstadtpanorama und die Dampfer der 5 **Sächsischen Dampfschiffahrt** (➤ 74) ausklingen. Genehmigen Sie sich zum Ausklang des Tages ein Abendessen im *Italienischen Dörfchen*.

Zweiter Tag

Vormittags

Machen Sie sich an den Aufstieg auf die Kuppel der 6 **Frauenkirche** (oben; ➤ 63). Passieren Sie anschließend in der Augustusstraße den Fürstenzug. Der Hausmannsturm des 7 **Residenzschlosses** (➤ 65) bietet eine weitere Aussichtsplattform. Folgen Sie der Westseite des Schlosses bis zum Eingang Sophienstraße und besuchen Sie das **Grüne Gewölbe** (➤ 66). Beenden Sie danach die Schlossumrundung am Georgenbau. Verkehrsgeschichtlich Interessierte biegen in den Stallhof und von dort zum 8 **Verkehrsmusem** (➤ 75) am 9 **Neumarkt** (➤ 75) ab. Alle anderen steigen die Freitreppe zur 10 **Brühlschen Terrasse** (➤ 70) hinauf.

Mittags

Unterbrechen Sie Ihren Spaziergang in einem der Lokale in der Münzgasse oder im *Grand Café* (➤ 78) des 11 **Coselpalais** (rechts; ➤ 75).

Nachmittags

Nicht nur weil das Albertinum geschlossen ist, bieten sich eine Besichtigung der **Festung Dresden** (➤ 73) oder ein Besuch des 12 **Stadtmuseums** (links; ➤ 76) an. Ebenfalls zu empfehlen ist eine Führung durch die 13 **Neue Synagoge** (➤ 76). Beschließen Sie den Tag mit einer Dixielanddampferfahrt auf der Elbe (Ende April–Okt. Fr, Sa) oder gönnen Sie sich ein Glas sächsischen Wein in einem der Lokale am Neumarkt.

0 Zwinger und Gemäldegalerie Alte Meister

Er ist das Meisterwerk des sächsischen Barock und eine der bedeutendsten Schöpfungen der europäischen Baugeschichte. Zusammen mit den Museen in seinen Pavillons und im angrenzenden Galeriebau von Gottfried Semper gehört der Zwinger zum Pflichtprogramm eines Dresden-Besuchs.

Zwingerhof mit Wallpavillon

Im Auftrag Augusts des Starken wurde das einzigartige Ensemble höfischer Festarchitektur von 1709 bis 1732 westlich des Residenzschlosses errichtet – benannt nach einem Teil der dortigen Stadtbefestigung. Die Entwürfe für die spiegelbildlich um einen Hof gruppierte Anlage aus Pavillons und Galerien schufen der Baumeister Matthäus Daniel Pöppelmann und der Bildhauer Balthasar Permoser.

Das **Kronentor** mit seiner zwiebelförmigen Kuppel und der von vier polnischen Adlern getragenen Königskrone ist das Hauptportal des Zwingers und eines der Wahrzeichen Dresdens. Kraftvoll und grazil zugleich erhebt es sich über die Langgalerie. Am Scheitelpunkt der westlichen Bogengalerie steht der **Wallpavillon**, die Figur des *Herkules Saxonicus* auf dem Giebel huldigt August dem Starken. Durch den Wallpavillon führt eine Treppenanlage hinauf auf den Wall und die Dächer der Galerien. Hinter dem Französischen Pavillon liegt das **Nymphenbad**, ein Hof mit Brunnen, Wasserkaskaden und 16 Nymphenskulpturen.

Der Stadtpavillon auf der Ostseite erhielt Anfang der 1930er-Jahre ein Glockenspiel aus Meissener Porzellan und

Links oben: Hermen am Wallpavillon im Zwinger

Das Kronentor mit der von Adlern getragenen Königskrone

ist deshalb als **Glockenspielpavillon** bekannt. Die Gestaltung des Zwingerhofes mit Wasserbecken erfolgte ebenfalls im ersten Drittel des 20. Jhs.

Mehr als 100 Jahre nach seiner Entstehung wurde der zur Elbe offene Zwinger mit einer von Gottfried Semper entworfenen **Gemäldegalerie** geschlossen, in der sich die **Alten Meister** befinden. Der Zwinger ist auf zwei Seiten vom Zwingergraben und -teich sowie einem kleinen Park umgeben. Zwischen Gemäldegalerie und Semperoper steht das Carl-Maria-von-Weber-Denkmal von Ernst Rietschel.

Nach den schweren Zerstörungen beim Angriff alliierter Bomber am 13. Februar 1945 begann noch im selben Jahr der Wiederaufbau des Zwingers, welcher bis Mitte der 1960er-Jahre andauerte.

Klassik auf Meissener

Das Glockenspiel des Glockenspielpavillons intoniert jede Viertelstunde Stundenschlagmelodien und von Ostern bis Dezember täglich um 10.15, 14.15 und 18.15 Uhr Melodien von Vivaldi, Mozart und Bach.

Porzellansammlung

Die anspruchsvollste und mit 20 000 Einzelstücken umfang-

Porzellan statt Krieg
Zu den bekanntesten Ausstellungsstücken der Porzellansammlung gehören die **Dragonervasen**. August der Starke hatte diese einst beim preußischen Soldatenkönig Friedrich Wilhelm I. gegen 600 sächsische Dragoner eingetauscht.

Mitte: Der Elefant im Porzellanladen ...

reichste keramische Spezialsammlung der Welt ist Ergebnis einer Passion Augusts des Starken, welche dieser selbst als *maladie des porcellaines*, als Porzellankrankheit, bezeichnete. Die im Zweiten Weltkrieg ausgelagerten und danach als Kriegsbeute in die Sowjetunion gebrachten Kostbarkeiten wurden 1958 an die DDR zurückgegeben. Die Gestaltung der Ausstellung im Glockenspielpavillon und den angrenzenden Galerien folgt den Vorstellungen des Kurfürsten. Schwerpunkte sind **chinesische Porzellane** aus der Tang- bis Ming-Dynastie und der Kangxi-Ära sowie frühes **japanisches Imari- und Kakiemonporzellan** aus Arita. Außerdem wird anhand herausragender Exponate die Geschichte der **Porzellan-Manufaktur Meissen** (► 155) von der Geburtsstunde des europäischen Hartporzellans 1708 bis zum späten 18. Jh. dokumentiert.

Mathematisch-Physikalischer Salon

1728 wurde unter August dem Starken im Zwinger das Königliche »Cabinet der mathematischen und physikalischen Instrumente« eingerichtet. Heute besitzt das Museum eine der ältesten und bedeutendsten Sammlungen historischer wissenschaftlicher Instrumente und Uhren der Welt. Die meisten zum Museumsbestand zählenden Stücke stammen überwiegend aus dem 16. bis 19. Jh. und bezeugen eindrucksvoll Wissen und Kunstfertigkeit von Gelehrten und

In der Rüstkammer der Staatlichen Kunstsammlungen Dresden

Handwerkern vergangener Zeit. Zu den erstaunlichsten Exponaten zählen ein auf 1297 datierter arabischer Himmelsglobus und eine 350 Jahre alte Rechenmaschine von Blaise Pascal. Bis zum Frühjahr 2010 werden der Pavillon und die angrenzenden Räume in der Nordwestecke des Zwingers umgebaut.

Sonnenuhr aus dem Mathematisch-Physikalischen Salon

Rüstkammer

Die Geschichte dieser erlesenen Prunkwaffen- und Kostümsammlung reicht zurück zu Albrecht dem Beherzten, der die herzogliche Harnischkammer im 15. Jh. gründete. Prunkgewänder, Waffen unterschiedlichster Art und prächtige Harnische sowie Fürsten- und Turnierbilder vermitteln Einblicke in Zeremoniell und Festkultur am sächsischen Fürstenhof, in Jagdwesen und Kriegshandwerk zwischen Renaissance und Barock. Bis zur Fertigstellung der für die Rüstkammer vorgesehenen Räume im Residenzschloss werden die 1300 Objekte aus ganz Europa und dem Orient im Ostflügel der Sempergalerie gezeigt.

Galerie Neue Meister und Skulpturensammlung – Interimsausstellungen im Zwinger

Seit 2006 wird das Albertinum umgebaut. Seine beiden Museen präsentieren Teile ihrer Sammlungen im Zwinger: Die Galerie Neue Meister ist zu Gast im Semperbau, die Skulpturensammlung in der Bogengalerie.

Staatliche Kunstsammlungen Dresden

Sie gehören in eine Reihe mit den ganz großen Museen der Welt. Die unter dem Dach der Staatlichen Kunstsammlungen Dresden vereinten elf Einzelmuseen – die meisten haben ihren Ursprung in der um 1560 gegründeten Kunstkammer der sächsischen Herrscher – bieten eine Qualität und thematische Vielfalt, die ihresgleichen sucht. Neun der Museen befinden sich in der historischen Altstadt: **Gemäldegalerie Alte Meister**, **Porzellansammlung**, **Mathematisch-Physikalischer Salon** und **Rüstkammer** im Zwinger und der angrenzenden Sempergalerie, **Grünes Gewölbe**, **Kupferstich-Kabinett** und **Münzkabinett** im Residenzschloss, **Galerie Neue Meister** und **Skulpturensammlung** im Albertinum. Das **Museum für Sächsische Volkskunst** samt **Puppentheatersammlung** präsentiert seine Schätze im Jägerhof, das **Kunstgewerbemuseum** residiert im Schloss Pillnitz. (Die Museen im Zwinger sind montags, die in Residenzschloss und Albertinum dienstags geschlossen.)

Die Madonna und ihre Engel

Im Raum 117 hängt auf bordeauxroter Wand das berühmteste Gemälde der Alten Meister. Raffael malte die ***Sixtinische Madonna*** 1513 für den Hochaltar der Klosterkirche des heiligen Sixtus in Piacenza. Von Kurfürst Friedrich August II. erworben, kam das Bild 1754 nach Dresden. Selbstbewusst, fast herausfordernd tritt die Madonna mit dem Jesuskind auf dem Arm dem Betrachter entgegen. Dabei haben die zwei **Engel** zu ihren Füßen ihr längst die Schau gestohlen. Als eigenständiges Motiv zum Teil der Pop-Kultur avanciert, können die beiden heute wohl als die weltweit bekanntesten Dresdner gelten.

Gemäldegalerie Alte Meister

Man kennt sie von unzähligen Reproduktionen: Giorgiones ***Schlummernde Venus***, Liotards ***Schokoladenmädchen***, Vermeers ***Brieflesendes Mädchen am offenen Fenster***, Correggios ***Heilige Nacht***, Tizians ***Zinsgroschen***. Hier hängen die Originale! Die Alten Meister sind eine der hervorragendsten Sammlungen europäischer Malerei des 15. bis 18. Jhs. Sie wurden größtenteils von August dem Starken und dessen Sohn und Nachfolger Friedrich August II. in gerade einmal 50 Jahren zusammengetragen.

1847–55 schuf Gottfried Semper den Meisterwerken einen würdigen Rahmen mit seiner Gemäldegalerie im Stil der italienischen Hochrenaissance. Der Semperbau gehört nicht zum eigentlichen Zwinger-Ensemble, schließt dieses jedoch zur Elbe hin ab.

Rund 750 Gemälde umfasst die Ausstellung, darunter herausragende Werke der italienischen Renaissance sowie der altniederländischen und altdeutschen Schule, Arbeiten flämischer und holländischer, spanischer und französischer Maler des 17. Jhs. und natürlich die berühmten Dresden-Ansichten Canalettos. Nehmen Sie sich ruhig Zeit für einen ausgiebigen Bummel durch die Kunstgeschichte, aber versuchen Sie bloß nicht, bei einem Besuch alles zu sehen, und seien Sie dabei offen für unerwartete Entdeckungen – von den **Bildteppi-**

МИН НЕТ

Wer genau hinsieht, kann die kyrillische Inschrift aus dem Jahr 1945 am Eingang zur Gemäldegalerie vom Theaterplatz noch erkennen. Daneben hängt die deutsche Übersetzung: Das Museum wurde geprüft. Keine Minen. Geprüft von Chanutin.

Unten links: Giorgiones *Schlummernde Venus*

Unten rechts: Bildteppich nach Raffael

chen nach Entwürfen Raffaels im Gobelinsaal bis zu einem der kleinsten und zauberhaftesten Kunstwerke der schönen Ausstellung, dem ***Flügelaltar der Maria mit dem Kind, dem Heiligen Georg und der Heiligen Katharina*** von Jan van Eyck.

KLEINE PAUSE

Direkt von den Alten Meistern geht es im Erdgeschoss in das ***Café & Restaurant*** gleichen Namens, das seine Gäste durch Stil und frische Küche überzeugt

184 B C2 6–22 Uhr Straßenbahn 1, 2, 4, 8, 9, 11, 12, Bus 75, 94 Postplatz, Straßenbahn 4, 8, 9 Theaterplatz

Museen der Staatlichen Kunstsammlungen Dresden
Porzellansammlung (Glockenspielpavillon), Mathematisch-physikalischer Salon (der Umbau erfolgt voraussichtlich bis 2010), Rüstkammer (Sempergalerie/Ostflügel), Gemäldegalerie Alte Meister (Sempergalerie) 49 14 20 00 (Besucherservice) Di–So 10–18 Uhr mittel
www.skd-dresden.de

ZWINGER UND ALTE MEISTER: INSIDER-INFO

Top-Tipps: Über die Treppe im Wallpavillon im Zwinger gelangen Sie nicht nur in das Nymphenbad, sondern auch auf die Dächer der Langgalerie: Von dort haben Sie einen hervorragenden **Überblick** über die gesamte Anlage.
- Im Zwinger finden regelmäßig **Konzerte und Ballettaufführungen** statt, Tickets gibt's bei der Tourist-Information (Infos: www.schloesser-dresden.de).
- In den Museen liegt das zweimonatige **Programm-Faltblatt** der Staatlichen Kunstsammlungen mit Infos u.a. zu Rundgängen, Führungen und Vorträgen aus.
- Die Gemäldegalerie Alte Meister ist in der Online-Welt von **Second Life** präsent – mit maßstabsgetreu »nachgebauten« Räumen (www.dresdengallery.com).
- Nutzen Sie für den Besuch mehrerer Museen der Staatlichen Kunstsammlungen die **Tages- oder Familienkarten**. Bei mehreren Tagen Aufenthalt lohnen die **Dresden-City/Regio-Card** (► 176) oder sogar eine Jahreskarte.

Geheimtipps: Die **Eintrittskarten** für die Gemäldegalerie Alte Meister gelten für die Rüstkammer und für die Interimsausstellung der Skulpturensammlung.
- **Morgens** um 6 Uhr haben Sie den Zwinger (fast) ganz für sich allein!

3 Semperoper und Theaterplatz

Sie gibt den Ton an auf dem Theaterplatz: die Semperoper. Und sie ist Teil eines Platzensembles mit Werken bedeutender Architekten verschiedener Epochen und Baustile, das in der Welt seinesgleichen sucht.

Das erste »Königliche Hoftheater« Gottfried Sempers wurde 1869 bei einem Brand zerstört. Die Pläne für das zweite, die heutige **Semperoper**, entwarf der Architekt im Exil. Er hatte Dresden als steckbrieflich gesuchter Barrikadenbauer des

Denkmal König Johanns vor der Semperoper

1849er-Maiaufstands verlassen müssen. Sohn Manfred übernahm die Leitung des Baus von 1871 bis 1878.

Nach der Zerstörung im Zweiten Weltkrieg wurde die Semperoper ab 1977 weitgehend originalgetreu rekonstruiert und am 13. Februar 1985 mit Carl Maria von Webers *Freischütz* eingeweiht. Mit ihrer Arkadenfassade und der Pantherquadriga über dem vorspringenden, reich geschmückten Haupteingang ist sie einer der imposantesten Theaterbauten Europas. Die Skulpturen Goethes und

Es ist an der Zeit, ein Bier zu feiern ...

Ausgerechnet ein Bier-Werbespot bescherte der Semperoper ab Mitte der 1990er-Jahre einen phänomenalen Bekanntheitsgrad. Prima. Auch wenn manch einer den Musentempel seither für die schönste Brauerei Deutschlands hält ...

Aufführung von *Don Carlos* in der Semperoper; rechts der Zuschauerraum

Schillers neben dem Portal schuf Ernst Rietschel bereits für das erste Hoftheater. Vestibüle und Foyers beeindrucken mit aufwändigen Deckenmalereien und kunstvollen Marmorimitationen, Blickfang im Saal sind der prächtige Schmuckvorhang und die berühmte doppelfenstrige Fünfminutenuhr.

Die Dresdner Operntradition wurde vom Wirken großer Musiker wie Carl Maria von Weber, Richard Wagner und Richard Strauss geprägt. Das Ensemble der **Sächsischen Staatsoper** hat einen ausgezeichneten Ruf, und mit der 1548 gegründeten **Sächsischen Staatskapelle** ist an der Semperoper eines der ältesten Orchester der Welt zu Hause.

Theaterplatz

Touristen drehen sich entzückt im Kreis, Einheimische spielen mit stolzgeschwellter Brust Stadtführer für die Verwandtschaft aus der Provinz. Der Blick schweift über Sempers Oper und **Gemäldegalerie** (➤ 54), über **Residenzschloss** (➤ 65) und **Hofkirche**: Dies ist ohne Zweifel einer der schönsten Plätze Europas, wenn nicht der Welt.

Das ***Italienische Dörfchen*** wurde 1911–13 vom damaligen Stadtbaurat Hans Erlwein dort errichtet, wo einst die italienischen Bauleute der Hofkirche lebten. Obwohl »nur« ein Restaurant, ist es mit seinen farbenfrohen Wand- und Deckenmalereien längst selbst eine Sehenswürdigkeit. Die Entwürfe zu der 1830–32 errichteten **Altstädter Wache** lieferte Friedrich Schinkel, weshalb das Spätwerk des Berliner Klassizismus auch als »Schinkelwache« bekannt ist. Heute befinden sich hier der Besucherdienst der Semperoper, eine Tourist-Information und ein Café (➤ 77). In der Mitte des Platzes steht das von Johannes Schilling geschaffene Reiterstandbild König Johanns, der Sachsen 1854–73 regierte und nebenher Dantes *Göttliche Komödie* ins Deutsche übersetzte.

Hofkirche (Kathedrale Ss. Trinitatis)

Direkt neben dem Residenzschloss und schräg zur Elbe steht die als Gegenstück zur Frauenkirche errichtete Katholische Hofkirche. Geschaffen wurde das filigrane Meisterwerk des römischen Spätbarock 1738–54 von dem italienischen Baumeister Gaetano Chiaveri.

Traditionsrestaurant *Italienisches Dörfchen*, gebaut von Hans Erlwein

Die 78 Figuren, welche Fassade und Balustraden schmücken, stammen aus der Werkstatt des Bildhauers Lorenzo Mattielli. Um dem protestantischen Dresden die katholischen Prozessionen zu ersparen, erhielt das Mittelschiff einen Prozessionsumgang. Die verspielte Permoser-Kanzel bildet einen schönen Kontrast zu dem ansonsten eher schlicht gehaltenen Kircheninneren. In der Gruft fanden die Herrscher des Hauses Wettin ihre letzte Ruhe. In der ursprünglich dem hl. Nepomuk geweihten Gedächtniskapelle erinnert eine von dem Dresdner Bildhauer Friedrich Press geschaffene Pietà aus Meissener Porzellan an die »Opfer des 13. Februar und aller ungerechten Gewalt«. Als Einzige der drei Dresdner Silbermannorgeln hat die der Hofkirche den Zweiten Weltkrieg durch Auslagerung überlebt. 1980 wurde die Kirche zur Kathedrale Ss. Trinitatis des Bistums Dresden-Meißen erhoben.

Kapellknabenchor vor Silbermannorgel und Permoser-Kanzel in der Hofkirche

KLEINE PAUSE

Ein »Schälchen Heeßen« im ***Café Schinkelwache*** oder im ***Caffee*** des ***Italienischen Dörfchens***.

Theaterplatz
184 AB 2/3 Straßenbahn 4, 8, 9 Theaterplatz

Heimweh

August der Starke liegt als polnischer König auf dem Wawel in Krakau begraben. Nur sein Herz fand in einer Urne zurück in die Heimat und ruht in der Gruft der Dresdner Hofkirche.

SEMPEROPER UND THEATERPLATZ: INSIDER-INFO

Top-Tipps: Außerhalb von Proben und Vorstellungen finden **Führungen durch die Semperoper** statt (Besucherdienst Schinkelwache, Tel. 491 14 96, www.semperoper-fuehrungen.de; teuer; Opern-Tickets ➤ 47).

• Außer während der Gottesdienste ist die **Hofkirche für Besichtigungen offen**; die Zeiten variieren. Führungen gibt es täglich um 13 oder 14 Uhr (Eingang am Schlossplatz;Tel. 484 47 12, www.kathedrale-dresden.de).

• Die **Silbermannorgel** der Kathedrale können Sie u.a. beim Orgelvorspiel (Mi und Sa 11.30–12 Uhr) und im Rahmen des Dresdner Orgelzyklus (Mi 20 Uhr, abwechselnd mit Kreuz- und Frauenkirche) hören.

Geheimtipp: Wenn Sie eine der begehrten Karten für die Semperoper ergattern konnten, nutzen Sie die Pause für ein Glas Sekt auf der **elbseitigen Terrasse** im 1. Obergeschoss. Der Ausblick ist überwältigend.

6 Frauenkirche

Sie ist das neue alte Wahrzeichen Dresdens. Wie selbstverständlich steht die Frauenkirche über der Stadt, und es ist kaum noch vorstellbar, dass ihre mächtige Kuppel, die »Steinerne Glocke«, mehr als ein halbes Jahrhundert aus dem Stadtbild verschwunden war.

Inspiriert von den Kuppeln italienischer Kirchen, schuf der Dresdner Ratszimmermeister George Bähr den Entwurf zu einem der eindrucksvollsten protestantischen Gotteshäuser Europas. Die Grundsteinlegung erfolgte 1726. Bei der Fertigstellung der Kirche im Jahre 1743 waren sowohl der Architekt als auch August der Starke, der den Bau trotz seines Übertritts zum Katholizismus stets unterstützt hatte, nicht mehr am Leben.

Kleinod des Barock: Die lichtdurchflutete Frauenkirche

Untergang und Auferstehung

Die Kuppel der Frauenkirche überstand den Beschuss durch die Preußen im Siebenjährigen Krieg und auch den Feuersturm des 13. Februar 1945. Am Morgen des 15. Februar jedoch stürzte das ausgeglühte Bauwerk in sich zusammen. Als Mahnmal gegen den Krieg wurde die Ruine ab Anfang der 1980er-Jahre zum Symbol der Friedensbewegung, weshalb nach der Wende längst nicht alle Dresdner den Wiederaufbau begrüßten.

Mit der Bergung verwendbarer Steine begann 1993 die Rekonstruktion des bedeutends-

Luther aus zweiter Hand

Das neben der Frauenkirche stehende Denkmal des Reformators schuf Adolf Donndorf 1885 – unter Verwendung eines von seinem Lehrer Ernst Rietschel für dessen Wormser Lutherdenkmal entworfenen, aber nicht verwendeten Kopfes.

Die »Steinerne Glocke«

Oben rechts: Glocken für die Frauenkirche, Pfingsten 2003

ten sakralen Kuppelbaus nördlich der Alpen. Vor den Augen der Welt wuchs die Frauenkirche zu einem Sinnbild von Bürgerstolz und selbstbewusstem Neuanfang.

Seit der Weihe am 30. Oktober 2005 können die Dresdner und ihre Gäste das barocke Meisterwerk in seiner ganzen Pracht erleben. Das Kircheninnere, ein Zentralraum mit fünf Emporen, bietet 1800 Menschen Platz. Die Gestaltung entspricht im Wesentlichen dem barocken Originalzustand. Wie der **Altar** wurde auch der **Orgelprospekt** von Johann Christian Feige rekonstruiert, die Orgel selbst im Geiste Silbermanns von der Straßburger Firma Kern gebaut. Im Kirchraum steht zudem das bei der Enttrümmerung geborgene Turmkreuz, in der Unterkirche – dem *Ort der Stille* – das **Grabmal** George Bährs.

Zeichen der Versöhnung

Menschen aus vielen Ländern haben sich mit Spenden am Wiederaufbau der Frauenkirche beteiligt. Das **Turmkreuz** – gestiftet vom britischen Dresden Trust – wurde von einem Londoner Kunstschmied geschaffen, dem Sohn eines am Angriff auf Dresden beteiligten Bomberpiloten.

KLEINE PAUSE

Suchen Sie sich einen Terrassenplatz mit Blick auf die Frauenkirche in einem der Restaurants am Neumarkt.

184 B4 · Neumarkt · 65 60 61 00 (Besucherdienst) · Besichtigung tägl. 10–12, 13–18 Uhr (außer bei Gottesdiensten/Veranstaltungen) · Straßenbahn 1, 2, 4 Altmarkt · frei · www.frauenkirche-dresden.de

FRAUENKIRCHE: INSIDER-INFO

Top-Tipps: Musik in der Frauenkirche gibt es u. a. bei Orgelandachten und -vespern mit anschließenden Kirchenführungen (Mo–Sa 12, Mo–Mi, Fr 18 Uhr), der Geistlichen Sonntagsmusik (14-tägig, 15 Uhr) und beim Dresdner Orgelzyklus (Mi 20 Uhr im Wechsel mit Kreuzkirche und Kathedrale).

- Der Aufstieg auf die **Aussichtsplattform der Frauenkirchenkuppel** in 67 m Höhe erfordert gute Kondition und festes Schuhwerk (Mo–Sa 10–18, So 12.30–19 Uhr, Nov.–Feb. bis 16 Uhr; Tickets und Einlass am Eingang G; teuer).
- Im **Besucherzentrum der Frauenkirche** (Kulturpalast, Galerie-/Ecke Wilsdruffer Straße, Mo–Sa 9.30–18 Uhr) gibt es Infos und Veranstaltungstickets, im **Treffpunkt Galerie Frauenkirche** (am Coselpalais, Georg-Treu-Platz 3, Mo–Sa 10–17 (April–Dez. Mo–Sa bis 18, So 11–17 Uhr) außerdem eine große Auswahl an Souvenirs.
- Die Ausstellung **»Die Frauenkirche zu Dresden«** informiert im Stadtmuseum (► 76) bis Ende 2010 über die Geschichte des Gotteshauses.

Geheimtipp: Jeweils 15 Min. vor der vollen Stunde wird im **Besucherzentrum im Kulturpalast** ein Film gezeigt, zumeist mit anschließendem bevorzugtem Einlass in die Frauenkirche. (preiswert/mittel).

7 Residenzschloss

Die einstige Residenz der Wettiner ist ein Monument sächsischer Geschichte und Kultur. Sie hat Herrscher kommen und gehen sehen, Umbauten erlebt und Kriege überlebt. Nach dem letzten schien ihr Schicksal besiegelt. Doch aus der ausgebrannten Ruine wuchs wieder ein prächtiges Schloss.

Die erste urkundliche Erwähnung als *Castrum* stammt aus dem Jahre 1289. Rund 200 Jahre später wurde unter Moritz von Sachsen aus der mittelalterlichen Burganlage ein stattliches Renaissanceschloss. Zu Beginn des 18. Jhs. ließ August

Blick über den Kulturpalast zum Residenzschloss

der Starke Säle und Gemächer in barocker Manier umgestalten und für seine Mätresse, die Gräfin Cosel, gleich nebenan das später erweiterte **Taschenbergpalais** (heute ein Luxushotel; ➤ 42) errichten. Der letzte große Schlossumbau, bei dem die Fassaden eine einheitliche Neorenaissancegestalt erhielten, erfolgte 1889–1901 anlässlich der 800-Jahr-Feier des Hauses Wettin. Zu dieser Zeit entstanden auch die **Brücken** zum Taschenbergpalais und zur Kreuzkirche, welche Vorgänger aus der Mitte des 18. Jhs. ersetzten. In der Bombennacht des 13. Februar 1945 brannte

Napoleons Stein

Auf der Westseite des Schlossplatzes, nahe der vom Georgentor gesehen zweiten Laterne, ist ein Pflasterstein mit einem »N« markiert. Von hier aus soll Napoleon Bonaparte, Kaiser der Franzosen, am 26. August 1813 seine Truppen in die Schlacht bei Dresden – seine letzte siegreiche – geschickt haben.

das Residenzschloss vollständig aus. Zwar fasste man schon kurz nach dem Krieg und zuletzt 1985 Beschlüsse zum Wiederaufbau, doch knappe Mittel und fehlender politischer Wille verhinderten ein halbes Jahrhundert lang eine umfassende Rekonstruktion des historischen Bauwerks. Lediglich der Georgenbau zwischen Schlossstraße und Schlossplatz – ein stattliches Torgebäude mit hohem Giebel und reichem Fassadenschmuck – sowie der angrenzende Stallhof wurden zwischen 1964 und 1979 wiederhergestellt, weitere Schlossteile immerhin gesichert.

Auferstanden aus Ruinen

Die Aufsetzung der Turmhaube auf den Stumpf des **Hausmannsturms** am 2. Oktober 1991 markierte einen Neuanfang. Seither konnten der Süd- und der Westflügel rekonstruiert und der fast vollständig zerstörte Ostflügel in seiner äußeren Hülle neu aufgebaut werden. 1997–99 entstand eine weitgehend originalgetreue Kopie des kurfürstlichen Kanzleihauses, heute Haus der Kathedrale. Das Grüne Gewölbe, das Kupferstich-Kabinett, das Münzkabinett (► 67ff) und die Kunstbibliothek der Staatlichen Kunstsammlungen Dresden bezogen ihre neuen Räume im Schloss. Die Wiederherstellung des Großen Schlosshofes mit seinen Treppentürmen und den Sgraffito-Fassaden geht zügig voran, und auch die Schöne Pforte, das Rennaissance-Portal der einstigen Schlosskapelle, kehrte an ihren Platz zurück. In nächster Zeit sollen das Audienzgemach August des Starken und die Türckische Cammer der Rüstkammer rekonstruiert werden. Den besten Blick über die gesamte Schlossanlage ha-

Sgraffito-Gestaltung im Großen Schlosshof

Sgraffito

Bei der in der Renaissance beliebten künstlerischen Technik werden Ornamente und Figuren in übereinander aufgetragene verschiedenfarbige Putzschichten gekratzt.

ben Sie von der Plattform des 100 m hohen Hausmannsturms, in dessen Aufgang sich außerdem eine **Ausstellung zum 13. Februar** befindet.

Augustusstraße mit Fürstenzug

Stallhof und Fürstenzug

Als Verbindungsbau zwischen Georgenbau und Stallgebäude – dem späteren Johanneum und heutigen Verkehrsmuseum (➤ 75) – dient der 1586–91 errichtete **Lange Gang**. Mit seiner von 22 toskanischen Säulen getragenen offenen Bogenhalle und dem reichen Sgraffito-Schmuck gehört er zu den wenigen noch erhaltenen und schönsten Zeugnissen der Dresdner Renaissancearchitektur. Der angrenzende **Stallhof** war einst Austragungsort von Turnieren und Hetzjagden.

Säulenreihe im Stallhof

Eine ganz besondere Ahnengalerie – der **Fürstenzug** – ziert die Außenfassade des Langen Ganges in der Augustusstraße. Auf dem bis 1876 zunächst ebenfalls in Sgraffito-Technik ausgeführten Wandfries sind überlebensgroß und zu Pferde die 35 Herrscher des Hauses Wettin von 1127–1904 versammelt. Der letzte sächsische König fehlt: Friedrich August III. war bei Fertigstellung des Bildes erst elf Jahre alt. Den Herrschern folgen Adlige, Militärs, Künstler, Gelehrte und zu guter Letzt Wilhelm Walther, der Schöpfer des Fürstenzuges nebst Gehilfen. Das durch Umwelteinflüsse angegriffene 102 m lange Bild wurde 1904–07 auf 25 000 Kacheln aus Meissener Porzellan übertragen und ist damit das größte Porzellanbild der Welt.

Brücke zwischen Residenzschloss und Hofkirche vor dem Hausmannsturm

Grünes Gewölbe

Das älteste und zugleich reichste Schatzkammermuseum Europas hat sein Domizil im Westflügel des Schlosses. Der Name geht zurück auf die grün getünchten Wände der »Geheimen Verwahrung«, in der die sächsischen Herrscher seit dem 16. Jh. ihre Pretiosen deponierten. August der Starke ließ die kurfürstliche Schatzkammer ab 1721 zu

einer prächtigen Schausammlung umgestalten, die von nun an auch ausgewählten Besuchern zugänglich war.

Den Zweiten Weltkrieg überstanden die Schätze in den Kasematten der Festung Königstein. Bei Kriegsende von der sowjetischen Armee requiriert und in die Sowjetunion verbracht, fanden sie 1958 auf Geheiß der Moskauer Regierung ihren Weg zurück nach Dresden. Das Albertinum diente dem Grünen Gewölbe über 40 Jahre als Ausweichquartier. Zwischen 2004 und 2006 bezog die Sammlung ihre neuen alten Räumlichkeiten im wiederaufgebauten Westflügel des Residenzschlosses. Prunkstück ist nun das Historische **Grüne Gewölbe** in den ursprünglichen Ausstellungsräumen im Erdgeschoss. Wie zu Augusts Zeiten werden hier über 3000 Kunstwerke aus edelsten Materialien präsentiert – zumeist frei stehend, auf Prunktischen oder Konsolen und vor prachtvoll verzierten Schauwänden. Der Pretiosensaal mit seinen fast vollständig verspiegelten Wänden bildet den Höhepunkt des Ensembles, das Juwelenzimmer beherbergt sieben funkelnde Juwelengarnituren – in Wandvitrinen. Ein Stockwerk höher zeigt das Neue Grüne Gewölbe mehr als 1000 Exponate – darunter Kabinettstücke des Hofjuweliers Johann Melchior Dinglinger wie das *Goldene Kaffeezeug Augusts des Starken* und den *Hofstaat zu Delhi am Geburtstag des Großmoguls Aureng-Zeb*, ein Figurenensemble aus Gold und Edelsteinen.

Mohr mit Smaragdstufe **aus der Dinglinger-Werkstatt im Grünen Gewölbe**

Hofstaat zu Delhi am Geburtstag des Großmoguls Aureng-Zeb **im Grünen Gewölbe**

Kupferstich-Kabinett

Beeindruckende 500 000 druckgrafische Werke, Zeichnungen und Fotografien umfasst die vor 450 Jahren begonnene Sammlung dieses Museums, das damit eines der weltweit ältesten und bedeutendsten seiner Art ist. Der **Studiensaal** steht allen Kunstinteressierten für ganz direkte Begegnungen mit wertvollen Originalen offen. **Sonderausstellungen** ergänzen das Angebot.

Münzkabinett

Die Sammlung eines der ältesten Museen der Stadt umfasst rund 300 000 Objekte: Münzen und Medaillen, Orden, Banknoten und historische Wertpapiere. Besuchern stehen eine Spezialbibliothek und ein Studiensaal zur Verfügung. Es gibt numismatische Vorträge und Ausstellungen. Letztere finden zurzeit im Hausmannsturm statt (April-Oktober).

Kunst im Buch

Kunsthistorische Literatur, Künstlermonografien und Ausstellungskataloge bilden den Grundstock der zentralen **Kunstbibliothek** der Staalichen Kunstsammlungen. Das Bibliotheksforum im Residenzschloss verfügt über einen Freihandbereich mit einem Bestand von 130 000 Bänden (Südflügel, Tel. 49 14 32 48, Mo–Fr 10–18 Uhr).

KLEINE PAUSE

Die ***Cafeteria*** ist bis auf Weiteres ein Provisorium, der Latte Macchiato trotzdem lecker.

---

184 B3 Straßenbahn 1, 2, 4, 8, 9, 11, 12, Bus 75, 94 Postplatz, Straßenbahn 4, 8, 9 Theaterplatz, Straßenbahn 1, 2, 4 Altmarkt

Hausmannsturm (Aussichtsplattform und Ausstellungen)
April–Okt. Mi–Mo 10–18 Uhr

Museen der Staatlichen Kunstsammlungen Dresden:

Besucherzentrum »Art & Info«
Eingang Ecke Schlossstr./Taschenberg Mo-Fr, Sa/So 10-18 Uhr

Grünes Gewölbe
Eingang Sophienstr. 49 14 20 00 Historisches Grünes Gewölbe: Mi-Mo 10-19 Uhr, Einlass nur mit Zeitticket, Vorverkauf: Tel. 49 19 22 85, Restkarten tägl. ab 10 Uhr an der Kasse im Residenzschloss; Neues Grünes Gewölbe: Mi-Mo 10-18 Uhr mittel/teuer www.skd-dresden.de

Kupferstich-Kabinett
Eingang Sophienstr. 49 14 20 00 Mi–Mo 10–18 Uhr (Ausstellungen), Mo, Mi 10–13 und 14–16, Do 10–13 und 14–18 Uhr, Fr 10–13 Uhr, jeder erste Sa im Monat 10–13 Uhr (Studiensaal: Tel. 49 14 32 11) mittel, Studiensaal: frei www.skd-dresden.de

Münzkabinett
Georgenbau, Schlossstr. 25 49 14 20 00 Mi 10–17.30 Uhr (Bibliothek/Studiensaal, Anmeldung: Tel. 49 14 32 31) mittel, Bibliothek/Studiensaal: frei www.skd-dresden.de

RESIDENZSCHLOSS: INSIDER-INFO

Top-Tipps: Historie und Histörchen gibt's bei den **Rundgängen** im Grünen Gewölbe, immer montags 11 und 16 Uhr, mittwochs 16 Uhr (preiswert). Außerdem buchbar: Führungen, auch fremdsprachig und für Gruppen.

- Nehmen Sie Albrecht den Entarteten und Friedrich den Gebissenen mit nach Hause. **Fürstenzug-Leporellos** in verschiedenen Ausführungen finden Sie in den Museumsshops und bei Souvenirhändlern rund ums Schloss.

10 Brühlsche Terrasse

Sie ist der »Balkon Europas«. Benannt wurde die Terrasse nach dem Mann, dem sie einst gehörte. Heute flanieren hier Touristen wie Einheimische, vorbei an dem berühmten Altstadtpanorama und mit Ausblick auf das Neustädter Elbufer.

Graf Heinrich von Brühl – »Königlich polnischer und Kurfürstlich sächsischer Premierminister« – war der Günstling von Friedrich August II., Sohn Augusts des Starken. Die spätere Brühlsche Terrasse gehörte Anfang des 18. Jhs. noch zur Stadtbefestigung, die jedoch nach und nach ihre militärische Bedeutung verlor. Zwischen 1739 und 1748 übereignete Friedrich August II. dem Grafen Brühl weite Teile der elbseitigen Festungsanlagen. Der umtriebige Staatsdiener ließ die alten Gewölbe und Höfe zuschütten und von seinem Lieblingsarchitekten Johann Christoph Knöffel 10 m über dem Elbufer einen Lustgarten mit Pavillons, Galerie und Belvedere anlegen. Die Brühlschen Palais haben die Zeit nicht überdauert, die meisten mussten während der Umgestaltung der Anlage um die Wende vom 19. zum 20. Jh. neuen Gebäuden weichen.

Die Brühlsche Terrasse wird bürgerlich

1814 ließ der nach der Völkerschlacht bei Leipzig als Generalgouverneur über das besetzte Sachsen eingesetzte russische Fürst Repnin-Wolkonski die Gartenanlagen auf dem Festungswall durch eine **Freitreppe** erschließen und machte die bis dato dem Adel vorbehaltene 500 m lange Brühlsche Terrasse der Öffentlichkeit zugänglich. Flankiert wird der Aufgang vom Schlossplatz heute von der Figurengruppe *Die vier Tageszeiten* von Johannes Schilling. Oben angekommen, passiert man zunächst den 1901–07 vom Reichstagsarchitekten Paul Wallot entworfenen **Alten Landtag** (auch Ständehaus). Die für den zweitgeborenen Prinzen ab 1897 errichtete **Sekundogenitur** diente einst als Gemäldegalerie und beherbergt inzwischen Restaurants des Hotel Hilton (➤ 79). An der Terrassenbrüstung gegenüber dem Neobarockbau steht das Rietschel-Denkmal von Johannes Schilling. Nur wenige Schritte weiter erinnert die Plastik *Erde und Planeten* des

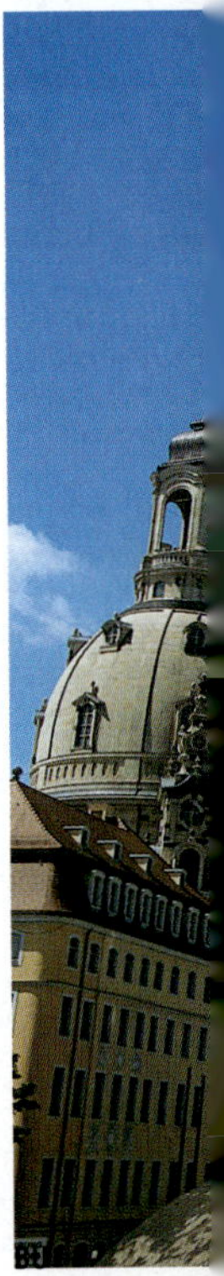

Gottfried Semper neben der Kunstakademie

Ernst Rietschel, porträtiert von seinem Schüler J. Schilling

Dresdner Künstlers Vinzenz Wanitschke an die nach den römischen Planetengöttern benannten Bastionen der alten Dresdner Stadtbefestigung. Dass an dieser Stelle alle Blicke und Kameras stadteinwärts gerichtet sind, liegt an der Frauenkirche: Majestätisch steht ihre Kuppel über den Häusern der Münzgasse, welche von hier über eine doppelläufige Treppe zu erreichen ist.

Links: Straßenkünstler

Kunst-Stück

Der monumentale Neorenaissance-Bau der **Kunstakademie** und heutigen Hochschule für Bildende Künste entstand Ende des 19. Jhs. nach Plänen von Constantin Lipsius. Die gläserne Kuppel trägt wegen ihrer gerippten Form den Kosenamen

»Zitronenpresse«. Gekrönt wird sie von der Fama, der Göttin des Ruhmes. Im **Lipsius-Bau**, dem Ausstellungsgebäude an der Brühlschen Terrasse direkt neben der Kunsthochschule, präsentieren die Staatlichen Kunstsammlungen Dresden wechselnde Ausstellungen. An der geschwungenen Treppenanlage, die zum Georg-Treu-Platz und dem Eingang der **Festung Dresden** hinabführt, steht das ebenfalls von Schilling geschaffene Semper-Denkmal. Das 1884–87 durch den Umbau des alten Zeughauses entstandene und nach dem König Albert benann-

Denkmal für Caspar David Friedrich am Ostende der Brühlschen Terrasse

te **Albertinum** mit der **Galerie Neue Meister** und der **Skulpturensammlung** wird seit 2006 umgebaut und erhält im Innenhof ein hochwassersicheres Depot. Den östlichen Abschluss der **Brühlschen Terrasse** bildet der Brühlsche Garten. Der **Delphinbrunnen** von Pierre Coudray, die zwei **Sphinxen** und das ehemalige Hofgärtnerhaus (heute Altenheim) an der südöstlichen Ecke stammen noch aus Brühlscher Zeit. In dem reizvollen kleinen Park stehen außerdem ein **Denkmal für Caspar David Friedrich** und eine **Stele** mit dem Porträt des »Porzellanerfinders« Johann Friedrich Böttger.

Galerie Neue Meister

Das Museum besitzt Kunst vom frühen 19. Jh. über die Klassische Moderne bis zur Gegenwart. Zur Sammlung gehören herausragende Werke deutscher Romantiker (Caspar David Friedrich, Ludwig Richter), deutscher, aber auch französischer Impressionisten sowie Arbeiten von Malern der Dresdner Expressionistengruppe »Die Brücke«. Die Galerie verfügt zudem über einen umfangreichen Fonds an Kunst der Nachkriegs- sowie der DDR-Zeit (seit 2006 wegen Umbaus geschlossen, Interimsausstellungen im Zwinger (► 57), www.skd-dresden.de).

Skulpturensammlung

Zum Bestand des Museums gehören Werke aus über fünf Jahrtausenden – von den griechischen und römischen Skulpturen, den Bronzen und Terrakotten der weltberühmten Antikenhalle über Meisterwerke aus Renaissance und Barock bis hin zu Plastiken des 19. und 20. Jhs. (zurzeit wegen Umbaus geschlossen, einige der Schätze werden im Zwinger präsentiert). Die Albrechtsburg in Meißen (► 153) beherbergt eine Sammlung mittelalterlicher Skulpturen.

»Schaff Gold, Böttger«

Bei dem Versuch, dem Befehl Augusts des Starken zu folgen, schufen der Alchimist Johann Friedrich Böttger und der Universalgelehrte Ehrenfried Walther von Tschirnhaus 1708 das erste europäische Hartporzellan, das *Weiße Gold*. Ort des Geschehens waren die Gewölbe der Jungfernbastei in der alten Dresdner Festung am Ostende der heutigen Brühlschen Terrasse.

***Parau Api. Gibt's was Neues* von Paul Gauguin**

Starker Eindruck
August dem Starken werden viele erstaunliche Dinge nachgesagt. So soll er etwa einst einen Daumenabdruck im Geländer der Brühlschen Terrasse hinterlassen haben. Doch das ist wohl nur eine Legende.

Festung Dresden

Die unter Graf Brühl zugeschütteten und in den 1990er-Jahren freigelegten Teile der ehemaligen Festungsanlage unter der Brühlschen Terrasse erlauben spannende Einblicke in die kaum bekannte frühe Geschichte der sächsischen Residenz. Zu besichtigen sind Kanonenhöfe und Kasematten, die alte Stadtgrabenbrücke und das Ziegeltor, das letzte noch erhaltene Stadttor Dresdens.

Skulpturensammlung im Albertinum

KLEINE PAUSE

Gegen Hunger und Durst hilft ein Besuch im ***Radeberger Spezialausschank*** (► 79).

Brühlsche Terrasse
184 A3-5 Straßenbahn 4, 8, 9 Theaterplatz, 3, 7 Synagoge

Kunsthalle im Lipsius-Bau
49 14 20 00 (Besucherservice) tägl. 10–18 Uhr mittel www.skd-dresden.de

Galerie Neue Meister/Skulpturensammlung
Albertinum 49 14 20 00 (Besucherservice) Mi–Mo 10–18 Uhr (während Umbau bis 2010 geschlossen) mittel www.skd-dresden.de

Festung Dresden
Georg-Treu-Platz 49 14 97 86 (Führungen) April–Okt. tägl. 10–18 Uhr, Nov.–März tägl. 10–17 Uhr mittel www.schloesser-dresden.de

BRÜHLSCHE TERRASSE: INSIDER-INFO

Top-Tipps: Steigen Sie hinab in die »Unterwelt« der **Festung,** und erleben Sie Dresden von einer überraschend anderen Seite. Es gibt Audioguides in Deutsch, Englisch und Japanisch sowie Führungstexte in zahlreichen Sprachen.
• Am schönsten ist die Brühlsche Terrasse im **Sonnenuntergang!**

Nach Lust und Laune!

2 Cholerabrunnen

Aus Dankbarkeit dafür, dass Dresden von einer Choleraepidemie verschont geblieben war, stiftete Freiherr Eugen von Gutschmid diesen Brunnen. Nach einem Entwurf von Gottfried Semper schuf der Bildhauer Moritz Seelig die aus einem achteckigen Wasserbecken und einem 18 m hohen neugotischen Spitzturm mit 40 Wasserspeiern bestehende Anlage. Sie wurde 1846 eingeweiht und 1927 vom Postplatz an ihren heutigen Standort versetzt.

184 C2 Sophienstr. (neben Taschenbergpalais) Straßenbahn 1, 2, 4, 8, 9, 11, 12, Bus 75, 94 Postplatz

Radfahrer und Velotaxi auf der Augustusbrücke

4 Augustusbrücke

Sie verbindet den linkselbischen Schlossplatz mit dem rechtselbischen Neustädter Markt. Die erste Erwähnung einer Brücke an dieser Stelle stammt aus dem Jahr 1275. Im Laufe der Jahrhunderte wurde das Bauwerk mehrfach durch Hochwasser und Kriege zerstört und wechselnden Bedürfnissen angepasst. Der heutige Bau mit neun Sandsteinbögen entstand zwischen 1907 und 1910 nach Plänen des späteren Hygiene-Museums-Architekten Wilhelm Kreis.

184 A3 Straßenbahn 4, 8, 9 Theaterplatz und Neustädter Markt

Detail am Cholerabrunnen

5 Sächsische Dampfschiffahrt

Die größte und älteste Raddampferflotte der Welt hat ihren Heimathafen am Dresdner Terrassenufer. Neun liebevoll aufpolierte historische Schaufelraddampfer (und zwei nicht so recht ins Bild passende neue Salonschiffe namens *August der Starke* und *Gräfin Cosel*) sind zwischen Diesbar-Seußlitz und Schmilka unterwegs; der dienstälteste – die *Stadt Wehlen* – lief 1879 vom Stapel. Neben den Linienfahrten werden Rund- und Sonderfahrten angeboten. Ein besonderes Schauspiel bieten die Dampferparade am 1. Mai und die Flottenparade zum Stadtfest im August.

184 A3–4 Terrassenufer 86 60 90 Ende März–Okt. tägl. ca. 8–20 Uhr; Nov./Dez. Schlösser-, Stollen- und Lichterfahrten Straßenbahn 4, 8, 9 Theaterplatz, 3, 7 Synagoge streckenabhängig mittel bis teuer www.saechsische-dampfschiffahrt.de

Im Verkehrsmuseum

8 Johanneum / Verkehrsmuseum Dresden

Das stattliche Gebäude hat in seiner Geschichte zahlreiche Umbauten und unterschiedlichste Nutzungen erlebt: Es war Stall und Remise für die kurfürstlichen Pferde und Kutschen, beherbergte Porzellansammlung, Rüstkammer und Gemäldegalerie Alte Meister. Seit 1956 präsentiert das Verkehrsmuseum hier seine Schätze aus fünf Verkehrszweigen – von der ältesten erhaltenen deutschen Dampflokomitive »Muldenthal« aus dem Jahre 1861 bis hin zu Exponaten, die den ostdeutschen Automobilbau und die in den 1950ern in Dresden ansässige DDR-Luftfahrtindustrie dokumentieren. Vor dem Museum steht der Türkenbrunnen.

184 B3 Augustusstr. 1 864 40 Di–So 10–17 Uhr Straßenbahn 1, 2, 4 Altmarkt mittel www.verkehrsmuseum.sachsen.de

9 Neumarkt

Der Bombenangriff des 13. Februar 1945 vernichtete auch die den Neumarkt umgebende historische Bausubstanz. Nach der Trümmerberäumung war das Areal mehr als ein halbes Jahrhundert lang eine riesige Brachfläche. In unmittelbarer Nachbarschaft zur wieder aufgebauten Frauenkirche erlebt nun auch der Neumarkt mit seinen angrenzenden Quartieren samt historischen Straßenfluchten seine Wiedergeburt – mit einem Mix aus modernen Bauten und rekonstruierten Fassaden. Bereits fertiggestellt sind u.a. das Quartier an der Frauenkirche mit der QF-Einkaufspassage, das einstige Hotel de Saxe und die Salomonis-Apotheke (die nun gemeinsam ein Steigenberger-Hotel beherbergen). (Infopavillon: Pirnaischer Platz).

184 B3 4 Straßenbahn 1, 2, 4 Altmarkt

11 Coselpalais

Das von Johann Christoph Knöffel entworfene, im Siebenjährigen Krieg zerstörte und durch Julius Heinrich Schwarze wieder aufgebaute Palais gehörte einst Friedrich August von

Historische Schaufelraddampfer vor der Altstadtkulisse

Cosel, Sohn von August dem Starken und der Gräfin Cosel. Beim Bombenangriff im Februar 1945 wurde der Rokokobau bis auf die Flügelbauten vernichtet, Ende der 1990er-Jahre in der Außenhülle originalgetreu rekonstruiert. Heute haben hier Büros und Restaurants ihr Domizil.

184 AB 4 An der Frauenkirche 12a Straßenbahn 1, 2, 4 Altmarkt, 3, 7 Synagoge

12 Landhaus/Stadtmuseum und Städtische Galerie

Das einstige Versammlungsgebäude der sächsischen Landstände ist das Hauptwerk des Architekten Friedrich August Krubsacius. Das 1770–75 errichtete Gebäude brannte im Zweiten Weltkrieg aus, wurde wiederaufgebaut und beherbergt seit 1965 das **Stadtmuseum**, das Flaggschiff der Stadtgeschichtlichen Museen Dresden. Nach mehrjährigem Umbau erfolgte ab 2005 die Wiedereröffnung des Landhauses mit der aus den Museumsbeständen heraus gewachsenen **Städtischen Galerie Dresden** sowie dem eigentlichen Stadtmuseum – inklusive der **Ausstellung »Die Frauenkirche zu Dresden: Werden – Wirkung – Wiederaufbau«** und einer neuen Dauerausstellung. Der Ostgiebel erhielt eine Fluchttreppe in einer avantgardistischen Stahlkonstruktion.

184 B4 Wilsdruffer Str. 2 (Zugang nach Neueröffnung von der Landhausstr.) 65 64 80 Di–Do, Sa, So 10–18, Fr 12–20 Uhr Straßenbahn 1–4, 7, 12, Bus 75, 82 Pirnaischer Platz mittel, Do ab 14 Uhr frei www.museen-dresden.de, www.galerie-dresden.de

13 Neue Synagoge

Auf den Tag genau 63 Jahre nach der Zerstörung der Synagoge Gottfried Sempers durch die Nationalsozialisten wurde die Neue Synagoge der Jüdischen Gemeinde Dresden geweiht. Im Hof ist der Grundriss des Semperbaus markiert. Allein der Davidstern von einem der Türme blieb erhalten: Geborgen und versteckt von einem Dresdner Feuerwehrmann, fand er seinen Platz über dem Eingangsportal.

Der moderne Sakralbau besteht aus einem in sich gen Osten gedrehten fensterlosen Kubus. Im Inneren umschließt ein symbolisches Stiftszelt aus durchscheinendem Metallgewebe die Gemeinde.

Zwischen Synagoge und Brühlscher Terrasse steht heute eine Gedenkstele und erinnert an die Pogromnacht des 9. November 1938, in der der nationalsozialistische Mob das jüdische Gotteshaus in Brand setzte.

184 A5 Hasenberg zumeist eine Führung täglich (außer Fr, Sa und an jüdischen Feiertagen), Termine unter www.hatikva.de, Tel. 802 04 89) Straßenbahn 3, 7 Synagoge mittel

Die Neue Synagoge am Hasenberg

Wohin zum ... Essen und Trinken?

Preise
Die Preisangaben gelten pro Person für ein Hauptgericht ohne Getränke.
€ unter 10 Euro **€€** 10–20 Euro **€€€** über 20 Euro

Alte Meister €€
Aus dem Museumscafé der gleichnamigen Galerie wird abends ein stilvolles Restaurant. Die Abendkarte offeriert frische an den Jahreszeiten orientierte Kreationen, Tagesempfehlungen ergänzen das Angebot. Im Sommer sitzt man auf der Terrasse mit Blick auf das Panorama des Theaterplatzes.

184 B2 Theaterplatz 1a 481 04 26 tägl. 10–1 Uhr Straßenbahn 4, 8, 9 Theaterplatz

BrennNessel €
Nur wenige Minuten Fußweg vom Zwinger entfernt und dennoch fernab der Touristenströme ist dieses kleine Restaurant in einem Fachwerkhaus aus der Mitte des 17. Jhs. eine Oase der Ruhe im hektischen Treiben der Stadt. Auf den Tisch kommt vor allem Vegetarisches: Salate, Suppen und Aufläufe. Klassiker sind die Brennnesselsuppe oder die Pellkartoffeln mit Quark und Leinöl. Letztere werden – ganz undogmatisch – gern auch mit Leberwurst serviert. Im Sommer kann man sich im lauschigen Hof ein erfrischendes Biobier schmecken lassen.

180 B3 Schützengasse 18 494 33 19 tägl. 11–24 Uhr Straßenbahn 1, 2, 6, 10, Bus 75, 94 Bahnhof Mitte

Brunetti €€
Das nach dem charmanten venezianischen Kommissar benannte Restaurant offeriert feine italienische Speisen. In der Bar im Erdgeschoss sind das Paninis, Tramezzinis, Pizza und Pasta, im Restaurant eine Etage darüber das volle Programm von Antipasti über Primi und Secondi Piatti bis Dessert.

184 A-B4 An der Frauenkirche 13 485 08 18 tägl. 9–24 Uhr Straßenbahn 1, 2, 4 Altmarkt

Café Schinkelwache €–€€
Hier finden Sie klassische Kaffeehaustradition in einzigartiger Lage. Die von Friedrich Schinkel gebaute Alte Wache steht mitten auf dem Theaterplatz, bei schönem Wetter sind die Terrassenplätze heiß begehrt. Neben Kaffee und Kuchen hält das Café für sein bunt gemischtes Publikum ein umfang- und abwechslungsreiches Angebot an Speisen für den kleinen wie großen Hunger bereit.

184 B2 Am Theaterplatz 2 490 39 09 tägl. 10–24 Uhr Straßenbahn 4, 8, 9 Theaterplatz

Café Schoschana €
In dem kleinen Café im Gemeindezentrum der Neuen Synagoge werden Mazzeknödelsuppe und andere kleine Speisen, orientalischer Kaffee und israelische Weine serviert. Der Clou sind jedoch die jüdischen Gebäckspezialitäten: Sephardischer Orangenkuchen, Mejrenkugel oder Regelach. Lassen Sie sich am besten einen Teller zusammenstellen.

184 A5 Hasenberg 482 03 98 So–Do 12–18 Uhr Straßenbahn 3, 7 Synagoge

Dresden 1900 €€
Über drei Jahrzehnte war die »Linie 6« Dresdens Kultkneipe. Das 2008 eröffnete Restaurant knüpft an die Tradition an und präsentiert auf einem nachgebildeten »Postplatz« u.a. die älteste noch erhaltene Stra-

ßenbahn Dresdens: die »Helene« aus dem Jahr 1898, die 14 Gästen Platz bietet. Bei Sächsischen Speisen und Weinen geben sich hier zudem Dresdner Entertainer wie Wolfgang Stumph, Olaf Böhme oder Karl-Heiz Bellmann die Kurbel in die Hand.

184 B4 · An der Frauenkirche 20 · Tel. 48 20 58 58 · Mo–Sa 8–2, So 10–24 Uhr · Straßenbahn 1, 2, 4 Altmarkt

Grand Café und Restaurant im Coselpalais €€

Dank seiner Lage zu Füßen der Frauenkirche, aber auch der Speisekarte mit mediterranen und sächsischen Spezialitäten gehört das Grand Café im rekonstruierten Coselpalais zu den meistbesuchten Restaurants der Stadt. Im Porzellanzimmer werden die exzellenten Torten und Kuchen der Konditorei Eisold auf edlem Meissener serviert.

184 AB4 · An der Frauenkirche 12 · 496 24 44 · So–Do 10–24, Fr–Sa 10–24 Uhr · Straßenbahn 1, 2, 4 Altmarkt

Intermezzo €€€

Jörg Mergners Herz schlägt in Mediterranien, und so verzaubert er seine Gäste mit leichten Menüs aus sonnigen Ländern. Kein Wunder, dass das Intermezzo zu den besten Restaurants in Sachsen gehört. Das elegante Ambiente, klassische Musik und ein perfekter Service machen jeden Besuch zum Erlebnis. Im Sommer sollte man einen Tisch im herrlichen Innenhof reservieren.

184 BC 2/3 · Taschenberg 3 · 491 27 12 · tägl. 6.30–10.30, 12–14.30, 18–23.30 Uhr · Straßenbahn 1, 2, 4, 9, 11, 12, Bus 75, 94 Postplatz

Italienisches Dörfchen €–€€

Das nach den italienischen Bauleuten der Hofkirche benannte Restaurant ist fest in Touristenhand. Hier isst das Auge mit: An der klassizistischen Gestaltung des Caffees und den ausgemalten Kassettendecken in Biersaal und Kurfürstenzimmer kann man sich gar nicht satt sehen. Vom Ristorante Bellotto im Obergeschoss geht der Blick zum Piccolo, dem ebenfalls zum Haus gehörenden »kleinen Italiener« schräg über die Straße im niedlichen Basteischlösschen. Im Sommer laden die Elbterrassen zum Verweilen ein.

184 A2 · Theaterplatz 3 · 49 81 60 · tägl. 10–24 Uhr · Straßenbahn 4, 8, 9 Theaterplatz

Kahnaletto €€

Seit 1994 liegt der Theaterkahn am Terrassenufer neben der Augustusbrücke. Neben dem Dresdner Brettl, einem Theater für Cabaret, Musik und Literatur, hat er das Restaurant Kahnaletto an Bord. Das überzeugt mit frischer mediterraner Küche und täglich neuen Gerichten (Tipp: Mittagsmenü 15 Euro). Die Speisekarte kommt handgeschrieben auf einer großen Kreidetafel an den Tisch. Hier genießen Sie einen Absacker am Abend in der Bar im Schiffsrumpf.

184 A3 · Terrassenufer/Augustusbrücke · 495 30 37 · tägl. 12–15 und 18–24 Uhr, Bar Di–So 18–1 Uhr · Straßenbahn 4, 8, 9 Theaterplatz

Münzgasse €–€€

In Dresdens erster Kneipenmeile zwischen Frauenkirche und Brühlscher Terrasse reihen sich Restaurants für unterschiedlichste Geschmäcker aneinander. Am Südende liegen sich das Café zur Frauenkirche und das Hilton Bistro Ecke Frauenkirche gegenüber. Auf der linken Seite folgen elbwärts das Steakhaus Applaus sowie das Bierhaus Dampfschiff, beide ebenfalls zum Hilton gehörig. Vis-à-vis beginnt es spanisch mit dem Las Tapas, geht es down under im Ayers Rock und wird es bodenständig deutsch im Klepperreck. Im Dezember findet in der Münzgasse der »Weihnachtsmarkt an der Frauenkirche« statt.

184 A-B4 · Münzgasse 4–10 · alle Restaurants öffnen bereits am Vormittag und haben bis mindestens Mitternacht geöffnet · Straßenbahn 1, 2, 4 Altmarkt

Ogura €€

Im ersten Obergeschoss des Hilton wartet mit Yukio Ogura ein wahrer

Meister der Nippon-Küche auf seine Gäste. Zwar kommen diese noch zum großen Teil aus seiner Heimat, doch mehr und mehr Einheimische und Touristen entdecken das exklusive Restaurant. Teppan Yaki, Sushi, Sashimi oder Tempura werden nach allen Regeln der Kunst zubereitet, die Einrichtung in zurückhaltendem Japan-Stil sorgt für die angemessene kulinarische Atmosphäre.

184 A-B3/4 ✉ An der Frauenkirche 5 ☎ 864 29 75 ⌚ Di–So 12–14, 17.30–22.30 Uhr 🚋 Straßenbahn 1, 2, 4 Altmarkt

Ontario €€–€€€

Das Restaurant auf zwei Etagen im Schatten der Frauenkirche überzeugt seine Gäste mit der Vielfalt der kanadischen Küche und einer eleganten Einrichtung, die natürliche Materialien wie Holz, Stein und Leder vereint. Ein ganz besonderer und feiner Genuss sind die Steaks vom (täglich massierten!) Wagyu-Rind, das auch als Kobe-Rind bekannt ist.

184 A-B4 ✉ An der Frauenkirche 2 ☎ 40 28 86 60 ⌚ tägl. 10–2 Uhr 🚋 Straßenbahn 1, 2, 4 Altmarkt

Pulverturm €€

In den Resten eines alten Pulverturms im Keller des rekonstruierten Coselpalais' geht es sächsisch rustikal zu. Im Türkischen Gewölbe, in den Schwedengemächern oder im Arrest tragen fleißige Mägde und zackige Grenadiere »Marschrationen«, Kanonenkugeln aus Blätterteig und frisches Brot aus der Heeresbäckerei auf. Ein weiteres Highlight sächsischer Erlebnisgastronomie ist der *Sophienkeller*, das »Schwesterrestaurant« im Taschenbergpalais.

184 A-B4 ✉ An der Frauenkirche 12 ☎ 26 26 00 ⌚ tägl. 11–1 Uhr 🚋 Straßenbahn 1, 2, 4 Altmarkt

Radeberger Spezialausschank €–€€

Aus drei großen Kupferbehältern wird hier das beste Bier Ostdeutschlands gezapft, das längst bundesweit seine Fans gefunden hat. Alte Reklameschilder und Fotos künden von der Historie des Radeberger Pilsners, auf drei Etagen wird es dann zu deftiger Brauhauskost getrunken. Ganz oben locken im Sommer die Tische und Bänke auf der Brühlschen Terrasse.

184 A3 ✉ Terrassenufer 1 C484 86 60 Dtägl. 11–1 Uhr, im Sommer Sa/So ab 10 Uhr 🚋 Straßenbahn 4, 8, 9 Theaterplatz

Rossini €€€

Das Spitzen-Ristorante der Stadt. In der ersten Hilton-Etage hat man zu erlesenen italienischen Spezialitäten sogar noch einen guten Blick auf die Frauenkirche. Unbedingt die Tornedos alla Rossini probieren, sie sind jeden Euro wert. Besonderes Augenmerk verdient das reichhaltige Weinangebot: Da ist selbst selbst für Kenner italienischer Trauben Überraschendes dabei.

184 A-B3/4 ✉ An der Frauenkirche 5 ☎ 864 28 55 ⌚ tägl. 18–23.30 Uhr 🚋 Straßenbahn 1, 2, 4 Altmarkt

Wohin zum ... Einkaufen?

Die Shopping-Wüste lebt! Mit der fortschreitenden Bebauung des Neumarktes wächst auch die Zahl der Geschäfte in der Altstadt.

UM DIE WILSDRUFFER STRASSE

Silberstreif am Horizont ist das **Quartier M** an der Ecke zur Schlossstraße, in dem sich eine Hand voll Mode-Geschäfte – **Silbermann**, **Anderßen**, **La Donna**, **Stefanel** und **camel active** sowie **sinneskind** und **Mephisto-Schuhe** – angesiedelt haben. Bei **KulTisch** findet man TableFashion und Wohnaccessoires (Wilsdruffer Str. 20). Die Wilsdruffer Straße konnte ihr seit der Wende erworbenes Discounter- und Ramsch-Image noch nicht wieder ablegen. Das 2006 fertiggestellte Quartier an der Frauenkirche mit seiner leider nicht sehr anheimelnden QF-Passage beherbergt (neben Restaurants) eine bunte Mischung unterschiedlichster Geschäfte: von Modeboutiquen – u.a. **Evelin Brandt**, **Ute Lange**, **Basler**, **Cocoon**, **Mode de Vie** – über Erzgebirgs-Holzkunst im **Stracoland** bis hin zu einer Dependance von **Pfunds Molkerei** (➤ 96, 97, 105). In der Töpferstraße residiert der erste Laden der sächsischen Uhren-Nobelmarke **A. Lange & Söhne**.

HOTELS/MUSEEN

Geschäfte befinden sich auch im **Kempinski Hotel Taschenbergpalais** – u.a. die Walentowski Galerie am Zwinger – sowie im **Hilton**, BM Geschenke & Ambiente.

Geschmackvolle Souvenirs und Kunstliteratur gibt es in den **Museumsshops** der Staatlichen Kunstsammlungen Dresden, der beste ist der im Residenzschloss. Frauenkirchen-Andenken gibt es im Treffpunkt **Galerie Frauenkirche** (Georg-Treu-Platz 3, am Coselpalais).

Wohin zum ... Ausgehen?

THEATER/OPER

Dresdens berühmtester Musentempel ist die **Semperoper**, Heimstatt der Sächsischen Staatsoper und der Sächsischen Staatskapelle Dresden. Inszeniert werden Opernklassiker sowie zeitgenössisches Musiktheater. Vor allem die großen klassischen Opern sind meist ausverkauft, frühzeitige Kartenreservierung ist unbedingt notwendig (Besucherdienst in der Schinkelwache, Theaterplatz 2, Mo–Fr 10–18 Uhr, Sa, So nur Tageskasse 10–16 Uhr; Infos Tel. 491 17 31, 491 17 40, Kartenreservierung Tel. 491 17 05, Restkarteninfo Tel. 491 17 77, www.semperoper. de).

Gegenüber dem Kronentor des Zwingers steht das bedeutendste Sprechtheater der Stadt: das 1911–13 im Dresdner Neobarock mit Jugendstilelementen erbaute **Schauspielhaus**. Auf seiner Hauptbühne präsentiert das renommierte Staatsschauspiel Dresden klassische und moderne Stücke (Vorverkaufskasse im Schauspielhaus, Theaterstr. 2/Ostra-Allee, Mo–Fr 10– 18.30, Sa 10–14 Uhr, Kartenreservierung und Verkauf Tel. 491 35 55, Spielplanauskunft Tel. 491 35 70, www.staatsschauspiel-dresden.de).

In **Zwinger und Zwingerhof** finden Konzerte und Ballettaufführungen statt (Programminfos unter www.schloesser-dresden.de, Tickets beim jeweiligen Veranstalter oder der Tourist-Information). Auf der Elbe neben der Augustusbrücke liegt der **Theaterkahn** (Terrassenufer an der Augustusbrücke, Tel. 496 94 50, www.theaterkahn-dresden.de). Das Repertoire bewegt sich zwischen Cabaret und Kabarett. Das **Kabarett Breschke & Schuch** (Wettiner Platz 10, Eingang Jahnstraße, Tel. 490 40 09, www.kabarett-breschke-schuch.de) kratzt mit politischer Satire und musikalisch-szenischen Programmen an Genregrenzen.

BARS UND CLUBS

Die **Classic American Bar** (Kleine Brüdergasse, Tel. 491 27 20, Di–Sa 18–2 Uhr) im Kempinski Hotel Taschenbergpalais überzeugt mit exklusivem Ambiete und internationalem Flair.

In eleganter Sachlichkeit präsentiert sich die **Balance-Bar** im Hilton; Freitag und Samstag gibt es Livemusik (An der Frauenkirche 5, Tel. 864 28 48, tägl. 9-1 Uhr). Das Hilton beherbergt mit dem **m5 Nightlife** (Münzgasse 5, Tel. 496 54 91, www.m5-nightlife.de) einen Tanzclub der gediegenen Art, einer gut bestückten Cocktailbar und Publikum jenseits des Teeniealters. Im Studentenclub **Bärenzwinger** (Brühlscher Garten 1, Tel. 495 14 09, www.baerenzwin ger.de) am Fuße der Brühlschen Terrasse gibt es Musik, Filme und Partys.

Die Neustadt

Erste Orientierung 82
An einem Tag 84
Nicht verpassen! 86
Nach Lust und Laune! 98
Wohin zum ...101

Erste Orientierung

Sie liegt nur eine Elbbrücke von Semperoper und Brühlscher Terrasse entfernt und bleibt dennoch für viele Dresden-Besucher Terra incognita. Doch auch wenn die klassischen Sehenswürdigkeiten hier weniger dicht gesät sind als in der Altstadt: Die Neustadt ist längst eine Klasse für sich.

Seite 81: Der Goldene Reiter am Neustädter Markt

1549 vereinigte Kurfürst Moritz von Sachsen das bis dato selbstständige rechtselbische Altendresden sehr zum Missfallen seiner Bürger mit der kurfürstlichen Residenz Dresden. Nach einem verheerenden Stadtbrand im August 1685 begann, einem Plan von Wolf Caspar von Klengel folgend, der Wiederaufbau als »Neue Stadt bey Dresden«, August der Starke machte daraus 1732 seine »Neue Königstadt«.

Die Innere Neustadt zwischen Haupt- und Königstraße ist mit den letzten erhaltenen barocken Bürgerhäusern der Stadt, mit Einkaufspassagen, Restaurants und Galerien eines der schönsten Quartiere Dresdens. Der nördlich der einstigen Stadtbefestigung entstandene Gründerzeitbezirk, die Äußere Neustadt, hat sich seit der Wende zum angesagten Szene- und Kneipenviertel und Eldorado der Nachtschwärmer entwickelt. Jedes Jahr im Juni wird hier die Bunte Republik Neustadt ausgerufen.

Links: Graffitifassade in der Louisenstraße

Links unten: Canalettoblick auf Hofkirche und Hausmannsturm

★ Nicht verpassen!

1 Japanisches Palais ➤ 86
2 Neustädter Markt und Hauptstraße ➤ 88
4 Königstraße ➤ 91
5 Albertplatz ➤ 93
6 Äußere Neustadt ➤ 94

Nach Lust und Laune!

3 Jägerhof/Museum für Sächsische Volkskunst und Puppentheatersammlung ➤ 98
7 Militärhistorisches Museum der Bundeswehr ➤ 98
8 Kraszewski-Museum ➤ 99
9 Rosengarten ➤ 99
10 Sächsische Staatskanzlei ➤ 100
11 Finanzministerium ➤ 100

Abenteuer Neustadt. Seien Sie offen für Entdeckungen und verbringen Sie einen spannenden Tag zwischen Barock und Rock'n Roll, zwischen Edelboutique und Hinterhofkneipe.

Die Neustadt an einem Tag

9.30 Uhr

Beginnen Sie Ihren Neustadt-Streifzug mit dem wohl berühmtesten Blick auf die Altstadt: dem Canaletto-Blick (► 87).

10 Uhr

Die Museen öffnen. Im 1 **Japanischen Palais** (► 86) haben Sie die Wahl zwischen Geschichte, Völkerkunde und Naturwissenschaften.

12 Uhr

Laufen Sie vorbei am Hotel Westin Bellevue (► 44) mit dem einzigen erhaltenen barocken Bürgerhaus der Großen Meißner Straße bis zum 2 **Neustädter Markt** (oben; ► 88). Statten Sie dem 3 **Jägerhof** mit dem **Museum für Sächsische Volkskunst** und der **Puppentheatersammlung** (► 98) einen Besuch ab und folgen Sie dem Goldenen Reiter hinein in die Innere Neustadt und die von Platanen gesäumte 2 **Hauptstraße** (► 88). Nehmen Sie sich Zeit für die historischen Bürgerhäuser auf der linken Straßenseite mit den Kunsthandwerker-Passagen im Erdgeschoss und dem Kügelgenhaus in der Nr. 13, welches das Museum der Dresdner Romantik beherbergt.

13 Uhr

Im Hof hinter der Häuserzeile steht das Societätstheater (► 105). Das Theaterrestaurant *L'art de Vie* (► 102) verwöhnt Auge, Gaumen – und Nase: Auf der Terrasse am Kräutergarten duftet es nach Lavendel und Thymian.

Schlendern Sie nach der Mittagspause durch den Obergraben und die Rähnitzgasse zur 4 **Königstraße** (➤ 91). Bummeln Sie durch Boutiquen und Galerien oder erfeuen Sie sich einfach nur an den barocken Fassaden und den schönen Höfen. Auf keinen Fall versäumen sollten Sie die Aussicht vom Turm der Dreikönigskirche.

15 Uhr

Nach der Visite bei Erich Kästner am 5 **Albertplatz** (➤ 93) geht es weiter in die 6 **Äußere Neustadt** (➤ 94). Durchqueren Sie das Viertel auf der Alaunstraße bis zum Alaunplatz. Für militärhistorisch oder literarisch Interessierte lohnt von hier aus ein Abstecher zum 7 **Militärhistorischen Museum der Bundeswehr** (➤ 98) oder zum 8 **Kraszewski-Museum** (➤ 99). Die KunsthofPassage zwischen Görlitzer und Alaunstraße ist mehr als nur einen Blick wert.

17 Uhr

Laufen Sie Richtung Osten über die Louisenstraße bis zum Martin-Luther-Platz mit der Martin-Luther-Kirche und dem benachbarten Alten Jüdischen Friedhof. Dafür brauchen Sie etwa eine halbe Stunde. Schnell noch im »schönsten Milchladen der Welt« – Pfunds Molkerei in der Bautzner Straße – vorbeigeschaut und dann geht es, egal bei welchem Wetter, an die Elbe: auf einen Latte Macchiato ins *Kaffee Rosengarten* im 9 **Rosengarten** (➤ 99).

19 Uhr

Spazieren Sie anschließend das Königsufer entlang und vorbei an der 10 **Sächsische Staatskanzlei** (➤ 100) und dem 11 **Finanzministerium** (➤ 100) zum Ausgangspunkt dieses Tages zurück. Oder stürzen Sie sich in das Neustädter Nachtleben.

Japanisches Palais

Es sollte das Porzellanschloss Augusts des Starken werden. Noch heute erinnern die geschweiften Dächer, die Chinesenhermen im Innenhof und der Name des spätbarock-klassizistischen Bauwerks an seine einstige Bestimmung.

Chinesenherme im Hof

Der sächsische Kurfürst und Porzellanliebhaber erwarb das ehemalige Holländische Palais am Elbufer 1717 und beauftragte seine besten Architekten – Pöppelmann, Longuelune, Knöffel und de Bodt – mit dem Umbau zum repräsentativen Domizil für seine stetig wachsende Porzellansammlung. Doch August starb, und das Projekt blieb unvollendet.

Nach der teilweisen Zerstörung im Zweiten Weltkrieg dauert die Rekonstruktion der stattlichen Vierflügelanlage bis heute an. Auf der Elbseite befinden sich Reste eines Barockgartens.

Für Kinder

In den Museen des Japanischen Palais' gibt es spezielle Angebote für Kinder: von Führungen über Ratespiele bis zur Schatzsuche.

Museum Usui Publico Patens

Das **Landesmuseum für Vorgeschichte** gewährt spannende Einblicke in 280 000 Jahre regionaler Geschichte. Zu den wechselnden Präsentationen von Artefakten aus den eigenen Sammlungen gibt es Sonderausstellungen.

Ein Palais für drei Museen

Das **Museum für Völkerkunde** zeigt als Teil der Staatlichen Ethnographischen Sammlungen Sachsen Ausstellungen zu

unterschiedlichen Themen und mit Exponaten aus nahezu allen Teilen der Welt. Traditionelle Sammlungsschwerpunkte sind u.a. Ozeanien, Südostasien und Südamerika. 1997 entdeckte man im Depot des Museums für Völkerkunde ein 200 Jahre altes Kleinod osmanischer Innenarchitektur. Das aus einer reich verzierten Wand- und Deckenvertäfelung bestehende **Damaskus-Zimmer** wird derzeit restauriert und kann in einer Schauwerkstatt hinter Glas bewundert werden.

Einmal rund um die Welt

Die **Staatlichen Naturhistorischen Sammlungen Dresden** sind ein Zusammenschluss des Museums für Mineralogie und Geologie und des Museums für Tierkunde, hervorgegangen aus den Kunst- und Naturalienkammern der sächsischen Herrscher. Mit 6,5 Millionen Objekten gehören die Sammlungen zu den größten Naturkundemuseen Deutschlands.

Canaletto-Blick

1748 malte Bernardo Bellotto, genannt Canaletto, *Dresden vom rechten Elbufer unterhalb der Augustusbrücke*. Von dem Pavillon am Uferweg zwischen Japanischem Palais und Hotel Bellevue (► 44) können Sie die berühmte Aussicht genießen. Tipp: Nehmen Sie zum Vergleich eine Reproduktion des Gemäldes mit. Das Original hängt in der Gemäldegalerie Alte Meister.

KLEINE PAUSE

Im Shop des Landesmuseums für Vorgeschichte bekommen Sie Snacks und einen Kaffee.

---

180 C4 · Palaisplatz 11 · Straßenbahn 4, 9 Palaisplatz

Landesmuseum für Vorgeschichte

892 66 03 (Mo–Fr) · Di–So 10–18 Uhr · mittel
www.archsax.sachsen.de/lmv

Museum für Völkerkunde

814 48 60 · Di–So 10–18 Uhr · mittel, jeden 1. Di im Monat ermäßigt
www.voelkerkunde-dresden.de

Staatliche Naturhistorische Sammlungen Dresden

814 48 79 · Di–So 10–18 Uhr · mittel · www.snsd.de

JAPANISCHES PALAIS: INSIDER-INFO

Top-Tipps: Das Landesmuseum für Vorgeschichte und das Museum für Völkerkunde bieten umfangreiche ausstellungsbezogene **Begleitprogramme**.

- Der Shop des **Landesmuseums** für Vorgeschichte ist eine Fundgrube für originelle Geschenke – von Spielzeug und Schmuck bis zu Duplikaten von Museumsstücken.

2 Neustädter Markt und Hauptstraße

Gewissermaßen mit ausgebreiteten Armen empfängt der Neustädter Markt seine Besucher. »Hier geht Dresden weiter« lockte es jahrelang von einer der Fassaden am Eingang zur Hauptstraße, Dresdens freundlichster Flaniermeile.

August der Starke hoch zu Ross

Der Platz am Neustädter Brückenkopf der Augustusbrücke entstand als Mittelpunkt der 1350 erstmals urkundlich erwähnten rechtselbischen Siedlung Altendresden. Über die Jahrhunderte entwickelte er sich zum Marktplatz der nun zu Dresden gehörenden Neustadt. Am 13. Februar 1945 sank die Bebauung des **Neustädter Marktes**, darunter das Mitte des 18. Jhs. errichtete Neustädter Rathaus, in Schutt und Asche. Nur das ausgebrannte **Blockhaus**, die frühere **Neue Wache**, wurde 1979/80 originalgetreu wiederhergestellt. Der ab 1732 nach Plänen von Zacharias Longuelune und Johann Christoph Knöffel errichtete Barockbau schließt den Platz zur Elbseite hin ab und beherbergt die Sächsische Akademie der Künste und die Landesstiftung Natur und Umwelt. In der angrenzenden Großen Meißner Straße blieb einzig die Nr. 15 erhalten, ein barockes Bürgerhaus, das noch zu DDR-Zeiten in den Bau des **Hotel Bellevue** integriert wurde.

In den 1970er-Jahren erfolgte die Neugestaltung des Neustädter Marktes mit einer den Platz umfassenden Wohnbebauung, mit Läden und Restaurants, Grünflächen und Brunnen. Die in die Jahre gekommenen Plattenbauten werden derzeit schrittweise saniert, die uneinheitliche Fassadengestaltung – zum Teil in Bunkergrau – stört jedoch das Gesamtbild des Ensembles.

Mitten auf dem Neustädter Markt steht das bekannteste Denkmal Dresdens, der **Goldene**

Kräuter barock

Von den Gärten der Bürgerhäuser in der Hauptstraße blieb über die Jahrhunderte nicht viel übrig. Auf dem einstigen Grundstück des Hofbildhauers Benjamin Thomae hinter dem Haus Nr. 17 wurde jedoch 1998 neben dem Thomae-Pavillon auch die Gartenanlage im barocken Stil rekonstruiert – mit Kräutern und Quitten in von Buchsbaum gesäumten Beeten.

Reiter. Das überlebensgroße, von dem Kanonenschmied Ludwig Wiedemann in Kupfer getriebene Reiterstandbild Augusts des Starken wurde vier Jahre nach dessen Tod aufgestellt und zuletzt 2003 neu vergoldet. In Pose und Gewand eines römischen Cäsaren reitet der Monarch in Richtung seines polnischen Königreiches.

Liebevoll restaurierte Bürgerhäuser

Straße der Romantik

Die beiden 1738–42 von Benjamin Thomae geschaffenen **Nymphenbrunnen** zierten einst die Fassade des Neustädter Rathauses. Zusammen mit zwei prächtigen bronzenen Fahnenmasten aus dem Jahr 1893 bilden sie den Auftakt zur **Hauptstraße**, der zum Albertplatz führenden Hauptachse der Inneren Neustadt. Nach der teilweisen Zerstörung im Zweiten Weltkrieg wurde sie zusammen mit dem Neustädter Markt neu bebaut. Mit ihren alten Platanen, den Skulpturen und Brunnen ist sie Dresdens schönster Fußgängerboulevard. Auf seiner Westseite stehen sechs historische **Bürgerhäuser**. Hinter der klassizistischen Fassade der Nr. 11 residiert das Tschechische Zentrum, in dem Barockhaus mit der Nr. 17 wohnte im 18. Jh. der Bildhauer Benjamin Thomae. Am bekanntesten ist jedoch das **Kügelgenhaus** mit dem **Museum der Dresdner Romantik**. Die Wohnung des Porträt- und Historienmalers Gerhard von Kügelgen im zweiten Obergeschoss war zu Beginn des 19. Jhs. Treffpunkt der Dresdner Romantiker um Caspar David Friedrich. In den Mu-

Schillerlocke

Zu den Ausstellungsstücken des Museums der Dresdner Romantik im Kügelgenhaus gehören auch ein paar Haarsträhnen, die – der Überlieferung nach – von Schiller und Goethe stammen sollen. Letzterer beobachtete übrigens 1813 von einem Fenster der Kügelgen-Wohnung den Einzug der antinapoleonischen Koalitionstruppen.

Wasserspiele in der Hauptstraße

seumsräumen wird anhand von Alltagsgegenständen und Gemälden – darunter das berühmte Schiller-Porträt von Anton Graff – die Dresdner Kultur- und Geistesgeschichte zwischen 1785 und 1830 lebendig. Sehenswert sind zudem die reich bemalten Holzdecken und das nachgebildete Atelier Kügelgens.

Im Erdgeschoss der Häuserzeile befinden sich die **Kunsthandwerker-Passagen** mit Läden und Schauwerkstätten, im Hof dahinter steht das in den 1990er-Jahren rekonstruierte **Societaetstheater** (➤ 105), einst das erste bürgerliche Vereinstheater Deutschlands.

Kügelgens Atelier im Museum der Dresdner Romantik

Schöner shoppen

Weiter in Richtung Albertplatz folgen auf der linken Seite die Dreikönigskirche (➤ 92) und rechts zwischen Ritter- und Metzer Straße die 1899 errichtete **Neustädter Markthalle**, die allerdings seit der Wiedereröffnung 2000 die meisten ihrer Spezialitätengeschäfte mangels Kundschaft wieder verloren hat. Neubauten aus den späten 1980er-Jahren bilden das nördliche Ende der Hauptstraße.

Frisches Gemüse in der Neustädter Markthalle

KLEINE PAUSE

Relaxen Sie auf einer Bank im Schatten der Platanen, oder genießen Sie urbanes Flair und Cappuccino im ***Schwarzmarkt-Café*** (➤ 103).

180 C4 Straßenbahn 4, 8, 9 Neustädter Markt, 3, 6–8, 11 Albertplatz

Kügelgenhaus – Museum der Dresdner Romantik
Hauptstr. 13 804 47 60 Mi–So 10–18 Uhr mittel, Fr ab 12 Uhr frei www.museen-dresden.de

NEUSTÄDTER MARKT UND HAUPTSTRASSE: INSIDER-INFO

Top-Tipps: Im Parkhaus Hauptstraße (in der Metzer Straße) können Sie Ihr Auto »abgeben«. Es wird vollautomatisch in eine der 192 Stellplatz-Boxen transportiert und kommt beim Abholen in Fahrtrichtung zurück.

- Im **Tschechischen Zentrum** (Hauptstr. 11) gibt es u. a. Ausstellungen.

4 Königstraße

Sie ist Dresdens charmante kleine Nobelmeile mit liebevoll restaurierten Bürgerhäusern und lauschigen Höfen, mit Galerien und schicken Boutiquen. Die Königstraße bildet zusammen mit den angrenzenden Gassen und Passagen das letzte noch erhaltene barocke Wohn- und Geschäftsquartier der Stadt.

Als August der Starke zu Beginn des 18. Jhs. auf dem Gebiet des abgebrannten Altendresden seine Neue Königstadt errichten ließ, befahl er auch den Bau einer prächtigen Allee von der Mittelachse seines Porzellanschlosses, dem späteren Japanischen Palais, bis zum Schwarzen Tor am heutigen Albertplatz. Das Barockviertel rings um die Königstraße überstand den Zweiten Weltkrieg vergleichsweise unbeschadet, zu DDR-Zeiten verfiel die historische Bausubstanz jedoch zusehends. Erst die Wende brachte die letztendliche Rettung für diesen schönsten Teil der Inneren Neustadt.

Blick von der Dreikönigskirche in die Königstraße

Durch die barocke Bürgerstadt

Die Gebäude im unteren Abschnitt der **Königstraße** wurden nach strengen Bauvorgaben mit einheitlicher Geschosshöhe und -anzahl errichtet. Fast alle bis hinauf zur Nr. 15, dem Dresdner Kulturrathaus, besitzen restaurierte oder neu gestaltete Innenhöfe. Das Wallgässchen führt zur **Prisco-Passage**, durch die **Pas-**

Dornröschenschlaf

Auf der Westseite des Palaisplatzes vor dem Japanischen Palais steht – flankiert von Rosenbüschen und anscheinend vergessen – eines von ehemals zwei klassizistischen Torhäusern des **Weißen Tores**. Zu DDR-Zeiten diente es als Standesamt.

sage Königstraße gelangt man zur Rähnitzgasse. In dem prächtigen 1730 errichteten Barockbau mit der Nr. 19 befindet sich das Hotel Bülow Residenz (► 42). Ein paar Meter weiter hat das **Kunsthaus Dresden**, die Städtische Galerie für Gegenwartskunst, sein Domizil. In entgegengesetzter Richtung endet die Rähnitzgasse an der barocken, 1732–39 nach Plänen Pöppelmanns errichteten **Dreikönigskirche**. Noch zu DDR-Zeiten erfolgte der Umbau des 1945 ausgebrannten Gotteshauses zum »Haus der Kirche« (Eingang in der Hauptstraße) mit Veranstaltungs- und Begegnungsräumen. In dem verkleinerten Kirchenraum sind der vom Krieg gezeichnete Barockaltar von Benjamin Thomae und das unter der Orgelempore angebrachte Renaissance-Relief *Dresdner Totentanz*, das einst den Georgenbau des Residenzschlosses schmückte, bemerkenswert. Letzteres zeigt einen Reigen von Vertretern aller Stände, angeführt vom Tod, dem großen Gleichmacher. Der **Rebeccabrunnen** auf dem Platz vor der Turmseite wurde 1864 errichtet. An der Ecke zur Königstraße steht das **Bülow Palais**, kurz vor dem Albertplatz, zwischen König- und Hauptstraße, versteckt sich das **Schiller-Denkmal** von Selmar Werner.

Höfe und Passagen in der Königstraße

Rähnitzgasse mit Dreikönigskirche

KLEINE PAUSE

Wechselnde und preiswerte Tagesgerichte mit frischer Pasta ab 4,50 Euro gibt es in der kleinen und feinen **Pastamanufaktur** (► 101).

180 C4 Straßenbahn 4, 8, 9 Neustädter Markt

Dreikönigskirche
Hauptstr. 23 812 41 02 tägl. 10–18 Uhr www.hdk-dkk.de

KÖNIGSTRASSE: INSIDER-INFO

Top-Tipps: Von der **Aussichtsplattform** des Turmes der Dreikönigskirche blicken Sie auf die umliegende Neustadt und das Altstadtpanorama samt Frauenkirche (An der Dreikönigskirche, Eingang D, Öffnungszeiten variieren, März–Okt. Mo geschl. Nov.–Feb. Mo, Di geschl.).

- Im Haus der Kirche/Dreikönigskirche und im Kulturrathaus (Kö. 15) gibt es zahlreiche Veranstaltungen: Vorträge, Konzerte, Theater, Film.

5 Albertplatz

Er ist der zentrale Platz der Neustadt. Die wichtigsten Straßen des Stadtteils – insgesamt ein Dutzend – laufen hier sternförmig zusammen.

Auf der Ostseite steht die im Krieg teilweise zerstörte und nach der Wende rekonstruierte neobarocke **Villa Eschebach**, heute Volksbank Raiffeisenbank. Der Artesische Brunnen mit seinem Rundtempel von Hans Erlwein an der Ecke zur Königsbrücker Straße bekommt sein Wasser aus einer 180 Jahre alten Brunnenanlage auf der anderen Straßenseite. Hier verkümmert **Dresdens erstes Hochhaus** von Hermann Paulick, ein 1929 errichteter elfgeschossiger Stahlskelettbau in derzeit leider traurigem Zustand. Das **Erich Kästner Museum** in der Villa Augustin widmet sich dem 1899 unweit von hier in der Königsbrücker Straße 66 geborenen Schriftsteller – mit einem »interaktiven micromuseum«, einer »begehbaren Schatztruhe«, in deren Schubladen und Vitrinen man Briefe, Fotos und Bücher findet. Die Mitte des Albertplatzes zieren zwei stattliche **Brunnen** von Robert Dietz: *Stille Wasser* und *Stürmische Wogen*.

Erlweins Brunnentempel

Rechts: Stöbern im KästnerMuseum

KLEINE PAUSE

Die Neustädter schwören auf das Wasser aus dem Hahn an der Nordseite des Platzes (unterhalb der Gaststätte *Nudelturm*).

181 D4/5 Straßenbahn 3, 6–8, 11 Albertplatz

Erich Kästner Museum

Antonstr. 1 804 50 86 So–Di 10–18, Mi 10–20 Uhr, Do nur für Gruppen mittel www.erich-kaestner-museum.de

ALBERTPLATZ: INSIDER-INFO

Top-Tipps: Im **Erich Kästner Museum** gibt es regelmäßig Lesungen, Vorträge und Theateraufführungen.

- In der **Villa Eschebach** (Volksbank Raiffeisenbank) werden wechselnde Ausstellungen gezeigt (Mo, Mi 8.30–16, Di, Do 8.30–18, Fr 8.30–13 Uhr).

6 Äußere Neustadt

Für die Dresdner ist das Quartier oberhalb der Bautzner Straße schlicht »die Neustadt«. In den letzten zwei Jahrzehnten hat es sich zum lebendigsten Viertel der Stadt gemausert, mit Kneipen und Bars, mit Clubs, Galerien und hippen Läden.

Der im 19. Jh. entstandene Stadtteil blieb von den Zerstörungen des Zweiten Weltkriegs weitgehend verschont und gilt heute als eines der größten zusammenhängenden Gründerzeitviertel Europas. Seit den 1970er-Jahren zog es immer mehr junge Leute in die Neustadt: Studenten, Familien mit Kindern, Künstler und Lebenskünstler. Viele der neuen Mieter wohnten »schwarz«, bewahrten jedoch nicht selten die maroden 100 Jahre alten Häuser vor dem endgültigen Verfall. Drohte vor der Wende noch der Abriss ganzer Straßenzüge, so galt es danach, die Neustadt vor allzu gierigen Immobilienspekulanten zu schützen.

Betreten auf eigene Gefahr?

Hartnäckig hält sich das Gerücht, die Neustadt sei ein besonders unsicheres Pflaster. Dabei ist das Viertel nicht gefährlicher als andere Großstadtviertel auch. Im Gegenteil: Selbst mitten in der Nacht – Dresden hat keine Sperrstunde – herrscht hier oft noch reges Treiben. Sie sollten lediglich darauf achten, wo Sie hintreten: Viele Neustadtbewohner sind »auf den Hund gekommen«.

Es lebe die Republik!

An einem Wochenende im Juni 1990 wurde hier trotzig-fröhlich die **Bunte Republik Neustadt**, die BRN, ausgerufen, mit einer »Ordentlichen Provisorischen Regierung« und einem »Monarchen ohne Geschäftsbereich«, mit Demarkationslinien und einer eigenen Währung. Seit jenen Tagen des Aufbruchs hat sich die Neustadt verändert: Die meisten Häuser sind saniert, jede Woche wird irgendwo eine Kneipe oder ein Laden eröffnet und manch Hinterhofidylle musste einem Parkplatz weichen. Der freie Geist der Bunten Republik lebt jedoch weiter und wird nicht zuletzt von ihren Bewohnern jedes Jahr im Juni mit einem großen Stadtteilfest gefeiert.

Im Hutladen von J. Peevski. Rechts: Gründerzeit-Treppenhaus

Kneipenkultur und Hinterhofkunst

Hof der Elemente in der Kunsthof-Passage

Alaunstraße, Görlitzer und Louisenstraße sind die Shopping- und Kneipenmeilen des Viertels. Die Alaunstraße führt vom Albertplatz vorbei am Kulturzentrum **Scheune** (► 106) bis hinauf zum **Alaunplatz**, einer weitläufigen, von den Neustädtern als Liegewiese und Spielplatz genutzten Grünanlage. Nicht weit von hier, in der Königsbrücker Straße 66, erinnert eine Tafel an den Schriftsteller **Erich Kästner**, der in diesem Haus geboren wurde. Die **Kunsthof-Passage** (► 105) zwischen Görlitzer und Alaunstraße lädt mit fünf von Dresdner Künstlern thematisch gestalteten Höfen samt Läden und Lokalen zum Schauen, Einkaufen und Verweilen ein.

Kulturerbe

Die Scheune war schon zu DDR-Zeiten Treffpunkt der Unangepassten. In den 1980er-Jahren gab es Punkkonzerte und Schwulendiskos, Filmabende, Lesungen und Kunstperformances sowie das erste – ehrenamtlich betriebene – Szene-Café der Stadt. Seit damals ist die *Scheune* (► 106) so etwas wie das Herz der Neustadt.

Neustädter Geschichte(n)

Mitten auf dem von Bürgerhäusern gesäumten Martin-Luther-Platz steht die **Martin-Luther-Kirche**. Sie wurde 1883–87 von Ernst Giese und Paul Weidner in einer Mischung aus Neoromanik und Neogotik erbaut. Vor dem Chor auf der Ostseite erinnert ein Mahnmal aus dem Jahr 1928 an die Toten des Ersten Weltkriegs. Martin Luther selbst grüßt in Sandstein vom Erker des Pfarramtes am Martin-Luther-Platz Nr. 5.

Das Weltkriegs-Denkmal an der Martin-Luther-Kirche

In der angrenzenden Pulsnitzer Straße liegt der mit Efeu überwucherte **Alte Jüdische Friedhof**. 1751 wurde der Dresdner Jüdischen Gemeinde das damals noch vor den Toren der Stadt gelegene Gelände als Begräbnisplatz zugewiesen, bis 1869 bestattete sie hier ihre Toten.

Um die Ecke in der Bautzner Straße befindet sich **Pfunds Molkerei**, die Neustadt-Sehenswürdigkeit mit dem größten Touristenbus-Aufkommen. Wände und Decken des 1891 eröffneten »schönsten Milchladens der Welt« sind mit farbigen Majolikafliesen der Firma Villeroy & Boch geschmückt. Seit der Wiedereröffnung 1995 werden hier Milch und Käse, Schokolade, Seife und sächsischer Wein verkauft – und allerlei Pfunds-Merchandising-Artikel (das Fotografieren ist Kunden allerdings untersagt). Die angrenzende Trinkhalle und das Restaurant in der 1. Etage laden zur Käseverkostung ein.

Für Kinder

Oh wie schön ist Panama! In diesem Fall der Abenteuerspielplatz mitten in der Dresdner Neustadt, eine Großstadtoase mit Teich und Schiff, Holzbauten, Lehmofen und Garten. Und mit zahlreichen Tieren: Pferde, Ziegen, Hühner, Kaninchen, Meerschweinchen. Unterstützt von Sozialpädagogen, können die Kinder der Nachbarschaft hier spielen und toben, basteln, bauen und den Umgang mit Tieren üben. Besucher sind herzlich willkommen (Seifhennersdorfer Str. 2, Zugang Görlitzer Str. gegenüber KunsthofPassage, Tel. 803 87 48, Mo, Di, Do–Sa 8–19 Uhr (bei offenem Tor), Mi, So 8–11, 16.30–18 Uhr (zur Fütterung), Straßenbahn 13 Görlitzer Straße, www.asp-panama.de).

Spur der Steine: der Alte Jüdische Friedhof

KLEINE PAUSE

Mit ihren orientalischen Sitzkissen ist die Teestube im ***Feng Shui Haus*** in der Kunsthof-Passage ein Ort der Ruhe und Entspannung.

m schönsten Milchla-
den der Welt

Neustadt-Nachwuchs

180 C5–181 F5 u. a. Straßenbahn 3, 6–8, 11 Albertplatz

Kunsthof-Passage
180/181 CF5 Görlitzer Str. 21–25/Alaunstr. 70 Straßenbahn 13 Görlitzer Straße oder Alaunplatz, 7, 8 Louisenstaße

Martin-Luther-Kirche
181 D5 Martin-Luther-Platz 898 51 30 (Infos zu Öffnungszeiten) Straßenbahn 11 Pulsnitzer Str.

Alter Jüdischer Friedhof/HATiKVA
181 E5 Pulsnitzer Str. 10/12 802 04 89 Mo–Do 9–12, 13–16 (Do bis 17) Uhr Straßenbahn 11 Pulsnitzer Straße www.hatikva.de

Pfunds Molkerei
181 E5 Bautzner Str. 79 Laden 80 80 80, Restaurant 810 59 48 Laden Mo–Sa 10–18, So 10–15 Uhr, Restaurant tägl. 10–20 Uhr Straßenbahn 11 Pulsnitzer Straße/Diakonissenkrankenhaus www.pfunds.de

ÄUSSERE NEUSTADT: INSIDER-INFOS

Top-Tipp: Im Hof der Louisenstraße 48 steht das über 100 Jahre alte, in den 1990er-Jahren modernisierte **Nordbad**. Hier finden Sie Schwimm- und Plantschbecken, eine Saunawelt und im Sommer eine Liegewiese im Freien (Tel. 803 23 60, Bad: Mo–Fr 14-21, Sa/So 10–19 Uhr, www.nordbad-dresden.de)

Geheimtipps: Wer den Alten Jüdischen Friedhof besichtigen möchte, kann sich im benachbarten Begegnungszentrum **HATiKVA** (Pulsnitzer Str. 10/12) nach Führungen erkundigen oder von den Mitarbeitern das Tor aufschließen lassen. Informationen zur Geschichte der Juden in Sachsen finden Sie in der kleinen HATiKVA-Bibliothek.

• Jede halbe und volle Stunde können Sie das **Fassaden-Wasserspiel** im *Hof der Elemente* in der Kunsthof-Passage in Aktion erleben.

Nach Lust und Laune!

3 Jägerhof/Museum für Sächsische Volkskunst und Puppentheatersammlung

Ab 1568 ließ Kurfürst August auf dem Gelände eines aufgegebenen Augustinerklosters eine Jägerei errichten. Nach dem Abriss von Teilen der Anlage im 19. Jh. blieb nur der Westflügel mit seinem schönen Renaissancegiebel und den drei Treppentürmen erhalten. Oskar Seyffert, der Vorsitzende des 1897 gegründeten »Vereins für sächsische Volkskunde«, bewahrte das älteste Bauwerk der Neustadt für die Nachwelt, indem er hier 1913 das **Museum für Sächsische Volkskunst** einrichtete. Seit 1968 Teil der Staatlichen Kunstsammlungen Dresden, zeigt das Museum auf drei Etagen vor allem Volkskunst aus der Lausitz und dem Erzgebirge: Bauernmöbel, Korbwaren und Keramik, Blaudrucke und Klöppelspitzen, sächsische und sorbische Trachten, außerdem Spielzeug und Weihnachtsschmuck aus dem Erzgebirge. Jedes Jahr finden Oster- und Weihnachtsausstellungen statt.

Seit Mitte 2005 präsentiert sich auch die Anfang der 1950er-Jahre aus einer Privatsammlung hervorgegangene **Puppentheatersammlung** im Jägerhof mit wechselnden thematischen Sonderausstellungen. Der Fundus dieses einmaligen Museums besteht aus über 50 000 Einzelstücken: Handpuppen und Marionetten, Theaterfiguren und -kulissen aus Deutschland, anderen europäischen Ländern und Asien.

180 C4 Köpckestr. 1 49 14 20 00 (Besucherdienst) Di–So 10–18 Uhr Straßenbahn 3, 7, 8 Carolaplatz, 4, 8, 9 Neustädter Markt mittel www.skd-dresden.de

7 Militärhistorisches Museum der Bundeswehr

Die nördlich des Alaunplatzes gelegene Albertstadt war einst die größte Kasernenstadt Deutschlands. Das Museum im ehemaligen Arsenal der sächsischen Armee wird noch bis 2010 nach Entwürfen von Daniel Libeskind und HG Merz umgebaut. Bis zur Neueröffnung präsentiert eine Interimsaustellung in einer benachbarten Industriehalle militärische Hinterlassenschaften aus fünf Jahr-

Das Museum für Sächsische Volkskunst und die Puppentheatersammlung

hunderten und Zeugnisse der deutschen Militärgeschichte von 1945 bis 1970. Zu den interessantesten Ausstellungsstücken gehört der *Brandtaucher*, das erste deutsche U-Boot aus dem Jahr 1851. An der Auffahrt zum Museum steht seit 1994 das Ehrenmal der Sowjetarmee, welches ab 1945 die *Stürmischen Wogen*, den westlichen der beiden Brunnen auf dem Albertplatz, ersetzt hatte.

181, nördl. D5 Olbrichtplatz 2 823 28 03 Di–So 9–17 Uhr Straßenbahn 7, 8, Bus 91 Stauffenbergallee frei www.militaerhistorisches-museum.bundeswehr.de

8 Kraszewski-Museum

Józef Ignacy Kraszewski, einer der bedeutendsten polnischen Intellektuellen des 19. Jhs., musste Warschau als Gegner der Zarenherrschaft 1863 verlassen und lebte 20 Jahre im Exil in Dresden. Hier schrieb er u. a. seine *Sachsentrilogie*: die Romane *Gräfin Cosel, Brühl* und *Aus dem Siebenjährigen Krieg*, die vom DDR-Fernsehen in den 1980ern unter dem Titel *Sachsens Glanz und Preußens Gloria* opulent verfilmt wurden. Das Museum in der Sommerresidenz des Schriftstellers im Preußischen Viertel ist Leben und Werk Kraszewskis wie auch den sächsisch-polnischen Beziehungen gewidmet. Außer der Dauerausstellung gibt es wechselnde Sonderausstellungen, Lesungen, Vorträge und Konzerte, eine Bibliothek und ein Lesecafé.

181 E5 Nordstr. 28 804 44 50 Mi–So 10–18 Uhr Straßenbahn 13 Alaunplatz, 11 Nordstraße, Bus 91 Marienallee preiswert, Fr ab 12 Uhr frei www.museen-dresden.de

9 Rosengarten

Eine alte Idee Augusts des Starken zur Schaffung einer repräsentativen Uferpromenade aufgreifend, nahm man von 1933 bis 1938 eine umfassende Neugestaltung des Königsufers von der Marienbrücke elbaufwärts bis zum Waldschlösschen vor. Als Teil des Gesamtplanes von Stadtbaudirektor Paul Wolf entstand 1935/36, parallel zur Elbe und von mehreren Querachsen unterbrochen der rund 3 ha große Rosengarten. Derzeit kann man hier, ergänzt von unterschiedlichsten Gehölzen, etwa 100 Rosensorten und -arten bewundern, darunter Züchtungen aus den 1930er-Jahren und der DDR-Zeit – mit Namen wie *Robin Hood, Vanity* oder *Rakete* (Rosenliebhaber finden detaillierte Informationen unter www.rosengarten-dresden.de). Im Mittelteil der Gartenanlage steht deren bekannteste Plastik, die Bronzefigur *Genesung* von Felix Pfeifer. Am Ostende des Senkgartens befindet sich das *Kaffee Rosengarten*.

181 DE 4 Carusufer Straßenbahn 13 Rosa-Luxemburg-Platz

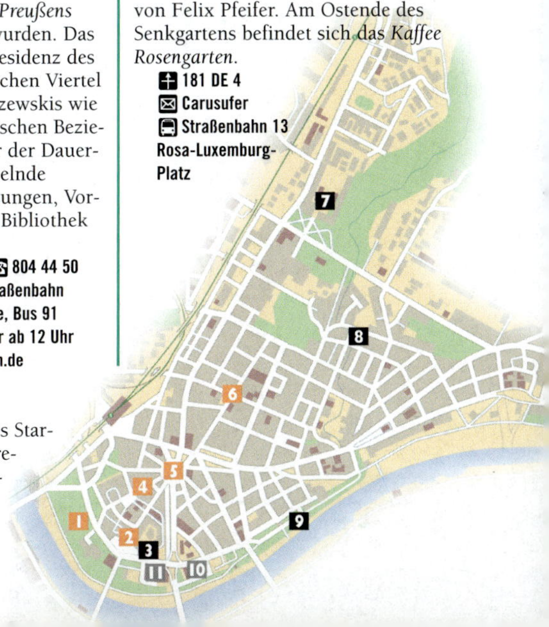

10 Sächsische Staatskanzlei

Das rechtselbisch zwischen Carola- und Albertbrücke gelegene monumentale Bauwerk entstand 1900–04 als Gesamtministerium des Königreichs Sachsen unter Edmund Waldow und Heinrich Tscharmann in überwiegend neobarocker Formensprache. Heute beherbergt das Gebäude mit der vergoldeten Krone auf der Spitze des Hauptturms neben der Staatskanzlei mehrere Ministerien. Wenige Meter elbaufwärts steht an der Uferpromenade die Figur des ***Bogenschützen***, der Zweitguss einer 1895 von Ernst Moritz Geyger für den Park von Potsdam-Sanssouci geschaffenen Plastik.

181 D4 ✉ Archivstr. 1 Straßenbahn 3, 7, 8 Carolaplatz

Der *Bogenschütze* an der Staatskanzlei

11 Finanzministerium

Das Ministerialgebäude am Neustädter Elbufer gegenüber der Brühlschen Terrasse wurde 1890–96 von dem Semperschüler Otto Wanckel im Neorenaissancestil errichtet. Anton Dietrich schuf 1896 das 50 m² große Giebelbild aus leuchtend farbigen Majolikafliesen. Es zeigt die in den Landesfarben gekleidete Saxonia, umgeben von Gestalten, welche die Einnahmen und die Ausgaben des Staates symbolisieren. Im Foyer finden mehrmals im Jahr öffentlich zugängliche Ausstellungen statt.

Die im Zuge der Neugestaltung des **Königsufers** in den 1930er-Jahren unterhalb des Finanzministeriums angelegten Treppen bilden in den Sommermonaten die Zuschauertribüne für die **Filmnächte** am Elbufer (► 106). Von hier hat man – bei Tag und Nacht – einen wunderbaren Blick auf das **Altstadtpanorama** von der Neuen Synagoge (► 76) im Osten bis zur Yenidze (► 170) im Westen.

180 C4 ✉ Carolaplatz 1/Königsufer Straßenbahn 3, 7, 8 Carolaplatz

Wohin zum ... Essen und Trinken?

Preise
Die Preisangaben gelten pro Person für ein Hauptgericht ohne Getränke.
€ unter 10 Euro **€€** 10–20 Euro **€€€** über 20 Euro

Blumenau €
Frühstückstempel, Tagesbar, Anziehungspunkt für Nachtschwärmer: Die in heiterem Orangerot gehaltene Cafébar zählt seit Jahren zu den beliebtesten Plätzen der Neustädter. Bei ungezählten Kaffee- und Milchkaffeesorten wird hier der neueste Szenetratsch verbreitet oder die nächste Party organisiert. Im Sommer sitzt man bei weit offenen Fenstern oder gleich auf dem Gehweg.

181 D5 Louisenstr. 67 802 65 02 Mo–Do 8.30–1, Fr 8.30–3, Sa 9–3, So 9–1 Uhr Straßenbahn 13 Görlitzer Straße

Brauhaus am Waldschlösschen €–€€
Haxe, Weißwürste, Leberkäs, Kartoffelsuppe – hier geht es bayrisch-sächsisch, auf jeden Fall aber deftig zu. Aus den Zapfhähnen fließt das selbst gebraute Waldschlösschen-Bier – als Dunkles, Helles oder Zwickelbier. Allabendlich gibt es Live-Pianomusik. Vom gut besuchten Biergarten bietet sich ein Panoramablick über Dresden (und die Baustelle der Waldschlösschenbrücke).

181 F5 Am Brauhaus 8b 652 39 00 tägl. 11–1 Uhr Straßenbahn 11 Waldschlösschen

Café Neustadt €
Das Café – am Rande der Neustadt und unweit von Pfunds Molkerei an der belebten Bautzner Straße gelegen – eignet sich besonders gut für ein ausgiebiges Frühstück (bis 16 Uhr) vor einem Neustadtbummel. Oder auch für einen nächtlichen Absacker.

181 E4 Bautzner Str. 63 899 66 49 tägl. Mo–Fr 7.30-1, Sa/So 9–1 Uhr Straßenbahn 11 Pulsnitzer Straße

Canaletto €€€
In dem eleganten Restaurant im historischen Teil des *Westin-Bellevue*-Hotels hat man ihn, den Canaletto-Blick auf die Dresdner Altstadt. Hier wird gehobene deutsche Küche mit mediterranem Touch präsentiert. Im Hotel-Atrium trifft man sich von September bis April am Wochenende zum British Afternoon Tea.

180 C4 Große Meißner Str. 15 (The Westin Bellevue) 805 16 58 tägl. 6.30–12, 17.30–23.30 Uhr Straßenbahn 4, 8, 9 Neustädter Markt

Caroussel €€€
Eines der besten Restaurants, die Sachsen zu bieten hat. In vornehm barockem Ambiente zelebriert Dirk Schröer, der ambitionierte junge Küchenchef, die hohe Schule klassischer Kochkunst. Aufwendige Kreationen und Menüs der Extraklasse verwöhnen Gaumen und Augen – verständlich, dass man dafür tief in die Tasche greifen muss.

180 C4 Rähnitzgasse 19 800 30 Di–Sa 12–14 und ab 18.30 Uhr Straßenbahn 4, 8, 9 Neustädter Markt

Die Pastamanufaktur €
Handgemachte »prima Pasta« gibts in dem kleinen Lokal an der Dreikönigskirche. Sechs regelmäßig wechselnde Tagesgerichte zwischen 4,50 und 10 Euro stehen zur Auswahl, dazu leckere Desserts. Montags ist Käsespätzleabend, samstags Maultaschentag. Zum Espresso geht's ins dazugehörige *Café Feininger*.

180 C4 An der Dreikönigskirche 3 323 77 99 Mo–Sa 10–22 Straßenbahn 4, 8, 9 Neustädter Markt

Elbsegler €
Schiff ahoi! Mit Holzplanken und Reling, Masten und Segel liegt der Biergarten wie eine Yacht in den Elbwiesen unterhalb von Augustusbrücke und Hotel Bellevue. Hier trifft man sich zu sonntagnachmittäglichem Kaffee und Kuchen und zu deftiger Kost und Radeberger Pilsner am Abend. Die phänomenale Aussicht auf das Altstadtpanorama gibt's gratis dazu.

180 C4 Große Meißner Straße 15 (The Westin Bellevue) 805 18 85 April–Sept. 14–22 Uhr Straßenbahn 4, 8, 9 Neustädter Markt

El Perro Borracho €
Eine rustikale spanische Kneipe mit Tapas-Bar im wunderschön gestalteten Kunsthof. Bei Kerzenschein genießen Sie einen guten Rioja, dazu Pescado al limòn oder eine frische Tortilla. Abends ist es fast immer proppenvoll – schließlich gehört das *El Perro* zu den beliebtesten Neustadt-Lokalen in Dresden.

181 D5 Alaunstr. 70 (Kunsthof) 803 67 23 Mo–Do 11.30–1, Fr bis 2 Uhr, Sa/So 10.30–2/1 Uhr Straßenbahn 13 Görlitzer Straße

Espitas €€
Fiesta Mexicana! Hinter der hypermodernen Fassade eines Nachwende-Neubaus im Herzen der Neustadt findet man auf zwei Etagen vier Gastraum-Ebenen, eine Terrasse und einen Balkon. Möbel und Dekoration sind original mexikanisch, auf den Tisch kommen Burritos, Tacos, Enchilladas oder Texas Ribs. Dazu jede Menge Margaritas, Tequila- und Rum-Drinks. Am Wochenende sollte man – trotz der vielen Plätze – unbedingt einen Tisch reservieren.

181 D5 Louisenstr. 39 456 85 25 Mo–Fr. ab 11, Sa/So ab 10 Uhr Frühstückbuffet Straßenbahn 7, 8 Louisenstraße, 13 Görlitzer Straße

Fischhaus €€
Mit seiner über 400-jährigen Geschichte gehört das am Rande der Dresdner Heide gelegene historische Gasthaus zu den ältesten der Stadt. Man sitzt in gemütlichen Gaststuben oder im schönen Garten, in dem auch die Kräuter und essbaren Blüten für die phantasievolle Küche wachsen. Die Speisekarte hält eine beeindruckende Vielfalt bereit: von einfachen Wanderergerichten über saisonale Angebote bis hin zu Fleisch-, Fisch- und Wildspezialitäten. Probieren Sie unbedingt eines der tollen Desserts.

182 B5 Fischhausstr. 14 89 91 00 Mo–Fr 12–24, Sa 11–24, So 11–23 Uhr Straßenbahn 11 Angelikastraße

Kohlhaas €–€€
Das Bistro-Restaurant im Kleinen Haus des Staatsschauspiels – benannt nach der Kleist-Figur Michael Kohlhaas – hat das Flair einer noblen Theaterkantine: mit dunklen Möbeln und Theaterfotos an pinkfarbenen Wänden. Die Küche ist jung und frisch, im Sommer wird auch auf der Terrasse im Hof gespeist.

181 D4 Glacisstr. 28 491 36 15 tägl. 10–24 Uhr Straßenbahn 6–8, 11 Albertplatz

L'Art de vie €
Egal ob in einer Shoppingpause oder nach dem Theaterbesuch – das Restaurant im *Societaetstheater* ist für jede Tageszeit gut. In dem geschmackvoll gestalteten Gastraum oder auf der Terrasse kann man sich mediterran inspirierte Speisen schmecken lassen: Salate, Pasta, Gratins, Fisch und Fleisch.

180 C4 An der Dreikönigskirche 1a 802 73 00 tägl. 10–24 Uhr Straßenbahn 4, 9 Palaisplatz, 3, 6–8, 11 Albertplatz

Mama Africa €€
Out of Africa. Das südafrikanische Steakhouse und Restaurant bietet Safari-Feeling pur, im Untergeschoss ruft der Dschungel. Zebra, Antilope, Strauß oder Krokodil werden nach Originalrezepten zubereitet. Dazu gibt es Weine der Region, als Dessert eine mit Eiscreme

gefüllte Kokosnuss. Und von der Palme lacht der Geier.

180 C4 Wallgässchen 2 563 56 56 Mo–Fr 17–1, Sa/So 11–1 Uhr Straßenbahn 4, 9 Palaisplatz

Oosteinde €

Im Gewölbe eines ehemaligen Wannenbades ist heute die Luft nur noch vom Bier feucht. Davon sind immer wieder auch seltene Sorten aus dem Benelux-Raum zu haben. Kerzenschein, dazu Salate und originelle Pastagerichte machen den Abend perfekt. In heißen Sommernächten sitzt man im kühlen Garten am Flüsschen Prießnitz.

181 E5 Prießnitzstr. 18 802 36 22 tägl ab 18 Uhr, Sommergarten So ab 10 Uhr Straßenbahn 11 Diakonissenkrankenhaus

Planwirtschaft €

Keine Angst: In der gleich nach der Wende eröffneten Szenekneipe wird nicht nach dem Fünfjahrplan gekocht. Dafür mit frischem Fleisch und Gemüse von Biohöfen der Umgebung. Täglich von 9 bis 15 Uhr kann man sich am üppigen Frühstücksbuffet bedienen, im Sommer auch noch nach Mitternacht im Garten ein Glas Wein trinken.

181 D5 Louisenstr. 20 801 31 87 So–Do 9–1, Fr, Sa 9–2 Uhr Straßenbahn 7, 8 Louisenstraße

Raskolnikoff €

Restaurant mit offener Küche in einem der ältesten Häuser der Neustadt. Das internationale Speisensortiment ist nach Himmelsrichtungen geordnet. Die Bar öffnet um 19 Uhr, und der Hofgarten gehört zu den lauschigsten Orten der Neustadt.

181 D5 Böhmische Str. 34 804 57 06 tägl. 10–24 Uhr Straßenbahn 6, 11, 13 Bautzner/Rothenburger Straße

Scheunecafé €

Das Scheunecafé im Kulturzentrum Scheune ist eine der dienstältesten Szenekneipen Dresdens. Gekocht wird indisch, und auf der Getränkekarte stehen Mango Lassi und Radeberger einträchtig nebeneinander. Der Wochenendbrunch im sommerlichen Biergarten genießt bei den Neustädtern Kultstatus.

181 D5 Alaunstr. 36–40 802 66 19 Mo–Fr 17–2, Sa, So 10–2 Uhr 3, 6–8, 11 Albertplatz

Schwarzmarkt Café €

Café-Kultur für den urbanen Menschen: Die Einrichtung ist zeitlos modern, das Publikum eine junge Mischung aus Büroangestellten und Touristen, Frühstück gibt's für Langschläfer bis 16 Uhr. Am Nachmittag darf es gern auch mal ein Stück Kuchen sein.

180 C4 Hauptstr. 36 801 08 33 tägl. 8–21 Uhr Straßenbahn 4, 8, 9 Neustädter Markt, 3, 6–8, 11 Albertplatz

Villandry €€

»Lust am Essen« heißt das Motto der Gebrüder Haufe. Und in ihrem Restaurant zelebrieren sie dieses aufs Vortrefflichste: mit einer originellen, jungen Gourmetküche.

181 D5 Jordanstr. 8 899 67 24 Mo–Sa ab 18.30 Uhr Straßenbahn 7, 8 Louisenstraße

Watzke Brauereiausschank €

Ableger des Ball- und Brauhauses Watzke (Kötzschenbroder Str. 1) mit Blick auf den Goldenen Reiter. Zu dem frischen unfiltrierten Watzke-Bier wird deftige Brauhauskost gereicht. Mitten im Raum steht der Clou des Lokals: der Fehlguss der ursprünglich für die Frauenkirche bestimmten Johannes-Glocke.

180 C4 Hauptstr. 1/Am Goldenen Reiter 810 68 20 tägl. 10–24 Uhr Straßenbahn 4, 8, 9 Neustädter Markt

Wenzel Prager Bierstuben €

Altböhmische Knoblauchsuppe, Ertrunkene Würste, Prager Schwarzbierrolle – hier ist die traditionelle böhmisch-tschechische Küche Programm. Dazu darf natürlich das legendäre Staropramen nicht fehlen.

180 C4 Königstr. 1 804 20 10 tägl. 11–24 Uhr Straßenbahn 4, 9 Palaisplatz

Wohin zum ... Einkaufen?

Bei einer Shoppingtour durch die Innere und die Äußere Neustadt findet man noble Boutiquen und flippige Secondhandshops, Galerien und Antiquitätengeschäfte, Läden mit Kunsthandwerk, Schmuck und allerlei Schnickschnack. Die Öffnungszeiten variieren sehr stark.

ANTIQUITÄTENGESCHÄFTE

In der Neustadt gibt es zahlreiche Läden. Gehen Sie auf Schatzsuche bei **Antiquitäten am Goldenen Reiter** (Hauptstr. 17/19) in der Antiquitäten-Passage **Joachim Noack** (Königstr. 5), stöbern Sie im **Sammlerkabinett Gerd Hardner** (Neustädter Markt 11) oder bei **Kunst und Trödel** (Alaunstr. 70).

GALERIEN

Mehr als die Hälfte der rund 50 Dresdner Galerien befinden sich in der Neustadt. Wie wäre es also mit einer Galerietour? (Das Kulturamt gibt vierteljährlich einen Ausstellungskalender für alle Galerien heraus, Tel. 488 89 42, www.dresden.de/ausstellungen).

Die **Galerie Finckenstein** (Obergraben 8a) präsentiert Dresdner Kunst der 1920er- und 1930er-Jahre. Die **galerie baer** (Louisenstr. 72) setzt als »Raum für aktuelle Kunst« auf die Künstler des 21. Jhs. In der **Galerie Drei – Dresdner Sezession 89** (Prießnitzstr. 43) stellen Künstlerinnen ihre Arbeiten aus: Malerei, Grafik, Installation, Skulptur, Fotografie. Mit Malern wie Eberhard Havekost und Frank Nitsche bewegt sich die **Galerie Gebr. Lehmann** (Görlitzer Str. 16) auf internationalem Parkett. Die **Kunstausstellung Kühl** (Nordstr. 5) widmet sich seit 1924 der zeitgenössischen Kunst.

KÖNIGSTRASSE

Die Königstraße ist Dresdens kleine; aber feine Nobelmeile, die auch zwei Jahrzehnte nach der Wende noch immer an Kundenmangel leidet. Hier und in den angrenzenden Gassen und Passagen gibt es Modeboutiquen, Designerläden und Galerien. Edle Mode von Strenesse bis Burberry bekommen Sie bei **Gabriele Häfner** (An der Dreikönigskirche 10) und **Minge Moden** (Königstr. 3), zwei Geschäfte, die schon seit der Rekonstruktion der Königstraße dabei sind. In den letzten Jahren sind Boutiquen dazugekommen wie **DuoColdini** und **23 clothing for men and women** (Königstr. 4), **Leliveld-Schuhe** (Königstr. 12) oder **Cocoon** (Rähnitzgasse 18). Im **Second Season** (Rähnitzgasse 22) gibt's Armani, Escada & Co. aus zweiter Hand. Mode, Wohndesign und Porzellan und vieles mehr finden Sie in den Geschäften der **Passage Königstraße** (Königstr. 6/8 – Rähnitzgasse).

HAUPTSTRASSE

Die rekonstruierten Bürgerhäuser der Hauptstraße 9 bis 19 beherbergen die **Kunsthandwerker-Passagen** mit rund 20 Geschäften und Schauwerkstätten. Individuellen Schmuck in kreativen Formen und edlen Materialien produziert die **Goldschmiedewerkstatt Barbara Oehlke**, duftende Seifen der Dresdner Ableger der **Meißner Einseiferei**. Glas- und Metallgestalter, Hutmacher und Künstler führen hier Werkstätten und Ateliers. Süßmäuler sollten in der **Bäckerei Bresan** das Sortiment der Dresdner Spezialitätenbäckerei Dr. Quendt testen.

ÄUSSERE NEUSTADT

Vor allem zwischen Alaun- und Rothenburger Straße, Louisenstraße und Bautzner Straße gibt es jede Menge Läden. Trendige Klamotten für Männer hängen bei **Men Only** (Alaunstr. 18), für Frauen bei **Xanadu** (Katharinenstr. 23) auf der

Stange. Wer den Retro-Style liebt, wird im Secondhandladen **ChicSaal** (Böhmische Str. 4) fündig. Gegenüber im **Lace up!** (Böhmische Str. 3) warten Shoes & Boots von Dr. Martens bis Blundstone auf die passenden Füße. Vinyl-Raritäten und CD-Neuerscheinungen findet man in Dresdens dienstältestem Szene-Plattenladen **ZentralOhrgan** (Louisenstr. 22). Skateboarding-Fashion und -bedarf geht im **Black Sheep** (Louisenstr. 8) über den Ladentisch. Die bei **LouisdoOr** (Louisenstr. 4) erhältlichen Dresdner Künstlerpuppen sind ein prima Mitbringsel für Kinder. Kleider aus eigener Werkstatt und hübsche Accessoires bietet **Tendresse** (Rothenburger Str. 44). Kleidung von weniger bekannten Marken hat **Peccato** (Rothenburger/Ecke Louisenstr.). Wer einen aufregenden Hut braucht, schaut bei der Kostümbildnerin Jacqueline Peevski im **Japee** (Bautzner Str. 6) vorbei. Im **Ostladen** (Bautzner Str. 79) gibt's DDR-Klassiker vom Rondo-Kaffee bis zum Sandmännchen. Bei **Pfunds Molkerei** (Bautzner Str. 79; ➤ 96f), dem »schönsten Milchladen der Welt«, kaufen vor allem Touristen: Käse, Wein, Schokolade, Seife.

KUNSTHOF-PASSAGE

Die phantasievoll gestalteten Höfe zwischen der Alaunstraße 70 und der Görlitzer Straße 21/23/25 fehlen bei keiner guten Neustadt-Führung. Mit seinen vielen Läden ist der Kunsthof zudem eine prima Einkaufsadresse. Papier und Papierkunst sowie allerlei Kalligrafie-Zubehör hat **Blue Child** im Programm. Nicht nur Gold und Silber, auch Aluminium und Eisen verarbeiten die Schmuckgestalterinnen von **Ultramaringelb** zu kunstvollen Unikaten. Hippe Klamotten gibt's bei **Mrs. Hippie**, Kleider für den großen Auftritt im Maßatelier **In Facon**. Und im **Feng Shui Haus** kann man nicht nur einkaufen, sondern sich bei einer Tasse Tee auch vom Shoppingstress erholen.

Wohin zum ... Ausgehen?

Der attraktivste Teil des Dresdner Nachtlebens spielt sich in der Neustadt ab. Bars, Restaurants und Clubs reihen sich auf einigen Straßen dicht aneinander. Wer keine Lust auf Party hat, geht ins Theater oder ins Kino.

THEATER

Das **Kleine Haus** (Glacisstr. 28, Tel. 491 35 55, www.staatsschauspiel-dresden.de), heute die Experimentierbühne des Dresdner Staatsschauspiels, war in seiner Geschichte schon Kneipe, Ballsaal und Kirche. Am 10. Juli 1945 fand hier die erste Nachkriegsaufführung der Staatstheater Dresden statt. Das nach Sanierung und Umbau 2005 wiedereröffnete Theater hat Sprechtheateraufführungen und Kooperationen mit der Opernklasse der Musikhochschule im Programm.

Zeitgenössisches in Musik und Tanz bietet die **semper kleine szene** (Bautzner Str. 107, Tel. 491 17 05, www.semperoper.de), die Kammerbühne der Semperoper.

Im **Societaetstheater** (An der Dreikönigskirche 1a, Tel. 803 68 10, www.societaetstheater.de), 1779 das erste deutsche bürgerliche Vereinstheater, geben heute zwei Bühnen Raum für Gastspiele mit zeitgenössischen Stücken.

Ein Haus für die Off-Theaterszene, ein »Labor für Experimente« ist das **projekttheater** (Louisenstr. 47, Tel. 810 76 00, www.pro jekttheater.de). Der Kunst der Travestieshow wird im **Carte Blanche**

(Prießnitzstr. 10, Tel. 20 47 20, www.carte-blanche-dresden.de) gehuldigt.

CLUBS UND DISCOS

Im Herzen der Äußeren Neustadt liegt das Kulturzentrum **Scheune** (Alaunstr. 36/40, Tel. 32 35 56 40, www.scheune.org), dort sind Rock, Hiphop, Elektronica und Jazz zu Hause. Anfang Juli gibt's zwei Wochen Schaubudensommer, um Weihnachten ein etwas anderes und stets ausverkauftes Krippenspiel.

Nebenan befindet sich **Katy's Garage** (Alaunstr. 48, Tel. 656 77 01, www.katysgarage.de) mit Kriegerbeatz, Neustadtdisco und dem »Älternabend« – Tanz ab 30 – am Mittwoch.

Im **Blue Note** (Görlitzer Str. 2b, Tel. 801 42 75, www.jazzdepartment.com) finden fast täglich Konzerte statt, meist Jazz, Funk oder Soul.

Disco-Beats toben am Freitag und Samstag im **Downtown** (Katharinenstr. 11–13, Tel. 811 55 92, www.downtown-dresden.de), regelmäßig wird die erotische Partyreihe Nasty Loveclub veranstaltet.

Eine Etage höher wartet die **Groove Station** (Katharinenstr. 11–13, Tel. 802 95 94, www.groovestation.de) mit Rock 'n' Roll und Garage-Beats auf. Am ersten Donnerstag im Monat ist hier immer Open Mic Night.

Zeitgenössischen Jazz präsentiert der **Jazzclub Neue Tonne** im Kellergewölbe des Kulturrathauses (Königstr. 15, Tel. 802 60 17, www.jazzclubtonne.de).

Eine Reihe unterschiedlichster Clubs zieht Wochenende für Wochenende Tausende in die **Strasse E** (Industriegelände/Werner-Hartmann-Straße, www.strasse-e.de) in einem im Norden der Äußeren Neustadt gelegenen alten Industriegelände. House, Reggae, Dark Wave, Rock und Disko sind in direkter Nachbarschaft in Reithalle, Spinnerei, Bunker, Thrillbeats oder Kingbeatz Club zu erleben.

BARS

First-Class-Cocktails werden in **Frank's Bar** (Alaunstr. 80, Tel. 65 88 83 80, So–Do 19–2, Fr, Sa 19–5 Uhr) geboten – neben sämtlichen Klassikern auch viele eigene preisgekrönte Kreationen. Keine Frage: Chef Frank Ulbrich ist ein Meister seines Fachs.

In der **Queens-Gay Bar & Lounge** trifft sich die Gay Community der Stadt bei wechselnden Programmen. Mittwochs gibt's Schlager und Discofox-Hits, freitags wird Dance House & more aufgelegt und am Samstag wird gespielt, was das Publikum verlangt. (Görlitzer Str. 3, tägl. 20–5 Uhr).

Mit bequemen Ledercouches, amerikanischem Diner-Stil und Öffnungszeiten bis zum Morgen hat das **SideDoor** (Böhmische Str. 38, Tel. 0179/685 64 40, tägl. ab 20 Uhr; open end) in Dresden eine große Fangemeinde gefunden. Einen Hauch karibisches Flair, Schummerlicht und eine übervolle Drink-Karte gibt's in der **Pinta** (Louisenstr. 49, Tel. 810 67 61, tägl. 19–4 Uhr).

KINOS

Die **Schauburg** (Königsbrücker Str. 55, Tel. 803 21 85, www.schauburg-dresden.de) ist Dresdens ältestes und beliebtestes Kino: Drei Säle mit anspruchsvoller Kinokost. Bistro und Programmkino vereint das **Thalia** (Görlitzer Str. 6, Tel. 652 47 03, www.thalia-dresden.de). Im **Metropolis** (Am Brauhaus 5, Tel. 816 67 21, www.metropolis-dresden.de) wird in sieben Sälen ein Mix aus Mainstream und Arthouse gespielt.

Und im Juli und im August finden am Königsufer die **Filmnächte am Elbufer** (Königsufer, Tel. 89 93 20, www.filmnaechte-am-elbufer.de) statt: Hier können Sie Blockbuster und Publikumslieblinge sowie Konzerte internationaler Topstars vor der Dresdner Altstadtkulisse erleben.

Vom Stadtzentrum zum Großen Garten

Erste Orientierung 108
An einem Tag 110
Nicht verpassen! 112
Nach Lust und Laune! 123
Wohin zum ... 124

Erste Orientierung

Es gibt ein Dresden jenseits der Touristenströme! Und dafür muss man sich nur aus dem magischen Dreieck »Zwinger – Semperoper – Frauenkirche« hinauswagen. Das neue, das Nachkriegs-Dresden wuchs aus einer Trümmerwüste heraus; unmittelbar südlich der historischen Altstadt hat es seine Mitte.

Seite 107: Radisson SAS Gewandhaus Hotel und Rathausturm

1945 standen zwischen Wilsdruffer Straße und Hauptbahnhof nur noch Ruinen, ein paar Jahre später nicht einmal mehr die. Eine rigide »Großflächenberäumung« hatte aus dem einst so lebendigen Stadtzentrum eine mehrere km² große Wiese gemacht. Nur vier Vorkriegsbauten – Kreuzkirche, Rathaus, Gewandhaus und die heutige Dresdner Bank – blieben erhalten.

Ab 1953 wurde zunächst der Altmarkt mit den angrenzenden Quartieren, in den 1960er- und 1970er-Jahren die Prager Straße neu erfunden. Wenn diese Neubauten auch das verlorene alte Dresden nicht ersetzen können, so sind sie doch exemplarische städtebauliche Zeugnisse einer Epoche und längst ein Teil der urbanen Identität.

In Dresdens Zentrum herrscht heute das geschäftige Treiben einer modernen Großstadt mit Kaufhäusern und Boutiquen, Cafés und Restaurants, Kinos und Theatern. Im Osten schließt sich der größte Park der Stadt – der Große Garten – an. Nach Sightseeing und Einkaufsbummel kann man hier die Seele baumeln lassen.

Blick vom »Borowski« über die Prager Straße

Skater am Palaisteich im Großen Garten

★ Nicht verpassen!

1 Altmarkt ➤ 112
2 Prager Straße ➤ 116
4 Deutsches Hygiene-Museum ➤ 118
6 Großer Garten ➤ 119

Nach Lust und Laune!

3 Bürgerwiese und Blüherpark ➤ 123
5 Georg-Arnold-Bad ➤ 123

Am Altmarkt und in der Prager Straße tauchen Sie ein in den Alltag der Elbestadt. Höhepunkt ist ein Besuch im Deutschen Hygiene-Museum. Abstand von der Großstadthektik kann man im Großen Garten finden, Dresdens »Grüner Lunge«.

Vom Stadtzentrum zum Großen Garten an einem Tag

9 Uhr

Starten Sie mit einem Bummel über den 1 **Altmarkt** (oben; ➤ 112). An Markttagen herrscht um diese Zeit schon reges Treiben. Wenn gerade kein Markt stattfindet, tut es auch ein Streifzug durch die Altmarkt-Galerie. Holen Sie sich in der Ticketcentrale des Kulturpalastes Anregungen für Ihr Abendprogramm, und werfen Sie einen Blick auf das Wandbild *Der Weg der roten Fahne* an der Westfassade.

10.30 Uhr

Gönnen Sie sich ein paar Minuten der Ruhe in der Kreuzkirche (➤ 113). Die Aussichtsplattform im Turm bietet zudem einen großartigen Blick über das Stadtzentrum. Wer die 256 Stufen scheut, hat von April bis Oktober eine Alternative: Per Fahrstuhl gelangt man dann auf den Rathausturm.

Spazieren Sie durch die Gassen zwischen Altmarkt und Pirnaischem Platz, und genehmigen Sie sich einen Chai Latte im *Rauschenbach Deli*. Dann geht es am Gewandhaus vorbei; Sie umrunden das Rathaus und wenden sich der Prager Straße zu.

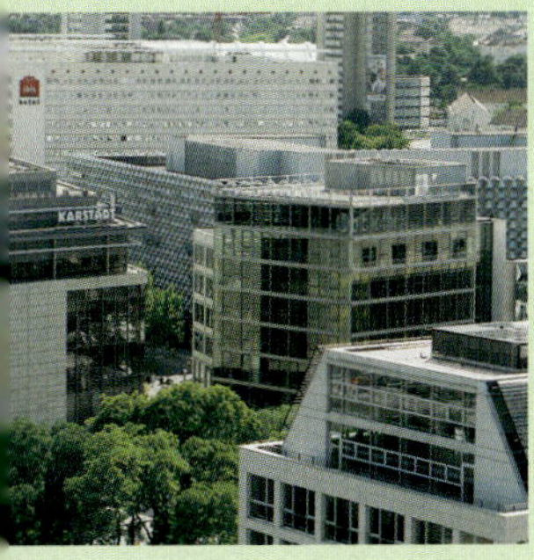

11.30 Uhr

Der eine oder andere Schöngeist mag ob der DDR-Plattenbauten auf der 2 **Prager Straße** (links; ➤ 116) die Nase rümpfen, manch Dresdner tut dies schließlich auch. Sei's drum: Kenner wissen das Ensemble zu schätzen. Zudem ist die »Prager« eine beliebte und belebte Shopping- und Flaniermeile mit jeder Menge Gelegenheiten für einen Mittagsimbiss.

12.30 Uhr

Das hinter Nach-Wende-Bauten versteckte Rundkino links liegen lassend, stehen Sie nun vor dem Kristallpalast. Der avantgardistische Kino-Neubau ist umstritten, aber preisgekrönt. Kreuzen Sie die St. Petersburger Straße, und durchqueren Sie dann 3 **Bürgerwiese und Blüherpark** (➤ 123).

13 Uhr

Besuchen Sie den Gläsernen Menschen im 4 **Deutschen Hygiene-Museum** (rechts; ➤ 118). Achten Sie neben der Dauerausstellung »Mensch–Körper–Gesundheit« auf die – zumeist spannenden – Sonderausstellungen. Das Café-Restaurant *Lingner* bietet eine weitere Chance für ein Mittagessen.

15 Uhr

Die Badehose eingepackt? Dann ab ins benachbarte 5 **Georg-Arnold-Bad** (➤ 123)! Eine andere Möglichkeit, den Nachmittag zu verbringen – allerdings nur freitags –, ist ein Bummel über den Sachsenmarkt in der Lingnerallee. Dann liegt der 7 **Große Garten** (➤ 119) vor Ihnen. Wer rechtzeitig reserviert hat, lässt sich durch die Gläserne Manufaktur (unten; ➤ 121) führen (und muss seinen Tag ohnehin danach ausrichten). Alle anderen haben Zeit für Zoo, Botanischen Garten, Rund-Parkeisenbahnfahrt oder einfach nur zum Relaxen im Grünen.

19 Uhr

Kehren Sie ins *Carolaschlösschen* ein, und bleiben Sie, bis die Fontäne im Carolasee illuminiert wird.

1 Altmarkt

Der Altmarkt ist der Mittelpunkt der Stadt und ihr ältester Platz; die erste urkundliche Erwähnung stammt aus dem Jahre 1370. Er war Schauplatz höfischer Feste und bürgerlicher Revolutionen, und er hatte berühmte Anwohner wie Heinrich von Kleist oder Carl Maria von Weber. Seit 1434 wird hier der Striezelmarkt abgehalten.

Schon im 19. Jh. prägten Geschäfte und Cafés das Bild des Platzes, so die Löwenapotheke, das Kaufhaus Renner mit der ersten Rolltreppe Dresdens und die 1825 gegründete **Konditorei Kreutzkamm** (► 124). Seine schwerste Stunde erlebte der Altmarkt 1945. Die Bomben des 13. Februar legten alle angrenzenden Gebäude in Schutt und Asche. In den darauf folgenden Tagen wurden zahlreiche Opfer des Angiffs auf dem Platz zusammengetragen und verbrannt.

Beim Wiederaufbau des Altmarktes vergrößerte sich seine Fläche auf mehr als das Doppelte. Ab 1953 entstanden auf der West- und Ostseite siebenstöckige Gebäude mit Wohnungen und repräsentativen Läden. Monumentalbauten nach sowjetischem Vorbild, in anderen ostdeutschen Großstädten zu dieser Zeit üblich, blieben Dresden erspart. Entgegen der vorherrschenden Bauauffassung versuchte man gar, sich mit einigen dem 17. Jh. entlehnten Stilelementen der Dresdner Tradition anzupassen – weshalb der Baustil bald spöttisch als »Sozialistischer Barock« bezeichnet wurde. In den letzten Jahren haben sich zahlreiche neue Läden am Altmarkt und in den angrenzenden Straßen angesiedelt; zwischen Altmarkt und Wallstraße öffnete 2002 die **Altmarkt-Galerie** ihre Pforten, ein modernes Shoppingcenter mit über 100 Geschäften und Restaurants. Auf dem Altmarkt (2008 mit einer Tiefgarage unterkellert) finden neben dem Striezelmarkt (► 32) regelmäßig gut besuchte Wochen-, Herbst- und Frühjahrsmärkte statt.

Einkaufszentrum Altmarkt-Galerie

Kultur fürs Volk

Die ersten Entwürfe für ein »Haus der sozialistischen Kultur« an der Nordseite des Altmarktes sahen zunächst noch einen vielgeschossigen Turm im stalinschen Zuckerbäckerstil vor. Ausgeführt wurde 15 Jahre später jedoch ein an der internationalen Moderne orientierter Bau mit Glasfassade und Kupferdach.

Der 1969 eingeweihte **Kulturpalast** bietet mit seinem Festsaal (bis 2435 Plätze), dem Studiotheater und verschiedenen Salons Raum für Kongresse, Bälle und Konzerte. Außerdem ist er Domizil der Dresdner Philharmonie, Veranstaltungsort der Dresdner Musikfestspiele und des Dixielandfestivals, Sitz des Besucherzentrums der Frauenkirche und der Ticketcentrale.

Die Fassade zur Schlossstraße ziert das Wandbild *Der Weg der roten Fahne* von Gerhard Bondzin, das nach der Wende zunächst mit einem blickdichten, inzwischen durchscheinenden Sicherheitsnetz bedeckt wurde. Der Kulturpalast soll zu einem multifunktionalen Gebäude mit einem auf die Bedürfnisse der Dresdner Philharmonie abgestimmten Saal umgebaut werden.

Blick vom Rathausturm über Kreuzkirche und Altmarkt

Die Kreuzkirche

Seit dem ersten lutherischen Gottesdienst 1539 ist sie die evangelische Hauptkirche Dresdens. Im Laufe von fast 800 Jahren wurde sie mehrfach durch Brände und Kriegseinwirkungen zerstört und immer wieder aufgebaut. Den von Canalettos Bildern bekannten Renaissanceturm haben die Preußen auf dem Gewissen: Beim Beschuss durch die Truppen Friedrichs II. beschädigt, stürzte er 1765 in sich zusammen. Ein Feuer zerstörte im Februar 1897 das Kirchenschiff, in der Bombennacht des 13. Februar 1945 brannte es erneut aus. 1955 wurde die wieder aufgebaute Kreuzkirche geweiht, 1963 erhielt sie eine neue Orgel der Dresdner Firma Jehmlich. Die heutige Rauputz-Gestaltung war ursprünglich nur als Provisorium gedacht, erwies sich jedoch als angemessene Dauerlösung. Das Altargemälde *Kreuzigung* von Anton Dietrich stammt aus dem Jahr 1900, das Nagelkreuz in der Schütz-Kapelle – ein Versöhnungsgeschenk der Kathedrale Coventry – von 1986. Eine Gedenktafel links neben dem Hauptportal erinnert an die von den Nationalsozialisten ermordeten Juden der Stadt. Eine besondere Attraktion ist der Aufstieg zur Aussichtsplattform im Kirchturm, vorbei am zweitgrößten Geläut Deutschlands. Die Neubebauung der Altmarkt-Südseite begann 1997. Wenn sie abgeschlossen sein wird, steht die Kreuzkirche wieder – wie bis 1945 – in einer Seitenstraße.

Gebauter Bürgerstolz

Östlich der Kirche befindet sich das **Rathaus**. Für seinen Bau musste zu Beginn des 20. Jhs. ein ganzes Geviert mit Bürgerhäusern und einer barocken Kirche weichen. 1910 ersetzte das neue Rathaus nach Plänen von Karl Roth und Edmund Bräter das zu eng gewordene am Altmarkt. Im Krieg zerstört, wurde es in reduzierter Form wieder aufgebaut. Über dem massigen Baukörper, der sechs Höfe umschließt, erhebt sich

Die Jugendstil-Ausmalung des Treppenaufgangs im Rathaus stammt von Otto Gussmann

der knapp 100 m hohe Rathausturm mit Aussichtsplattform. Auf der Spitze schüttet ein 5 m hoher 2006 frisch vergoldeter *Herkules* als **Goldener Rathausmann** sein Füllhorn über der Stadt aus. Die Goldene Pforte wird von zwei bronzenen Löwen bewacht. Auf dem Platz davor steht das Denkmal der Dresdner Trümmerfrau.

In dem Quartier zwischen Altmarkt und Pirnaischem Platz entstanden in den letzten Jahren zahlreiche neue Restaurants. Den **Gänsediebbrunnen** in der Weißen Gasse schuf Robert Diez 1878. Das 1768–70 errichtete **Gewandhaus** war einst Domizil der Fleischhauer und Gewandschneider und ist heute ein Hotel. Beim Wiederaufbau des spätbarock-klassizistischen Gebäudes nach dem Krieg wurde an seiner Rückseite der **Dinglinger-Brunnen** aufgestellt.

Jauchzet, frohlocket

Seit Jahrhunderten in der Kreuzkirche zu Hause ist der berühmte, aus 150 jungen Sängern bestehende **Kreuzchor**. Wenn sich das Ensemble nicht auf Tournee befindet, kann man es samstags zur Vesper (April–Okt. ab 18, im Winter ab 17 Uhr), bei Gottesdiensten oder Konzerten – etwa in der Oster- und der Weihnachtszeit – erleben.

KLEINE PAUSE

Im Untergeschoss der Altmarkt-Galerie gibt es jede Menge Fastfood – Burger, Tapas, Bami Goreng – und frisch gepresste Säfte. Ideal für Familien mit Kindern: das ***LadenCafé aha*** in der Kreuzstraße.

184 C3/4 Straßenbahn 1, 2, 4 Altmarkt, 8, 9, 11, 12, Bus 75, 82 Prager Straße

Kreuzkirche

April–Okt. Mo–Sa 10–18 Uhr; Nov.–März Mo–Sa 10–16 Uhr (in der Adventszeit länger), So ab ca. 12–16/18 Uhr; letzter Turmaufstieg 30 Min. vor Schließung
preiswert

Rathausturm

Eingang Kreuzstraße April–Okt. tägl. 10–18 Uhr
preiswert

Oben: Löwenfigur vor der Goldenen Pforte des Rathauses

Kreuzkirche und Rathausturm

ALTMARKT: INSIDER-INFO

Top-Tipp: Entscheiden Sie sich für eine Aussichtsplattform – die im **Kreuzkirchenturm** ist 54 m hoch und über 256 Stufen zu erreichen, zu der im **Rathausturm** in 68 m Höhe führt ein Fahrstuhl. Dafür hat man von der Kreuzkirche einen großartigen Blick auf den Altmarkt, besonders während des Striezelmarktes ein Erlebnis.

2 Prager Straße

Einst war die »Prager« die berühmte Geschäfts- und Vergnügungsmeile Dresdens. Im Zweiten Weltkrieg fast vollständig zerstört, wurde sie 20 Jahre später als »sozialistischer Fußgängerboulevard« wieder aufgebaut.

Shoppingpause

Die Einweihung der Sächsisch-Böhmischen Eisenbahnlinie im Jahre 1851 machte eine direkte Verbindung vom Böhmischen Bahnhof, dem heutigen Hauptbahnhof, zur historischen Altstadt dringend erforderlich. Ab der Mitte des 19. Jhs. entstand deshalb ein dicht besiedeltes Wohnviertel mit der Prager Straße als zentraler Achse. Alteingesessene Dresdner erinnern sich noch heute an die zahlreichen Konditoreien, die eleganten Geschäfte und die großen Lichtspielhäuser, an reich verzierte Gründerzeitfassaden, an Victoriahaus und Residenzkaufhaus.

Der Feuersturm des 13. Februar 1945 löschte die alte Pracht aus. Nach heutigem Ermessen wäre manches Gebäude zu retten gewesen, die begrenzten Mittel der Nachkriegszeit und das ideologisch geprägte Bestreben, sich vom »Ballast« der Vergangenheit zu befreien, führten jedoch zu einem vollständigen Abriss.

Neue Sachlichkeit

Ab 1965 entstand die neue Prager Straße als eine an internationalen Städtebaukonzepten orientierte Komposition aus Hotels, Pavillons mit Läden und Gaststätten, einer 240 m langen Wohnzeile, einem Warenhaus und einem Kino. Und auch wenn sie die alte »Prager« nicht ersetzen kann, gilt die neue längst als herausragendes städtebauliches Ensemble aus der zweiten Hälfte des 20. Jhs.

Plastik *Völkerfreundschaft* auf der Prager Straße

Schöner ankommen
Nach Entwürfen des britischen Stararchitekten Sir Norman Foster erhielt der 1898 eingeweihte **Hauptbahnhof** am Südende der Prager Straße ein modernes Gesicht – u. a. eine neue Eingangshallenkuppel sowie eine mit einer durchscheinenden Glasfaser-Teflon-Membran überspannte Dachkonstruktion.

Futuristisch: UFA-Kino Kristallpalast

Nach der Wende wurde die Bebauung am Nord- und Südende durch Kaufhäuser und Bürobauten ergänzt. Gegenüber dem Hauptbahnhof entstand 2005 am Eingang zur Prager Straße ein Shoppingcenter, dessen zentrales Treppenhaus der Idee des Dresdner Kugelhauses von 1928 folgt. Anstelle des alten Centrum-Warenhauses entsteht ein riesiger Einkaufskomplex.

Die beispielhafte rhythmisch gegliederte Freiflächengestaltung der Prager Straße mit Bäumen, Beeten, Rasenflächen und quer zum Straßenverlauf ausgerichteten Wasserspielen fiel 2004 einer unterkühlten Neugestaltung zum Opfer. Der beliebte »Pusteblumenbrunnen« der Bildhauerin Leonie Wirth wurde verstümmelt, die 1994 entfernte Metallplastik *Völkerfreundschaft* von Wolf-Eike Kuntsche wieder aufgestellt.

Rund oder eckig

Das auffälligste Gebäude, das vom Volksmund **Rundkino** getaufte »Filmtheater Prager Straße«, wurde 1970–72 als Kino mit zwei Sälen gebaut, einer davon mit über 1000 Plätzen. Hier residieren ein **Cinemagnum 3D-Kino** und das **Dresdner Puppentheater**. Hinter dem Wohnblock auf der Ostseite entstand bis 1998 der vom Wiener Architektenbüro CoopHimmelB(l)au entworfene **Kristallpalast**. Die kantige Architektur des Multiplexkinos ist bei den Dresdnern umstritten.

KLEINE PAUSE

Schweben Sie über den Dingen im ***Borowski*** (➤ 124), oder genehmigen Sie sich ganz bodenständig einen Imbiss – zwischen Döner und Bratwurst ist hier beinahe alles zu haben.

180 BC 2 Straßenbahn 8, 9, 11, 12, Bus 75, 82 Prager Straße, 3, 7–9, 11, Walpurgisstr. u. Hbf-Nord

PRAGER STRASSE: INSIDER-INFO

Top-Tipp: Das **Puppentheater** in der ehemaligen Studiobühne des Rundkinos bietet Aufführungen für Kinder und Erwachsene. Im **Kristallpalast** gibt es auch Filme in Originalsprache und Leinwand-Live-Übertragungen von Sport-Events.

4 Deutsches Hygiene-Museum

Der Name provoziert: die Besucher zu Fragen und die Mitarbeiter zu kreativen Antworten. Vielleicht gibt es deshalb hier die spannendsten Ausstellungen Dresdens.

Spannende Einblicke im Hygiene-Museum

Mit der Neukonzeption im Jahre 1991 wandelte sich das Haus zum **Universalmuseum vom Menschen**. Die Gründung des Museums erfolgte bereits 1912 auf Initiative des Dresdner Odol-Fabrikanten Karl August Lingner; Anliegen war damals die »Volksaufklärung«. Das bis 1930 nach Entwürfen von Wilhelm Kreis in einer Mischung aus Monumental- und Bauhausstil errichtete Museumsgebäude wurde 1945 beim Luftangriff auf Dresden schwer beschädigt, nach dem Krieg wieder aufgebaut und ab 2001 umfassend saniert. Die neu gestaltete ständige Ausstellung **Abenteuer Mensch** behandelt sieben Themenkomplexe: von »Sexualität« über »Erinnern, Denken, Lernen« bis hin zu »Leben und Sterben«. Sonderausstellungen – nicht selten zu kontrovers diskutierten Fragen des Lebens – ergänzen das Profil.

Für Kinder

Das **Kindermuseum** ist ein Erlebnis- und Lernparcours für Kids von 4 bis 12 zu den fünf Sinnen. Im Dunkelbereich kann man sich nur tastend orientieren.

Durchschaubar

1930 wurde er erstmalig präsentiert: **der gläserne Mensch**, ein Anschauungsmodell, das Skelett, Blutbahnen, Nerven und Organe des Menschen in einem Körper aus transparentem Kunststoff sichtbar macht.

KLEINE PAUSE

Das *Café-Restaurant Lingner* (► 125) bietet frische internationale Küche, im Sommer auch auf der Terrasse mit Blick ins Grüne.

180 C2 · Lingnerplatz 1 · 484 64 00 · Di–So 10–18 Uhr · Straßenbahn 10, 13 Großer Garten, 1, 2, 4, 12 Dt. Hygiene-Museum · mittel · www.dhmd.de; umfangreiche Angebote für Menschen mit Behinderungen

DEUTSCHES HYGIENE-MUSEUM: INSIDER-INFO

Top-Tipp: Die **Tickets** sind an zwei aufeinander folgenden Tagen gültig.

6 Großer Garten

Nur 1 km östlich der Frauenkirche erstreckt sich Dresdens größter und schönster Park, der Dresdner liebstes Naherholungsgebiet mit schnurgeraden Alleen und geschwungenen Wegen, Skulpturen und Teichen, Freilichtbühnen und Gartenlokalen, mit Botanischem Garten, Zoo und Parkeisenbahn. Und einer Fabrik.

Auf Anregung des späteren Kurfürsten Johann Georgs III. entstand ab 1676 vor den Toren der Stadt ein Lust- und Jagdgarten im französischen Barockstil, in den folgenden Jahrhunderten mehrfach erweitert, umgestaltet und in Kriegen verwüstet. Seine jetzige Gestalt verdankt der nahezu rechteckige rund 2 km² große Park dem Lenné-Schüler Friedrich Bouché, der weite Teile der Anlage ab 1873 in einen englischen Landschaftsgarten verwandelte.

Am Schnittpunkt von Haupt- und Querallee steht das **Palais im Großen Garten**. Nach Entwürfen von Johann Georg Starcke entstand es 1678–83 als erster Barockbau Sachsens.

Palais im Großen Garten mit der Plastik *Die Zeit entführt die Schönheit*

Beim Bombenangriff auf Dresden 1945 brannte das Gebäude aus. Die Rekonstruktion dauert noch an, in den fertig gestellten Räumen finden Konzerte, Ausstellungen und Führungen statt. Von den acht **Kavaliershäusern** aus dem Jahre 1794 überlebten nur fünf den Zweiten Weltkrieg, sie dienen heute unter anderem als Wohnhäuser. Auf der Palais-Ostseite wurde 1715 der Palaisteich angelegt. Ganz in der Nähe befindet sich

Boot fahren auf dem Carolasee

das **Parktheater**, errichtet 1719 für die Feierlichkeiten zur Hochzeit von Friedrich August II. mit der österreichischen Kaisertochter Maria Josepha. Hier finden in den Sommermonaten Aufführungen verschiedener Theater statt. Auf der 1955 erbauten **Freilichtbühne »Junge Garde«** in der Südostecke des Parks gibt es vor allem Tournee-Konzerte: Rock, Dixieland, Klassik. Nördlich der Herkulesallee liegt das **Puppentheater Sonnenhäusl**.

Aus einer ehemaligen Kiesgrube entstand 1881 der Carolasee. Heute können Sie, vom Biergarten des Restaurants *Carolaschlösschen* (► 124) Ausflügler in Ruderbooten beobachten. Unweit der *Torwirtschaft* (► 125) steht seit 1926 der vom Expressionismus inspirierte **Mosaikbrunnen** von Hans Poelzig.

Flora, Fauna und eine Eisenbahn

1893 an dieser Stelle eingerichtet, liegt der **Botanische Garten der Technischen Universität Dresden** nun unmittelbar neben der Gläsernen VW-Manufaktur. Auf dem 3,25 ha großen Gelände werden rund 10 000 Pflanzenarten aus allen Klimazonen und den unterschiedlichsten Regionen der Erde in Freilandquartieren und Schauhäusern gezeigt.

Der 1861 gegründete **Dresdner Zoo** ist der viertälteste Zoo Deutschlands. Bekannt wurde er vor allem durch seine Orang-Utan-Zucht. 1998 wurde das moderne Afrikahaus eingeweiht, 1999 die Tundra-Anlage und 2007 die Löwen- und Karakalsavanne. Ein neues Gehege für Giraffen und Zebras ist in Bau, ein Affenhaus soll folgen.

Die **Dresdner Parkeisenbahn** (1951–91 Pioniereisenbahn) hat eine Spurweite von 381 mm und führt über ein Streckennetz von 5,6 km. Beliebt sind vor allem die 1925 gebauten Minidampfloks, die

Kriegsschauplatz Großer Garten

Beim Bombenangriff auf Dresden wurde im Februar 1945 der Große Garten nicht zum ersten Mal durch Kriegseinwirkungen zerstört. Im Siebenjährigen Krieg plünderten die Preußen die Anlage. In der »Schlacht bei Dresden« im August 1813 – Napoleons letztem Sieg über Russen, Österreicher und Preußen – musste der Große Garten erneut als Kampfplatz herhalten. Wenige Monate später befahl Fürst Repnin-Wolkonski, der russische Generalgouverneur für das nun besetzte Sachsen, seinen Wiederaufbau und die Öffnung für die Dresdner Bevölkerung.

nit 30 km/h
lurch den Gro-
ßen Garten
schnaufen. Die
Rundfahrt dauert
eine halbe Stun-
le, das Ein- und
Aussteigen ist an
ünf Bahnhöfen
nöglich. Das
Personal besteht
- von den Lok-
ührern abgese-
ıen – aus Kin-
lern.

Gläserne Manufaktur

Seit 2001 steht der von Gunter Henn entworfene Bau aus Stahl und Glas auf dem Areal des einstigen Ausstellungsgeländes an der Nordwestecke des Großen Gartens. In der **Gläsernen Manufaktur** lässt der Volkswagen-Konzern die Luxuslimousine *Phaeton* montieren, hier wird Arbeit zum Event. Den Besucher erwarten Einblicke in den transparenten Fertigungsbereich und eine Auto-Erlebniswelt – mit interaktivem Fahrsimulator, Automobil-Konfigurator und einem *Phaeton* zum Anfassen. Das Kugelhaus mit seiner Multimedia-installation erinnert an das 1928 hier anlässlich der Ausstellung »Die technische Stadt« errichtete »erste Kugelhaus der Welt« von Peter Birkenholz, welches 1938 von den Nationalsozialisten abgerissen wurde. Wer zum Autokauf hierher kommt, kann sich über VIP-Betreuung in der exklusiven Kundenlobby freuen.

Mit Volldampf durch den Großen Garten

Links: Während einer Führung für die »Freunde des Dresdner Zoos«

KLEINE PAUSE

Eine Parkbank und ein Eis, ein Picknick im Schatten eines Baumes – was will man mehr? Vielleicht Kaffee und Kuchen auf der Terrasse des ***Caroaschlösschens***?

Für Kinder

Eine Fahrt mit der Parkeisenbahn und der Besuch im Streichelzoo sind Pflicht. In den Sommermonaten gibt es regelmäßig Aufführungen im **Puppentheater Sonnenhäusl**.

Oben: In der Gläsernen Manufaktur wird die Luxuslimousine *Phaeton* des VW-Konzerns montiert

181 DF1/2

Botanischer Garten
181 E2 Stübelallee 2 459 31 85 April–Sept. tägl. 8–18 Uhr; März, Okt. 10–17; Feb., Nov. 10–16 Uhr; Jan., Dez. 10–15,30 Uhr; Gewächshäuser ganzjährig ab 10 Uhr Straßenbahn 1, 2, 4, 10, 12, 13 Straßburger Platz frei www.tu-dresden.de

Gläserne Manufaktur
181 D2 Lennéstraße 1 (01805) 89 62 68 oder (01805) VWMANUFAKTUR Führungen nur nach Voranmeldung im Customer Care Center tägl. 8–20 Uhr Straßenbahn 1, 2, 4, 10, 12, 13 Straßburger Platz mittel www.glaesernemanufaktur.de

Parkeisenbahn
181 D 2/DF 1 5 Bahnhöfe, u. a. Am Straßburger Platz 445 67 95 April–Sept. tägl. 10–18 Uhr (Fr außerhalb der Ferien ab 13 Uhr); Okt. Mo-Fr 13–17, Sa, So 10–17 Uhr; Sonderfahrten u. a. zur Museumsnacht und zu Nikolaus Straßenbahn 1, 2, 4, 10, 12, 13 Straßburger Platz preiswert/mittel www.liliputbahn.de

Zoo Dresden
181 D1 Tiergartenstraße 1 47 80 60 Ostern–Okt. tägl. 8.30–18.30 Uhr; Winterhalbjahr tägl. 8.30–16.30 Uhr Straßenbahn 9, 13, Bus 7 Zoo teuer www.zoo-dresden.de

GROSSER GARTEN: INSIDER-INFO

Top-Tipps: Die Besichtigung der **Gläsernen Manufaktur** ist nach Voranmeldung im Rahmen von Führungen (u.a. auch spezielle Architektur- oder Kinderführungen) möglich. Die spontane Nachfrage lohnt sich trotzdem – manchmal gibt es einzelne freie Plätze! Für Gäste des Sonntagsbrunches im Restaurant *Lesage* (► 125) ist die Manufaktur-Führung übrigens im Preis inbegriffen.

- Der Besuch des **Botanischen Gartens** ist kostenlos.

Geheimtipp:
Wer am Bahnhof Zoo der Parkeisenbahn aussteigt, kann samstags, sonntags und in den Ferien den Hintereingang zum Zoo nutzen (außerhalb dieser Zeiten nur Ausgang).

Nach Lust und Laune!

3 Bürgerwiese und Blüherpark

Seit 1945 liegen sie ein wenig im Niemandsland zwischen Stadtzentrum und Großem Garten: Die Bürgerwiese wurde ab 1838 als städtischer Park angelegt und später z. T. nach Plänen des Gartenarchitekten Peter Josef Lenné umgestaltet. Das 1945 zerstörte und 1991 rekonstruierte Mozartdenkmal von Hermann Hosaeus – drei weibliche Figuren tanzen einen Reigen – stammt aus dem Jahr 1907. Nach Osten geht die Bürgerwiese in den Blüherpark über. Dessen südlich an das Hygiene-Museum angrenzender Teil wurde 2008 umgestaltet – unter Einbeziehung von Resten des 1945 zerstörten Palais Sekundogenitur. Das benachbarte Rudolf-Harbig-Stadion (»Dynamo-Stadion«) wird bei laufendem Spielbetrieb umgebaut. Hier spielt – in der dritten Fußball-Bundesliga – die SG Dynamo.

180 C2 Straßenbahn 9, 10, 11, 13, Bus 75 Lennéplatz, Straßenbahn 8, 9, 11, 12, Bus 75, 82 Prager Straße, Straßenbahn 10, 13 Großer Garten

Mozartdenkmal auf der Bürgerwiese

5 Georg-Arnold-Bad

Das 1926 eingeweihte und inzwischen gründlich modernisierte Stadtbad ist nach dem einstigen Stifter, dem jüdischen Bankier Georg Arnold, benannt. Heute ist es ein Hallenbad mit Außenanlagen und bietet die Annehmlichkeiten zeitgemäßen Plantschens: Vier-Jahreszeiten-Becken mit Strömungskanal, Whirl-Pool, 86-m-Rutsche. Wer keine Badesachen dabei hat, kann sich draußen vor der Tür an Willy Vanillis Softeis-Milchbar erfrischen. Eine richtige Bar ist dies zwar nicht, sondern nur ein geöffnetes Fenster, aus dem Softeis verkauft wird – doch es gehört zu den leckersten und preiswertesten der Stadt (Mitte März–Okt. tägl. 11–20 Uhr).

181 D2 Hauptallee 2 494 22 03 Öffnungszeiten variieren Straßenbahn 10, 13 Großer Garten mittel

Wohin zum ... Essen und Trinken?

Preise
Die Preisangaben gelten pro Person für ein Hauptgericht ohne Getränke.
€ unter 10 Euro **€€** 10–20 Euro **€€€** über 20 Euro

Altmarkt-Galerie €–€€
Shoppen macht hungrig. Im Untergeschoss des Einkaufscenters gibt es deshalb eine Vielzahl von Fastfood-Angeboten. Burger, Pizzas, Tapas, Sauer-Scharf-Suppe – außerdem leckere Obstsalate und frisch gepresste Säfte. Zwei Etagen höher finden Sie zudem noch weitere Lokalitäten wie eine Pizzeria, ein Eiscafé und eine Play Off American Sportsbar mit einem kleinen all-you-can-eat Frühstücksbuffet.

184 C3 Webergasse 1 Mo–Sa 9.30–21 Uhr Straßenbahn 1, 2, 4 Altmarkt, 8, 9, 11, 12 Prager Straße

Barococo €–€€
Bevor die Geschäfte im Stadtzentrum öffnen, trifft man sich im Café Barococo im Erdgeschoss des ansonsten eher reizlosen Nachwende-Neubaus schon zum Frühstück. (Achtung: Hier darf geraucht werden!). Ab 11 Uhr empfiehlt sich das Restaurant im Obergeschoss mit über 35 Fischspezialitäten und weiteren regionalen sowie internationalen Speisen.

184 C3 Altmarkt 10 862 30 40 8–24 Uhr Straßenbahn 1, 2, 4 Altmarkt, 8, 9, 11, 12, Bus 75, 82 Prager Straße

Borowski €–€€
In der ersten Etage des Wöhrl-Plaza-Komplexes sitzt man bei Salat oder Nudelauflauf, Kaffee oder Cocktail und beobachtet das Treiben in der Prager Straße. Im Sommer sind die Plätze auf der Terrasse besonders begehrt – die schwebt auf »Stelzen« über Dresdens traditionsreicher Shoppingmeile.

180 C2 Prager Str. 8a 490 64 11 tägl. 9–1 Uhr Straßenbahn 8, 9, 11, 12, Bus 75, 82 Prager Straße, 3, 7–9, 11 Walpurgisstraße

Café Novelle €
Wer zum Bücherkauf immer etwas länger braucht, ist hier richtig. Im Café in der dritten Etage des Hauses des Buches können Sie das reichhaltige Angebot an Büchern in aller Ruhe bei einem Stück Torte der Konditorei Eisold in Augenschein nehmen, bevor Sie zum Kauf schreiten – oder eben auch nicht.

180 C2 Dr.-Külz-Ring 12 497 36 50 Mo–Sa 9.30–20 Straßenbahn 8, 9, 11, 12 Prager Straße

Carolaschlösschen €–€€
In dem Ausflugslokal im Großen Garten werden seit 1895 Gäste bewirtet. Sie haben die Wahl zwischen *Grand Café* und dem mediterranen Restaurant *Galerie*. Am schönsten sitzt man freilich im Biergarten, direkt am Ufer des Carolasees.

181 E1 Großer Garten 250 60 00 Mo–Fr ab 11 Uhr, Sa/So ab 10 Uhr Straßenbahn 9, 13, Bus 75 Querallee, 61 Haltepunkt Strehlen

Kreutzkamm €
1825 gründete der 25-jährige Jeremias Kreutzkamm eine Konditorei, die sich zu einer Dresdner Institution entwickelte. Nach der Zerstörung des Stammhauses am Altmarkt im Zweiten Weltkrieg und der Übersiedlung nach München wurde Mitte der 1990er-Jahre unweit des alten Standortes in Dresden wieder ein Café eröffnet.

184 C3 Seestr. 6 495 41 72 Mo–Sa 9–19, So 12–18 Uhr Straßenbahn 1, 2, 4 Altmarkt, 8, 9, 11, 12, Bus 75, 82 Prager Straße

Laden Café aha €

Gesundes Essen mit gutem Gewissen. Die Speisekarte offeriert Vollwertkost, überwiegend vegetarisch und mit Produkten aus ökologischem Anbau zubereitet. Der Kaffee stammt aus fairem Handel, für Kinder gibt es eine Spielecke und eine eigene Speisekarte. Im Untergeschoss befindet sich ein »Weltladen«.

184 C4 Kreuzstr. 7 496 06 73 tägl. 10–24 Uhr Straßenbahn 1, 2, 4 Altmarkt

Lesage €€

Restaurant und Bar in der Gläsernen Manufaktur sind eine gastronomische Dependance des Dresdner Kempinski-Hotel Taschenbergpalais – entsprechend anspruchsvoll ist die Speisekarte. Zum sonntäglichen Jazz-Brunch können Sie bei vorheriger Tischreservierung eine kostenlose Manufaktur-Führung erleben.

181 D2 Lennéstr. 1 420 42 50 Bar Di–Sa 8–24, So, Mo 8–20 Uhr, Restaurant Di–Sa 12-15, 18–22, So, Mo 12–15 Uhr Straßenbahn 1, 2, 4, 10, 12, 13 Straßburger Platz

Lingner €–€€

Gelungener Spagat zwischen Museumscafé und anspruchsvollem Restaurant. Namensgeber ist Odol-Fabrikant und Gründer des Deutschen Hygiene-Museums Karl August Lingner. Die Gestaltung folgt der zeitlosen Strenge des 1930 eröffneten Museumsbaus, die Küche ist experimentierfreudig.

180 C2 Lingnerplatz 1 484 66 00 Di–So 10.30–24 Uhr Straßenbahn 10, 13 Großer Garten

Rauschenbach Deli €–€€

Der Hot Spot in der Altstadt – schick, aber nicht abgehoben. Hier diskutiert man bei einem Quickie – Croissant mit Butter und Milchkaffee – oder beim Brunch die Weltlage. Im Sommer schmeckt der Zinfandel auf der Terrasse.

184 C4 Weiße Gasse 2 821 27 60 tägl. ab 9 Uhr Straßenbahn 1, 2, 4 Altmarkt

Torwirtschaft Großer Garten €–€€

Die Wirtschaft am Westende der Hauptallee des Großen Gartens ist vor allem wegen ihres Biergartens beliebt. Bei schönem Wetter gibt es zu Schweinshaxe und Feldschlösschen-Pilsener von Donnerstag bis Sonntag ab 18 Uhr Live-Musik, an Feiertagen musikalische Frühschoppen.

181 D2 Lennéstr. 11 459 52 02 Restaurant April–Okt. ab 10, Nov.–März Di–So ab 11 Uhr; Biergarten April–Okt. Mo–Fr ab 16, Sa, So ab 11 Uhr Straßenbahn 10, 13 Großer Garten

Vapiano

Intelligentes Konzept, moderne Einrichtung, frische Speisen. Pasta, Pizza und Antipasti werden in diesem Franchise-Restaurant ganz nach Wunsch am Tresen frisch zubereitet und die Bestellung auf einer Chipkarte gespeichert. Abgerechnet wird am Ausgang.

180 C2 St. Petersburger Str. 26 (Eingang von der Prager Straße) 482 48 64 Mo–Sa 10–1, So 10–24 Uhr Straßenbahn 3, 7–9, 11 Walpurgisstraße

Weiße Gasse €–€€

Die von der Wilsdruffer Straße abgehende Fußgängerpassage hat sich zu einer echten Kneipenmeile gemausert. Rund um den Gänsediebbrunnen, in der angrenzenden Kreuz- und der Gewandhausstraße sowie am Altmarkt sind 16 Restaurants, Cafés und Bars versammelt: neben dem angesagten *Rauschenbach Deli* (➤ oben) u.a. *Der Fliegende Holländer*, *Förster's*, *Haus Altmarkt*, *Tapas Barcelona*, *Capetown Seafood* und *Mangoo* (alle Lokale unter www.weissegasse.de). Hier kommen Klassiker wie Dresdner Sauerbraten und Kartoffelsuppe und viel Internationales wie Tapas, Sushi und Pannenkoeken auf den Tisch.

184 C4 Weiße Gasse 1–7 Öffnungszeiten variieren; ab 8–11 Uhr, oft bis weit nach Mitternacht Straßenbahn 1, 2, 4 Altmarkt

Wohin zum ... Einkaufen?

PRAGER STRASSE UND ALTMARKT

Die »Prager« ist die traditionelle Einkaufsmeile Dresdens. Hier haben sich die großen Kaufhäuser und Ladenketten (u.a. **Peek & Cloppenburg**, **Wöhrl**, **H&M**, **Mango**) angesiedelt. Am Nordende der Prager Straße steht seit 1995 eines der attraktivsten **Karstadt**-Häuser Deutschlands (Prager Str. 12) mit einer Feinkostabteilung und einem Laden der **Meissener Porzellan-Manufaktur**. Schräg gegenüber entsteht ein neues Shoppingcenter, die **Centrum-Galerie**. Bei **Jo + Co** (Prager Str. 10) gibt es Wohnaccessoires und Schnickschnack. In der **Seestraße**, der Verbindung zum Altmarkt, sind **C & A** (Seestr. 7), **Strauss Innovation** (Altmarkt 10a/10b) und **Sportarena** (Kramergasse 4) ansässig.

Im **Kunsthandwerk an der Kreuzkirche** (An der Kreuzkirche 6) finden Sie die größte Auswahl an Erzgebirgsvolkskunst in Dresden.

Auf dem **Altmarkt** werden regelmäßig Märkte abgehalten, der bekannteste und beliebteste, der **Striezelmarkt** (Ende Nov. bis Heiligabend; ➤ 32), seit 1434. In den Läden rund um den Altmarkt kann man Schuhe (Leiser, Görtz), Schmuck (Vögele, Hoffmann) und Bilder samt Rahmen (Ansichtssache) kaufen. Das bekannteste Geschäft am Platz ist die traditionsreiche und stets gut besuchte **Konditorei Kreutzkamm** (➤ 124).

Dresdens attraktivstes Shoppingcenter ist die **Altmarkt-Galerie** (Webergasse 1) mit rund 100 Boutiquen, Fachmärkten, Dienstleistern und Restaurants. Hier haben u. a die bei jungen Kunden angesagten Modeketten Quartier bezogen: Zara, Esprit, comma, Xanaka, s.Oliver.

Wohin zum ... Ausgehen?

Im **Kulturpalast** finden im großen und kleinen Saal die unterschiedlichsten Veranstaltungen statt: Konzerte der Dresdner Philharmonie, Dixieland, Musical-Tourneeproduktionen, aber auch Volksmusik, Rock und Pop (Altmarkt, Ticketcentrale, Tel. 486 66 66, www.kulturpalast-dresden. de).

Das Ensemble der 1961 gegründeten **Herkuleskeule** bietet klassisches politisches Kabarett. Wichtig zu wissen: Man sollte nach Möglichkeit den Vorverkauf nutzen, denn oft ist das Haus ausverkauft (Sternstr. 1, Tel. 492 55 55, www.herkuleskeule.de).

Das **Puppentheater** des Theaters Junge Generation (Rundkino Prager Str., Tel. 496 53 70, www.tjg-dresden.de) hat Aufführungen für Kinder, aber auch Stücke für Erwachsene im Programm. Klassische und neue Komödien, Comedy und Revue finden sich in den Spielplänen der **Komödie Dresden** (Freiberger Str. 39/World Trade Center, Tel. 86 64 10, www.komoedie-dresden.de), dem größten privaten Theater in Sachsen, und von **Wechselbad** (Maternistr. 17, Tel. 796 11 55, www.theater-wechselbad.de). Die neuesten Blockbuster gibt es im **UFA-Kristallpalast** (St. Petersburger Str. 26a, Tel. 482 58 25, Hotline: Tel. 0180/505 06 66, www.ufa-dresden.de), im benachbarten **Cinemagnum im Rundkino** 3D-Filme auf großer Leinwand (Prager Str. 6, Tel. 484 39 22, www.cinemagnum.de).

Tanzend durch eine lange Disko-Nacht kommt man zu »finest black music«, House sowie Salsa im heißen **Motown Club** (St. Petersburger Str. 9, Tel. 487 41 50, www.mo town-club.de) oder Do bis Sa zu Partysmashern der 1980er- und 1990er-Jahre, House, Black & Elektro im **pm Club** (Haus Altmarkt, Wilsdruffer Str. 19-21, Tel. 213 94 38, www.haus-altmarkt.de).

Der Elbhang

Erste Orientierung 128
An einem Tag 130
Nicht verpassen! 132
Nach Lust und Laune! 142
Wohin zum ... 144

Erste Orientierung

Wer Dresden wirklich kennenlernen will, muss den Elbhang erleben. Hier wird Dresdner Lebensart zelebriert – von den Elbschlössern mit ihren Weinbergen über die Villen auf dem »Hirsch« und die ländliche Beschaulichkeit zwischen Körnerplatz und Pillnitz bis hin zur Sommerresidenz des sächsischen Hofes.

Man kann jenes heiter-unbeschwerte Lebensgefühl, das sich beinahe zwangsläufig einstellt, auf ganz unterschiedliche Weise erfahren. Etwa von einem Dampfer aus oder mit dem Fahrrad unterwegs auf dem Elberadweg. Wahren Genuss findet freilich, wer auf Tuchfühlung mit diesem Flecken Erde geht: bei einem Blick von der Terrasse des Lingnerschlosses, einer Fahrt mit der Standseilbahn, beim Wein im Strandgarten des *Gare de la lune*, beim Beobachten von Eichhörnchen und Rotkehlchen im Schlosspark Pillnitz.

Seite 127: Bergpalais des Schlosses Pillnitz

Die Dresdner huldigen ihrem Elbhang gar mit einem eigenen Fest, das jedes Jahr ein Juniwochenende lang zwischen dem Blauen Wunder und der rechtselbischen Stadtgrenze im Osten gefeiert wird. Die Brücke mit dem wundersamen Namen ist eine Ikone des Elbhangs und der gesamten Stadt, und die Biergärten in ihrem Schatten gehören zu den Lieblingsplätzen der Einheimischen. Wer hier einen lauen Sommerabend lang gesessen hat, ist Dresden ganz nahe gekommen.

Blick vom Schloss Albrechtsberg über die Elbe bis zum Blauen Wunder

★ Nicht verpassen!

1 **Elbschlösser** ➤ 132

3 **Körnerplatz** ➤ 134

6 **Schloss und Park Pillnitz** ➤ 138

Nach Lust und Laune!

2 Weißer Hirsch ➤ 142

4 Josef-Hegenbarth-Archiv ➤ 142

5 Wachwitz ➤ 142

7 Weinbergkirche »Zum Heiligen Geist« ➤ 142

8 Schifferkirche »Maria am Wasser« ➤ 143

9 Carl-Maria-von-Weber-Museum ➤ 143

Für diesen Tag brauchen Sie schönes Wetter, zumindest regnen sollte es nicht. Lassen Sie Ihr Auto – so Sie eines dabei haben – stehen, und steigen Sie stattdessen in bequemes Schuhwerk: Der Elbhang will zu Fuß (sowie mit Straßenbahn und Bus) erobert werden. Sonnenhut, Picknickdecke und Fernglas im Gepäck können auch nicht schaden.

Der Elbhang an einem Tag

9 Uhr

Stehen Sie früh auf, und fahren Sie mit der Straßenbahn Linie 11 in Richtung Bühlau bis zur Haltestelle Wilhelminenstraße. Ein paar Schritte weiter, an der Ecke zur Brockhausstraße, betreten Sie durch eine Pforte den Park von Schloss Albrechtsberg (oben): Hinein dürfen Sie in das größte der drei **1 Elbschlösser** (► 132) nur bei Veranstaltungen und seltenen Führungen. Von der elbseitigen Gartenterrasse oder dem tiefer gelegenen Römischen Bad bekommen Sie als Entschädigung einen phänomenalen Blick über das Elbtal. Die Aussicht begleitet Sie auf Ihrem Weg durch die Parklandschaft zum Lingnerschloss und dem Schloss Eckberg.

10.30 Uhr

Nehmen Sie die Linie 11 ab Haltestelle Elbschlösser (vom Torhaus am Schloss Eckberg 200 m stadteinwärts) bis zur Haltestelle Plattleite. Die Straße gleichen Namens führt über den **2 Weißen**

Hirsch (➤ 142) in Richtung Luisenhof. Der »Balkon Dresdens« ist ein Muss für Kaffee-und-Kuchen-Liebhaber. Mit der Standseilbahn (links unten) – die Bergstation liegt gegenüber – fahren Sie hinunter zum **3 Körnerplatz** (➤ 134).

11.30 Uhr

Zeit für eine Stärkung; Möglichkeiten dafür gibt es rund um den alten Loschwitzer Dorfkern reichlich: Baguettes, Dresdner Sauerbraten, Kuchen, Eis. Danach ist ein Verdauungsspaziergang durch die umliegenden Straßen angebracht.

13 Uhr

Der Bus der Linie 83 bringt Sie vom Körnerplatz nach Pillnitz. Lohnende Zwischenstopps sind das **4 Josef-Hegenbarth-Archiv** (➤ 142), das alte Fischer- und Weinbauerndorf **5 Wachwitz** (➤ 142) oder auch die Elbwiesen zwischen Wachwitz und Niederpoyritz. Vom Elbhang grüßt der Dresdner Fernsehturm (oben).

15 Uhr

Es gibt kaum jemanden, den das **6 Schloss Pillnitz** (➤ 138) mit seinen verspielten Formen, der traumhaften Lage direkt an der Elbe und dem schönen alten Park nicht sofort in seinen Bann zieht. Lassen Sie sich Zeit, spazieren Sie durch die Schlossanlage und über die schattigen Parkwege. Und versäumen Sie nicht das erstklassige Kunstgewerbemuseum (rechts) im Berg- und Wasserpalais (nur Mai–Oktober). Wer Zeit und Muße hat, kann der nahen **7 Weinbergkirche** (➤ 142) oder der **8 Schifferkirche »Maria am Wasser«** (unten; ➤ 143) einen Besuch abstatten. Klassik-Liebhaber sollten im **9 Carl-Maria-von-Weber-Museum** (➤ 143) vorbeischauen.

18 Uhr

Dinieren Sie gleich im Restaurant des Schloss Hotel Pillnitz (➤ 145), oder fahren Sie mit dem Bus zurück zum Körnerplatz und lassen den Tag in einem der zahlreichen Restaurants und Biergärten mit Blick auf das Blaue Wunder ausklingen.

I Elbschlösser

Am Elbhang zwischen Stadtzentrum und Blauem Wunder stehen inmitten einer offenen Parklandschaft drei Schlösser aus der Mitte des 19. Jhs. Wer von hier oben über das Elbtal blickt, ahnt, dass Gott vielleicht doch nicht in Frankreich wohnt.

Lingnerschloss mit Weinberg am Elbhang

Prinz Albrecht von Preußen ließ bis 1854 das repräsentative **Schloss Albrechtsberg** errichten. Der dreigeschossige Bau mit den zwei quadratischen Ecktürmen wurde von dem Schinkel-Schüler Adolph Lohse im Stil einer römischen Renaissancevilla entworfen. Weitläufige Treppenanlagen führen von der elbseitigen Gartenterrasse zum Römischen Bad mit einer Wandelhalle und einem Wasserbecken samt Wasserbühne.

Von 1951 bis 1990 war das Schloss »Pionierpalast«, jetzt beherbergt es eine »Jugend&KunstSchule« und eine gastronomische Lehreinrichtung. Das Schlossinnere mit Kassettendecken, damastbespannten Wänden und venezianischen Kronleuchtern kann man nur bei Veranstaltungen und gelegentlichen Führungen erleben.

200 m östlich des Schlosses von Prinz Albrecht steht das weitaus bescheidenere seines Kammerherrn Baron von Stockhausen, nahezu gleichzeitig und ebenfalls nach Entwürfen von Adolph Lohse erbaut. Als der Dresdner Industrielle Karl August Lingner das Anwesen 1906 erwarb, wurde aus der Villa Stockhausen das **Lingnerschloss**. Der Odol-König

Party mit Wasserballett im Römischen Bad des Schlosses Albrechtsberg

Hotel Schloss Eckberg

und Hygiene-Museum-Begründer fand seine letzte Ruhestätte in einem Mausoleum unterhalb des Schlosses im Weinberg. Seit 2003 befasst sich ein Förderverein mit der Sanierung des lange vernachlässigten Bauwerkes. Künftig soll hier ein »Treffpunkt für Wirtschaft, Wissenschaft und Kultur« samt Café entstehen. Gleich nebenan liegt auf einem Hangsporn über der Elbe das 1859–61 von Semperschüler Christian Friedrich Arnold für den Großkaufmann John Daniel Souchay erbaute **Schloss Eckberg**. In dem neogotisch verspielten Bauwerk befindet sich ein Luxushotel (➤ 43).

KLEINE PAUSE

Das Restaurant im Schloss Eckberg, die *Lingnerterrasse* (nur im Sommer), und die *Gartenterrasse* am Schloss Albrechtsberg (nur im Sommer, nur an einigen Wochenenden) öffnen erst um 11 Uhr. Frühaufsteher sollten einfach die Aussicht genießen.

---

182 BC 4/5 ✉ Bautzner Str. 130–134 Straßenbahn 11 Wilhelminenstraße oder Elbschlösser

Schloss Albrechtsberg

☎ 811 58 21 Führungstermine bitte telefonisch erfragen ? www.schloss-albrechts berg.de

Lingnerschloss

☎ 646 53 82 Führungen Mi 15 Uhr und jeden 1. Sa im Monat 14 Uhr ? www.lingnerschloss.de

ELBSCHLÖSSER: INSIDER-INFO

Top-Tipps: Seit einigen Jahren bewirtschaftet der Winzer Lutz Müller die Weinberge unterhalb der Elbschlösser. Hier wachsen Riesling, Müller-Thurgau und Traminer. Im alten **Weinkeller** des Kavaliershauses von Schloss Albrechtsberg gibt es Weinseminare und Verkostungen, am Hang Schlenderweinproben und von Juli bis September an Schönwetter-Wochenenden (15–21 Uhr) eine Straußwirtschaft (Tel. 799 70 71; www.winzer-mueller.de).

• Im Schloss Albrechtsberg werden Kronensaal, Salons und das im maurischen Stil gehaltene Türkische Bad für **Veranstaltungen** genutzt. Im Gartensaal finden Trauungen statt (Anmeldung über Standesamt Dresden, Tel. 488 88 14).

• **Führungen** gibt es im Schloss Albrechtsberg an ausgewählten Sonn- und Feiertagen, im Lingnerschloss zu den Führungen (s.o.) auch Dachbesteigungen.

Geheimtipp: Gönnen Sie sich einen **nächtlichen Blick** vom Käthe-Kollwitz-Ufer auf die angestrahlten Elbschlösser. Märchenhaft.

3 Körnerplatz

Benannt nach Christian Gottfried, dem Vater des Dichters Theodor Körner, dessen Familie nicht weit von hier residierte, ist der einstige Dorfplatz der Gemeinde Loschwitz heute das Herz des Elbhangs.

Am Ende des 19. Jhs. musste die ländliche Bebauung am Körnerplatz viergeschossigen Mietshäusern weichen. Grund dafür war eine neue Verkehrsverbindung zwischen den östlich von Dresden gelegenen und damals noch selbstständigen Gemeinden Blasewitz und Loschwitz. Bei ihrer Einweihung 1893 trug die Loschwitzer Elbbrücke den Namen König Alberts, bekannt wurde sie jedoch als **Blaues Wunder**. Ihren Kosenamen verdankt die stählerne Hängebrücke – seinerzeit eine ingenieurtechnische Spitzenleistung – dem hellblauen Anstrich. Die immer wieder gern kolportierte Geschichte, der blaue Farbton sei erst durch das Ausbleichen der gelben Pigmente eines ursprünglich grünen Anstrichs entstanden, gehört ins Reich der Legenden.

Das Blaue Wunder verbindet den Blasewitzer Schiller- mit dem Loschwitzer Körnerplatz

In den 1930er-Jahren wurden auf beiden Seiten der Brücke Gehwege angefügt. Bei einem Abstecher hinüber zur Blasewitzer Elbseite können Sie die Aussicht auf die Elbwiesen und die 1 km stromabwärts gelegenen Elbschlösser genießen. Am linkselbischen Brückenkopf erinnert eine Gedenktafel an zwei mutige Männer, die 1945 die Sprengung der Brücke verhinderten. Rund um den **Schillerplatz** befinden sich zahlreiche Läden und Restaurants, darunter zwei gastronomische Institutionen Dresdens: der *Schillergarten* (➤ 145) und das Café *Toscana* (➤ 144).

Schillernde Figur

Friedrich Schiller, über dessen Namen man rund um das Blaue Wunder alle naselang stolpert, setzte in seinem Drama *Wallensteins Lager* der Blasewitzer Wirtstochter Justine Segedin mit der Marketenderin-Figur der Gustel von Blasewitz ein Denkmal. Dass er mit der Schönen ein Techtelmechtel gehabt hätte, ist ein hartnäckiges Gerücht. Justine überlebte den Dichter um 50 Jahre und starb 1856 fast 94-jährig als ehrbare verwitwete Frau Senator Renner in Dresden.

Freude, schöner Götterfunken

Der von stattlichen Gründerzeitbauten gerahmte **Körnerplatz** auf der Loschwitzer Elbseite muss heutzutage jede Menge Verkehr ertragen. Beim Spaziergang durch die angrenzenden Straßen lassen sich einige kulturhistorisch interessante Plätze entdecken. Der Dichter Theodor Körner verbrachte im Weinberghaus der Eltern im Körnerweg 6 die Sommer seiner Kindheit. Zwischen 1785 und 1801 logierte Friedrich Schiller mehrfach im Körnerhaus und im Gartenhaus der Familie in der heutigen Schillerstraße. Hier schrieb er an seinem *Don Carlos*, an der *Ode an die Freude* – obwohl oft behauptet – dagegen eher nicht. Als Teil der Stadtgeschichtlichen Museen Dresden erinnert das **Schillerhäuschen** heute an den Aufenthalt des Dichters am Elbhang. Auf der gegenüberliegenden Straßenseite wurde 1912/13 ein Denkmalbrunnen von Oskar Rassau und Martin Pietzsch errichtet, dessen Reliefs Friedrich Schiller, Christian Gottfried Körner und dessen 1813 im Krieg gegen Napoleon gefallenen Sohn Theodor zeigen.

Vom Körnerplatz die Grundstraße aufwärts stößt man rechter Hand auf ein auffälliges Fachwerkhaus. Um 1880 kaufte Eduard Leonhardi – Tintenfabrikant, Landschaftsmaler und Mäzen – die stillgelegte Hentschelmühle, ließ sie zu einem Atelierhaus umbauen und taufte sie auf den Namen »Rote Amsel«. Selbst ein Schüler Ludwig Richters, förderte er junge Künstler wie Robert Sterl und Max Pietschmann. Die Gestaltung der Fassade mit allerlei Sinnsprüchen und Ornamenten stammt von Charles Palmié. Neben einer Dauerausstellung mit Werken des Spätromantikers Eduard Leonhardi präsentiert das **Leonhardi-Museum** als städtische Galerie vorwiegend

Leonhardi-Museum in der Grundstraße oberhalb des Körnerplatzes

Die barocke Loschwitzer Kirche wurde nach der Wende wieder aufgebaut

zeitgenössische sächsische Kunst. Der 1884 im Garten aufgestellte Gedenkstein ist dem mit dem Loschwitzer Elbhang eng verbundenen Maler Ludwig Richter gewidmet.

In der vom Körnerplatz abgehenden Friedrich-Wieck-Straße stehen mehrere Fachwerkhäuser mit Galerien und Läden von Künstlern und Kunsthandwerkern. Weiter in Richtung Elbe erinnert ein 1869 geschaffenes Marmorrelief im Inneren eines Pavillons – von den Einheimischen »Senfbüchse« genannt – an den Vater des Bildhauers Josef Herrman, der einst zwei Menschen vor den Elbefluten rettete. Im Haus Nr. 10, schräg gegenüber, lebte von 1840 bis 1873 Friedrich Wieck, Vater von Clara und Schwiegervater von Robert Schumann. Am alten Fährgut (heute Restaurant) mit der Jahreszahl 1697 unter der Hausnummer 45 erreichen Sie die Elbe mit Blick zum Blauen Wunder.

Hoch hinaus

Vom Körnerplatz führt die 1895 eingeweihte **Standseilbahn** 95 Höhenmeter hinauf zum *Weißen Hirsch*. Direkt gegenüber der Bergstation liegt der »Balkon Dresdens«, das Traditionslokal *Luisenhof* (► 145). Mit der 1901 eröffneten **Schwebebahn**, einer der ersten Bergschwebebahnen der Welt, gelangen Sie von der Pillnitzer Landstraße ins 84 m höher gelegene Oberloschwitz.

Fachwerkhaus in der Friedrich-Wieck-Straße

Am Hang neben der Talstation der Schwebebahn, 2,50 m über Straßenniveau, steht die 1705 bis 1708 errichtete **Loschwitzer Kirche** von Ratsmaurermeister Johann Christian Fehre und Ratszimmermeister George Bähr. Die barocke Dorfkirche brannte am 13. Februar 1945 aus, nach der Wende erfolgte der originalgetreue Wiederaufbau. 2002 fand der berühmte Nosseni-Altar aus der im Krieg beschädigten und 1962 abgerissenen Dresdner Sophienkirche hier einen würdigen Platz.

KLEINE PAUSE

Der Kuchen der Bäckerei ***Wippler*** ist nicht zu verachten – ob auf die Hand oder im Café bei einer Tasse Kaffee.

Fest der Sinne

Jedes Jahr am letzten Juniwochenende wird zwischen Loschwitz und Pillnitz das **Elbhangfest** zelebriert. Zusammen mit vielen Tausend Gästen feiern die Anwohner auf Straßen und Dorfplätzen, in Gärten und Gasthöfen nichts weniger als das Leben selbst: Mit Konzerten und Open-Air-Theater, Schwein am Spieß und sächsischem Wein, Festumzug, Bootskorso und Feuerwerk.

183 D3 Straßenbahn 6, 12, Bus 61, 83, 85 Schillerplatz, Bus 61, 83; Standseilbahn, Schwebebahn (Körnerplatz)

Schillerhäuschen

183 D4 Schillerstr. 19 Ostern–Sept. Sa/So 10–17 Uhr, Sonderführungen unter Tel. 31 58 10 Spende erbeten www.stmd.de

Leonhardi-Museum

183 D3 Grundstr. 26 268 35 13 Di–Fr 14–18, Sa, So 10–18 Uhr mittel (Fr Eintritt frei) www.leonhardi-museum.de

Loschwitzer Kirche

183 D3 Pillnitzer Landstr. 7a 215 00 50 tägl. 8–18 Uhr (im Winter bis Sonnenuntergang) www.loschwitzer-kirche.de

KÖRNERPLATZ: INSIDER-INFO

Top-Tipp: Auf dem Dach der Bergstation der Schwebebahn gibt es eine **Aussichtsplattform**. Mit dem gläsernen Panoramafahrstuhl geht es in die Höhe: Hier oben ist man dem Himmel wirklich nah!

6 Schloss und Park Pillnitz

Im Osten der Stadt liegt zwischen Weinbergen und Elbe eine der schönsten Schlossanlagen Sachsens. Hier bilden Natur und Architektur eine perfekte Symbiose. In diesen Ort muss man sich einfach verlieben.

Das Neue Palais von Schloss Pillnitz

Eigentlich hätte dies das Schloss der Gräfin Anna Constanze von Cosel, der berühmtesten Mätresse der sächsischen Geschichte, werden können. Doch es kam anders. Nachdem ihr der sächsische Herrscher August der Starke 1706 das Anwesen an der Elbe geschenkt hatte, musste sie es nach dem Ende der Liaison wieder hergeben. Während die Cosel den Rest ihres Lebens – immerhin noch 49 Jahre – in Gefangenschaft auf der nahen Burg Stolpen verbrachte, ließ August in Pillnitz ein Lust- und Spielschloss errichten, das sich zur Sommerresidenz des Dresdner Hofes entwickelte und Besucher damals wie heute in schieres Entzücken versetzt.

Für Kinder

Die lieben Kleinen dürften ihre Freude an den zahlreichen ziemlich kecken Eichhörnchen haben. Füttern sollten sie diese jedoch nicht, denn wie heißt es so schön: »Keep wildlife wild!«

Heitere Architektur

Nach Plänen von Matthäus Daniel Pöppelmann entstanden ab 1720 westlich eines im 16. Jh. errichteten Renaissanceschlosses das **Wasserpalais** und das **Bergpalais**. Eine gotische Kirche musste einem hölzernen Festsaal (»Venustempel«) mit angrenzenden Pavillons weichen. Wasser- und Bergpalais erhielten rund 70 Jahre später unter Oberlandbaumeister Christian Friedrich Exner ergänzende Flügelbauten. Das alte Schloss und der Venustempel fielen 1818 einem Brand zum Opfer. An ihrer Stelle wurde bis 1826 das von Christian Friedrich Schuricht in Anlehnung an die pöppelmannsche Architektur entworfene dreiflügelige **Neue Palais** erbaut, mit einem klassizistischen Kuppelsaal, der Katholischen Kapelle und Wirtschaftsräumen. Seit 2006 ist in diesem Teil der Anlage zudem das **Schlossmuseum** zu Hause. Aus der Zeit vor August dem Starken blieb einzig die **Löwenkopfbastei** erhalten, bestehend aus den Grundmauern eines steinernen Lusthauses und einem elbseitig angebrachten Löwenkopf.

Chinoiserien am Schloss Pillnitz

Das Pillnitzer Schloss gehört zu den architektonischen Kronjuwelen Dresdens. Im – vermeintlich – chinesischen Stil errichtet, sollten die Palaisbauten den Eindruck eines »indianischen Lustschlosses« vermitteln. Die doppelt geschwungenen Dächer, die gartenseitigen Säulenvorhallen mit ihrem reichen Kapitellschmuck und die überaus farbenprächtigen Chinoiserie-Malereien verleihen dem Ensemble einen heiter-exotischen Charakter. Als Hauptzugang konzipiert, wurde der Elbfront des Wasserpalais eine von Zacharias Longuelune entworfene, von Mauern mit steinernen Sphinxen gefasste **Freitreppe** vorgelagert. Von Dresden kommend, legten hier die Gondeln der höfischen Festgesellschaften an.

Kunstgewerbemuseum

Berg- und Wasserpalais beherbergen heute das zu den Staatlichen Kunstsammlungen Dresden gehörende **Kunstgewerbemuseum**. Dass es – ganz zu Unrecht – stets im Schatten seiner berühmteren »Geschwister« im Stadtzentrum steht, mag auch seinem Saisonbetrieb geschuldet sein. Da dem Sommerschloss die Heizung

Freitreppe zur Elbe unterhalb des Wasserpalais mit Sphinx

Englischer Pavillon im Pillnitzer Park

fehlt, ist es nur von Mai bis Oktober geöffnet. Dann sind hier einzigartige Beispiele des regionalen und internationalen Kunsthandwerks aus fünf Jahrhunderten zu besichtigen: von Kostbarkeiten aus den sächsischen Hofwerkstätten über Werke des Dresdner Jugendstils und Maschinenmöbel der Deutschen Werkstätten Hellerau bis hin zu den Kreationen zeitgenössischer Designer aus aller Welt. Eines der berühmtesten Ausstellungsstücke ist der Thron Augusts des Starken.

Kein Mauerblümchen

Die botanische Attraktion des Schlossparks ist die **Pillnitzer Kamelie – Camellia japonica L.** Als vermutlich 30-jährige Pflanze gelangte sie Ende des 18. Jhs. aus Japan über England nach Dresden und wurde 1801 an ihren heutigen Standort gepflanzt. Im Januar 1905 zerstörte ein Feuer bei minus 20 Grad ihr hölzernes Schutzhaus – die Kamelie überlebte unter einem Panzer aus gefrorenem Löschwasser. Seit 1992 verbringt die fast 9 m hohe Pflanze die Winter in einem fahrbaren klimatisierten Glashaus (Eintritt, preiswert). Von Mitte Februar bis April trägt sie rund 35 000 karminrote Blüten.

Gartenkunst

Der Lustgarten zwischen Wasser- und Bergpalais, ab Mitte des 19. Jhs. auf Anregung von Peter Joseph Lenné umgestaltet, geht in den 28 ha großen Schlosspark über.

Dieser trägt die Handschrift ganz verschiedener Auftraggeber und Gartengestalter. Schon die Cosel hat hier Heckenquartiere, die so genannten **Charmillen**, pflanzen lassen. Noch unter August dem Starken entstand bergseitig ein den höfischen Vergnügungen dienendes »Ringrenngebäude«. Seit dem Ausbau zur **Orangerie** in den Jahren 1879/80 dient es als Winterquartier für einige Hundert Kübelpflanzen. Das bis 1861 errichtete **Palmenhaus** galt einst als das größte Gewächshaus Deutschlands.

Im Laufe der Jahrhunderte wurde der Park durch verschiedene Zukäufe erweitert. So entstanden zwischen 1778 und 1804 der **Englische Garten** samt Teich und Pavillon sowie der nach dem Chinesischen Pavillon benannte **Chinesische Garten**.

KLEINE PAUSE

Die Gastronomie im *Schloss Hotel Pillnitz* bietet jedem etwas: Eis auf die Hand, Bratwurst im Biergarten, Kuchen im Café, Abendessen im Restaurant.

Besucherinformation »Alte Wache«
183 südl. F1 · 261 32 60 · Mai–Okt. 9–18 Uhr; Nov.–April 10–16 Uhr
Bus 83 Pillnitzer Platz · www.schloesser-dresden.de

Schlosspark
183 südl. F1 · tägl. 5 Uhr bis Einbruch der Dämmerung

Schlossmuseum
183 südl. F1 · 261 32 60 · April–Okt. Di–So 10–17 Uhr, Nov.–März Sa/So 11, 12, 13, 14 Uhr Rundgänge mit Führung

Kunstgewerbemuseum
Schloss Pillnitz · 49 14 20 00 · Bergpalais Mai–Okt. Di–So 10–18 Uhr; Wasserpalais Mi–Mo 10–18 Uhr · mittel · www.skd-dresden.de

SCHLOSS UND PARK PILLNITZ: INSIDER-INFO

Top-Tipps: In den Sommermonaten finden in Schloss und Park regelmäßig **Konzerte** und andere Veranstaltungen statt.

- **Parkführungen** gibt es von Mai–Oktober tägl. um 11 und 13 Uhr, im April an den Wochenenden. Beachten Sie auch die thematischen Sonderführungen.
- Die Besucherinformation »Alte Wache« führt u. a. Meissener Porzellan, **Souvenirs**, Bücher, sächsischen Wein, außerdem während der Blütezeit Ableger – »Urenkel« – der Pillnitzer Kamelie. Die Läden in der Passage am Fliederhof bieten Erzgebirgsvolkskunst, Antiquarisches, Glaskunst und Tee.
- Im **Schlosspark** sind viele verschiedene Vögel zu Hause. Nehmen Sie ein Bestimmungsbuch mit.
- **Früh am Morgen** haben Sie die Anlage fast für sich allein. Machen Sie die Elbhang-Tour dann einfach von hinten nach vorn.

Nach Lust und Laune!

2 Weißer Hirsch

Das Nobelviertel oberhalb des Blauen Wunders – benannt nach einem nicht mehr existierenden Gasthof – machte sich vor rund 100 Jahren als Kur- und Wohnort der Reichen und Schönen einen Namen. Auch heute leben in den zahlreichen Villen gern Geschäftsleute, Künstler und Akademiker. Der Universalwissenschaftler Manfred von Ardenne führte auf dem »Hirsch« das einzige private Forschungsinstitut der DDR. Dr. Lahmanns physiatrisches Sanatorium war nach 1945 sowjetisches Lazarett und wartet noch immer auf bessere Zeiten. Das benachbarte, einst mondäne Parkhotel (► 146) dient mittlerweile als Partylocation. Vom »Balkon Dresdens«, dem Traditionsrestaurant *Luisenhof* (► 145) ist der Blick über das Elbtal wunderschön.

183 DE 4/5 Straßenbahn 11 Plattleite, Standseilbahn

Archiv mit Ausstellungen

4 Josef-Hegenbarth-Archiv

Von 1921 bis 1962 lebte und arbeitete der Maler und Grafiker Josef Hegenbarth am Elbhang. Seine Witwe vermachte Haus und künstlerischen Nachlass dem Dresdner Kupferstich-Kabinett. In den Räumen im 1. Stock werden jährlich wechselnde Ausstellungen mit Werken des Künstlers gezeigt. Die Wohnräume und das Atelier sind ebenfalls zu besichtigen.

183 D3 Calberlastraße 2 268 33 35 (Di, Do), 49 14 20 00 Do 10–12, 14–16 Uhr, Führungen auf Anfrage Bus 83 Calberlastr. frei www.skd-dresden.de

5 Wachwitz

Etwa 2 km flussaufwärts vom Körnerplatz nähert sich die Pillnitzer Landstraße der Elbe. Hier liegt das 1930 eingemeindete Wachwitz mit sanierten Umgebinde- und Fachwerkhäusern sowie lauschigen Biergärten mit Elbblick. Am Elbhang nördlich des Ortes stehen die Königliche Villa des letzten Dresdner Monarchen und das in den 1930er-Jahren für dessen Sohn Friedrich Christian erbaute Schloss Wachwitz. Der ab 1970 angelegte Rhododendrongarten gehört zu den bedeutendsten seiner Art in Europa und lockt während der Blütezeit im Mai/Juni zahlreiche Besucher an. Direkt an der Bushaltestelle in der Pillnitzer Landstraße steht das 1897/98 von Martin Pietzsch erbaute Künstlerhaus: Wohnungen und Ateliers im Stil der Reformarchitektur.

183 EF 1/2 Bus 83 Künstlerhaus, Josef-Hermann-Str., Altwachwitz

7 Weinbergkirche »Zum Heiligen Geist«

In den Weinbergen oberhalb des Pillnitzer Schlosses ließ August der Starke nach Entwürfen Matthäus Daniel Pöppelmanns ab 1723 ein evangelisches

Gotteshaus errichten – als Ersatz für die auf seinen Befehl abgebrochene Schlosskirche. Taufstein und Spätrenaissancealtar der alten Kirche fanden dort Platz. Der Barockbau mit seinen hohen Fenstern, dem steilen Walmdach und einem Glockenturm

Carl-Maria-von-Weber-Museum

wurde in den 1990er-Jahren restauriert. Hier finden Gottesdienste, Ausstellungen und andere Veranstaltungen statt.

183, südl. F1 Bergweg 3 261 85 77 Mai–Sept. Sa, So 13–17 Uhr Bus 83 Rathaus Pillnitz www.weinbergkirche.de

8 Schifferkirche »Maria am Wasser«

Seit über 600 Jahren steht das mehrfach umgebaute Gotteshaus am Ufer der Elbe und diente deshalb oft auch den Andachten der Schiffer und Treidler. Ihre heutige Gestalt mit dem barocken Dachreiter und der charakteristischen Turmzwiebel erhielt die Kirche 1774. Von Mai bis September werden regelmäßig Konzerte angeboten.

183, südl. F1 Kirchgasse 6 261 83 30 April bis Okt. bei schönem Wetter Bus 83 Van-Gogh-Straße www.maria-am-wasser.de

9 Carl-Maria-von-Weber-Museum

Bei einem Spaziergang mit seiner Frau im Frühjahr 1818 entdeckte der Komponist und Musikdirektor der Dresdner Oper das Winzerhaus in Hosterwitz. Von 1822 bis 1824 diente es als Sommerhaus der Familie, hier entstanden die *Aufforderung zum Tanz* sowie die Opern *Der Freischütz*, *Euryanthe* und *Oberon*.

Das kleine Museum gibt Auskunft über Leben und Werk Carl Maria von Webers. In Musikzimmer und Garten finden Konzerte und Vorträge statt.

183, südl. F1 Dresdner Straße 44, Dresden-Hosterwitz 261 82 34 Mi–So 13–18 Uhr Bus 83 Van-Gogh-Straße mittel, Fr ab 21 Uhr frei www.museen-dresden.de

Schifferkirche »Maria am Wasser« nahe Pillnitz

Wohin zum ... Essen und Trinken?

Preise
Die Preisangaben gelten pro Person für ein Hauptgericht ohne Getränke.
€ unter 10 Euro **€€** 10–20 Euro **€€€** über 20 Euro

Café Toscana €

Der Klassiker unter den Dresdner Cafés. Namensgeberin war – vor über einem Jahrhundert – Luise von Toscana, in Ungnade gefallene sächsische Kronprinzessin. Drei Jahre nach der Schließung 1989 übernahm das Radeberger Familienunternehmen Eisold die angeschlagene Kaffeehaus-Legende und machte daraus wieder eine der besten Adressen für Kuchen, Torten und feine Pralinés. Besonders beliebt: der Wintergarten, die Terrasse und der Blick auf Dresdens schönste Brücke.

182 C3 Schillerplatz 7 310 07 44 Mo–Sa 9–19, So 11–19 Uhr Straßenbahn 6, 12, Bus 61, 83, 85 Schillerplatz

Clara das WeinCafé €

Warme Farben, schlichte Möbel, Kaffeeduft: Das nach Robert Schumanns Ehefrau Clara benannte kleine Café ist eine Oase des guten Geschmacks. Wer bei einem Spaziergang vom Regen überrascht wird, kann hier bei heißem Holundersaft auf die Sonne warten.

183 D3 Friedrich-Wieck-Str. 20 266 67 04 Mo–Fr 17–24, Sa 12–24, So 9.30–24 Uhr Bus 61, 83 Körnerplatz

Demnitz-Elbegarten €

Unterm Kastanienbaumdach dieses fast schon legendären Biergartens im Schatten des Blauen Wunders versammelt sich vor allem jüngeres Publikum bei Radeberger und Cider, Knobibrot und Thüringer Rostbratwurst.

183 D3 Friedrich-Wieck-Straße 18 210 64 43 während der Biergartensaison Mo–Fr 12–23, Sa, So 11–23 Uhr Bus 61, 83 Körnerplatz

Elbterrasse €–€€

Beliebtes Ausflugslokal an der Straße nach Pillnitz. Auf der Speisekarte neben Fisch und Vegetarischem jede Menge Deftiges: z. B. Wurstsalat, Wildgulasch und Kaninchenrücken. Im Sommer sitzt man draußen im Biergarten direkt an der Elbe.

183 E1 Altwachwitz 14 26 96 10 tägl. 11–24 Bus 83 Altwachwitz

Erbgerichtsklause €

Von der gemütlichen kleinen Wirtschaft und dem lauschigen Biergarten aus kann man bei Hausmachersülze mit Bratis oder einer deftigen Bratwurst vom Grill die Fähre beobachten, die hier unweit der Carolabrücke unermüdlich den Fluss kreuzt.

183 F1 Pillnitzer Landstr. 170 263 23 63 Mo–Fr 18–24, Sa, So 12–24 Uhr Bus 83 Moosleite

Il Camino €€

Im 1697 erbauten Alten Fährgut Loschwitz unmittelbar an der Elbe in der Nähe des Blauen Wunders duftet es nach Süden: Hier hat Italien mit seiner vielfältigen Küche Einzug gehalten. Das Ambiente ist geschmackvoll und gemütlich, das Publikum kommt aus der ganzen Welt: So kann man einen Elbhang-Tag ausklingen lassen.

183 D3 Friedrich-Wieck-Straße 45 265 65 11 Mo–Fr 11–15, 17–23, Sa/So 11–23 Uhr Bus 61, 83 Körnerplatz

Körnergarten €
Der Name geht nicht – wie manche Gäste zunächste vermuten – auf die ortsansässige Dichterdynastie sondern die Wirtsfamilie Körner zurück, welche das Lokal im Jahr 1897 übernahm. Heute gehört das Gasthaus mit seinem Biergarten längst zum Inventar des Elbhangs. Die Küche ist bodenständig, die Preise sind moderat.

183 D3 · Friedrich-Wieck-Str. 26 · 268 36 20 · tägl. 11–24 Uhr · Bus 61, 83 Körnerplatz

Luisenhof €–€€
Genießen Sie die Aussicht an einem Tisch am Fenster vom »Balkon Dresdens«. Nach einigen Nachwende-Turbulenzen ist das 1895 eröffnete Traditionsrestaurant oberhalb des Blauen Wunders mittlerweile auf dem richtigen Weg – mit einer Küche zwischen regional und international, eigener Patisserie und gutem Service. Sonntags Brunch.

183 D4 · Bergbahnstr. 8 · 214 99 60 · Mo–Sa 11–1, So 10–24 Uhr · Straßenbahn 11 Plattleite, Standseilbahn

SchillerGarten €–€€
Namenspatron Friedrich Schiller soll hier damals der »Gustel von Blasewitz« (► 135) begegnet sein. Nach Elbehochwasser und gründlicher Sanierung wurde das Lokal mit Café, Restaurant und Biergarten (1000 Plätze!) wieder eröffnet. Exklusiv für den *SchillerGarten* belebte die Feldschlösschen-Brauerei das zu DDR-Zeiten beliebte Männel-Bier wieder.

182 C3 · Schillerplatz 9 · 811 99 22 · tägl. 11–1 Uhr · Straßenbahn 6, 12, Bus 61, 83, 85 Schillerplatz

Schloss Eckberg €€
Zwei junge Köche – Martin Thomas und Stephan Mießner als Doppelspitze am Herd – bringen frischen Wind in das alte Schloss. Ihre ideenreichen Kreationen bezaubern wie die Räume, in denen sie sie servieren. Schöne Aussicht über die Stadt.

182 C4 · Bautzner Str. 134 · 809 91 93 · tägl. 11–23.30 Uhr · Straßenbahn 11 Elbschlösser

Schloss-Hotel Pillnitz €–€€
Die nach der Wende neu aufgebaute Schlossschänke muss vielen Ansprüchen gerecht werden und schafft dies mit Biergarten, Café und deutsch-französischer Kochkunst im noblen Kaminrestaurant.

183 südl. F1 · August-Böckstiegel-Str. 10 · 261 40 · Café/Bistro tägl. 10–22 Uhr; Kaminrestaurant Mo–Sa 18–22 Uhr · Bus 83 Pillnitzer Platz

Villa Marie €€
Toskanisches Flair mit Blick auf den Elbhang und das Blaue Wunder. Die Villa überzeugt mit mediterran-schlichtem Ambiente und den einfachen Freuden der italienischen Küche. Sonntags trifft man sich hier zum Brunch.

182 C3 · Fährgässchen 1 · 31 54 40 · tägl. 11.30–1 Uhr · Straßenbahn 6, 12, Bus 61, 83, 85 Schillerplatz

Wohin zum ... Einkaufen?

WEISSER HIRSCH

Rund um das alte Parkhotel gibt es ein paar lohnenswerte Geschäfte. In der **Kunsthandlung Kühne** (Plattleite 68) finden Sie viele Werke Dresdner Künstler des 18.–20. Jhs. und Möbel von Barock bis Biedermeier.

Der **Grünschnabel** (Bautzner Landstr. 20) ist ein echter »Wohlfühlladen«, mit alten Kacheln an den Wänden und Feinkost, duftenden Accessories fürs Bad sowie allerlei romantischen Tisch- und Küchenutensilien in den Regalen. Nicht zuletzt befindet sich auf dem »Hirsch« mit **Foto Wolf** (Bautzner Landstr. 11b) das schon seit Jahrzehnten beste Fotofachgeschäft der Stadt.

SCHILLERPLATZ

Seit der 2000 erfolgten Eröffnung des **Schillergalerie-Shoppingcenters** (Loschwitzer Str. 52a) scheint der Schillerplatz aus dem Dornröschenschlaf erwacht zu sein und sich wieder zu einer guten Einkaufsadresse zu entwickeln. In den Seitenstraßen findet man u. a. Geschäfte für Mode, Schmuck, Spielzeug oder Bücher. Am Blauen Wunder wird Dienstag und Donnerstag von 9 bis 18 Uhr sowie Samstag von 8 bis 12 Uhr ein Wochenmarkt abgehalten.

KÖRNERPLATZ UND FRIEDRICH-WIECK-STRASSE

Auf der Suche nach originellen Mitbringseln werden Sie garantiert in den Läden der Friedrich-Wieck-Str. – u. a. **Loschwitzer Kunststube** (Nr. 3), **Kunsthandlung Loschwitzhof** (Nr. 5), **Keramik am Körnerplatz** (Nr. 7), **Goldschmiede Constanze Maria Makolies** (Nr. 11) – und rund um den Körnerplatz bei **Conform** (Nr. 7), **Titanblau – Galerie** für Schmuck (Nr. 10) und **Kunsthandel am Blauen Wunder** (Nr. 8) fündig. Hier entdecken Sie Kunsthandwerk und Antiquitäten. Die Sehnsucht nach der »guten alten Zeit« und einem Wohnambiente mit Stil wecken die **Lampenmanufaktur** (Pillnitzer Landstr. 2) mit historischen Lampen und Beschlägen sowie **Loop** (Dammstr.1) mit geschmackvollen Accessoires und **Drinnen & Draußen** (Schillerstr. 1) mit Gartenantiquitäten. Der **Sweetwater Recordstore** (Friedrich-Wieck-Str. 4) ist der Jazz-Spezialist unter Dresdens Plattenläden. Mehrere Galerien haben Werke zeitgenössischer sächsischer Künstler des 20. Jhs. im Programm: **Galerie am Blauen Wunder** (Pillnitzer Landstr. 2), **Galerie am Damm** (Körnerplatz 10) und **Galerie Hieronymus** (Friedrich-Wieck-Str. 11). Im Advent verwandelt sich die Friedrich-Wieck-Straße in einen stimmungsvollen **Weihnachtsmarkt**.

Wohin zum ... Ausgehen?

Auf **Schloss Albrechtsberg** finden Meisterkonzerte, Kammerkonzerte der Dresdner Philharmonie und Aufführungen verschiedener Musik(hoch)schulen statt. Gelegentlich lädt der Förderverein Dresdner Philharmonie zu **Musikalischen Picknicks**. Lebens(t)räume-Messen bereichern das Veranstaltungsprogramm (Infos/Tickets: Ticketcentrale im Kulturpalast, Tel. 486 66 66, Schloss: Tel. 811 58 21).
Über die Veranstaltungen im **Lingnerschloss** informiert der Förderverein Lingerschloss e.V. (Tel. 646 53 82, www.lingnerschloss.de).

Von Mai bis Oktober bittet die Sommerwirtschaft **Saloppe** (Brockhausstr. 1, Tel. 0172/353 25 86, www.saloppe.de) zwei- bis dreimal wöchentlich das Partyvolk ins Grüne – Biergarten meets Minidisko. Im Blauen Salon des **Parkhotels** (Bautzner Landstr. 7, wechselnde Veranstalter) trifft sich am Wochenende die House-Gemeinde, an den Turntables mal Weltstars, mal lokale Helden. Jährliches Highlight ist der **Hutball** (www.hutball.de) im März, für den auch der Ballsaal geöffnet wird. Die **Kakadu-Bar** (Tel. 205 01 50, www.kakadubar.de) – das schon zu DDR-Zeiten legendäre Etablissement – ist wieder auferstanden! Einmal wöchentlich wird zur Tangonacht in den Ballsaal des **Gare de la lune** (Pillnitzer Landstraße 148, Tel. 267 85 54, www.gare-de-la-lune.de) geladen.

Im **KulturHaus Loschwitz** (Friedrich-Wieck-Str. 6, Tel. 26 66 655, www.kulturhaus-loschwitz.de) stehen u. a. Lesungen, Konzerte, Filmabende sowie Veranstaltungen für Kinder und Jugendliche auf dem Programm, in der **Alten Feuerwache** (www.feuerwache-loschwitz.de) veranstaltet ein Kunst- und Kulturverein Ausstellungen und Konzerte.

Ausflüge

Sächsische Schweiz 148
Meißen 153
Moritzburg 156
Bautzen – Budyšin 158
Radebeul 160

Dresden liegt inmitten eines alten Kulturraumes. Im Umkreis von weniger als einer Autostunde trifft man auf mittelalterliche Städte, prächtige Schlösser und eine der zauberhaftesten Mittelgebirgslandschaften Deutschlands.

Sächsische Schweiz

Mit seinen Tafelbergen und zerklüfteten Felsen, mit tiefen Schluchten und klaren Bächen, spektakulären Aussichten und beschaulichen Kurorten zieht das Elbsandsteingebirge im Südosten der sächsischen Landeshauptstadt jedes Jahr Hunderttausende Besucher in seinen Bann.

Seite 147: Kletterer auf den Herkulessäulen

Im Sommer 1766 wanderten die Schweizer Maler Anton Graff und Adrian Zingg von Dresden die Elbe aufwärts. Die urwüchsige Gebirgswelt hinter Pirna erinnerte sie an den Schweizer Jura – so kam die Sächsische Schweiz zu ihrem Namen. Zusammen mit der Böhmischen Schweiz jenseits der deutsch-tschechischen Grenze bildet sie das Elbsandsteingebirge. Aus einer auf dem Boden eines Kreidezeitmeeres entstandenen 600 m starken Sandsteinplatte schufen Flüsse und Bäche hier über Jahrmillionen eine an Formen reiche einzigartige Felslandschaft.

Die Sächsische Schweiz ist ein Paradies für Kletterer; 1864 wurde die erste Bezwingung eines Felsens dokumentiert. Heute führen 18 500 Kletteraufstiege auf über 1100 Gipfel. Sachsen gilt gar als Ursprungsland des Freeclimbing: Seit 1910 folgt man hier den Grundsätzen des »freien Kletterns« ohne künstliche Hilfsmittel, Seile sind nur zur Sicherung erlaubt. Wanderer und Naturliebhaber schätzen die regionale Flora und Fauna und das über 1000 km umfassende Wegenetz, und auf dem gut ausgebauten Elberadweg (www.elberadweg.de) lässt sich die Sächsische Schweiz mit dem Fahrrad durchqueren.

Gewölbe in der Pirnaer Marienkirche

Pirna

Das »Tor zur Sächsischen Schweiz«. Die historische Altstadt ist ein mittelalterliches Kleinod, *Der Marktplatz zu Pirna* noch immer nahezu so zu erleben, wie er von Canaletto vor 250 Jahren gemalt wurde. In der Mitte des Platzes steht das 1396 erstmals erwähnte **Rathaus** mit seinen gotischen Portalen, den Renaissancevolutengiebeln und dem barocken Turm. Im Haus Am Markt 7, dem **Canalettohaus**, befindet sich heute der Pirnaer TouristService. Überragt wird das 500 Jahre alte Baudenkmal von der **Stadtkirche St. Marien**, einer 1502–46 errichteten spätgotischen Hallenkirche mit filigranen Netzgewölben und einer original erhaltenen Ausmalung. In den angrenzenden Straßen findet man stattliche Bürgerhäuser mit Giebeln und Erkern, Sitznischenportalen und reizvollen Höfen.

Das **Stadtmuseum** im Kapitelsaalgebäude eines um 1300 gegründeten und im Zuge der Reformation aufgelösten Dominikanerklosters präsentiert Ausstellungen zur Stadtgeschichte.

Bastei und Kurort Rathen

Der meistbesuchte Felsen der Sächsischen Schweiz, die Bastei, erhebt sich 190 m über die Elbe. Von Lohmen oder Rathewalde kommend, erreicht man sie über die Basteistraße, in Spitzenzeiten per Shuttle-Bus. Zu einem Bastei-Besuch gehört neben dem Blick von der Aussichtsplattform und einer Stärkung im *Panoramarestaurant* (Tel. 03 50 24/77 90, April–Okt. tägl. 10–23 Uhr; Nov.–März tägl. 10–17 Uhr) ein Spaziergang über

Weihnachtsmarkt auf dem Marktplatz in Pirna

Nationalpark Sächsische Schweiz

Noch unter der letzten DDR-Regierung wurden 1990 zwei räumlich getrennte rechtselbische Gebiete der Sächsischen Schweiz zum Nationalpark erklärt, 2000 kam ein angrenzendes Gebiet in der Böhmischen Schweiz hinzu. In den Kernzonen ist das Wandern nur auf gekennzeicheten Wegen gestattet.

die 1851 errichtete steinerne **Basteibrücke**, Wahrzeichen der Sächsischen Schweiz. Ein Rundweg durch die Reste der 1261 erstmals erwähnten **Felsenburg Neurathen** bietet Einblicke in die frühe Geschichte der Region und Ausblicke auf die benachbarten Felsen mit Namen wie *Mönch*, *Lokomotive* oder *Höllenhund*.

1000 km Wanderwege

Bei ausreichend Zeit und Muße lohnt ein Abstecher nach Rathen. Zwei Wege verbinden den 500-Seelen-Kurort an der Elbe mit der Bastei. Die kürzere Route führt nach Basteibrücke und Felsenburg Neurathen vorbei an mehreren Aussichtspunkten ins Tal, auf der etwas längeren geht es durch die wildromantischen **Schwedenlöcher**. Im Amselgrund bildet der Grünbach den Amselfall und den Amselsee. Die **Felsenbühne Rathen** ist eine Spielstätte der Landesbühnen Sachsen und »Europas schönstes Naturtheater«. Zum traditionellen Repertoire gehören Carl Maria von Webers *Freischütz* und Stücke nach Karl May. Wer als Tagestourist ohne »Umweg« über die Bastei nach Rathen will, muss mit S-Bahn oder Auto das linkselbische Oberrathen ansteuern und mit der Fähre nach Niederrathen übersetzen.

Die Basteibrücke ist ein Wahrzeichen der Sächsischen Schweiz

Kurort Rathen

Festung Königstein

Ende des 16. Jhs. begann der Ausbau einer ehemalig böhmischen Burg zur Landesfestung der Wettiner. Im Laufe der Jahrhunderte diente der militärisch nie bezwungene Königstein als Verteidigungsanlage, Zuflucht für die sächsischen Herrscher samt Staatsschatz, Kriegsgefangenenlager und Staatsgefängnis. Zar Peter I., Friedrich Wilhelm I. und Napoleon weilten hier, unfreiwillige »Gäste« waren u. a. Johann Friedrich Böttger, Michail Bakunin und August Bebel. Seit 1955 ist das 9,5 ha große Festungsareal militärhistorisches Freilichtmuseum – mit alten Burganlagen und Zeughäusern, mit Garnisonskirche, Kasematten und dem ältesten erhaltenen deutschen Kasernenbau von 1589/90. Ein Rundgang entlang der 2,2 km langen Brustwehr bietet atemberaubende Ausblicke in die Umgebung und führt vorbei am Hungerturm sowie der Friedrichsburg mit der rekonstruierten »Tischlein-deck-Dich«-Tafel. In der historischen **Festungsbäckerei** werden Brot und Kuchen gebacken, und *In Den Kasematten* kann man **Kulinarische Zeitreisen** (nach Anmeldung, Tel. 03 50 21/644 44) erleben. An den Adventswochenenden gibt es alljährlich einen stimmungsvollen **Weihnachtsmarkt**.

Romantische Schluchten und ursprüngliche Natur in den »Schwedenlöchern«

Die zu Füßen der Festung an der Mündung der Biela in die Elbe gelegene Stadt Königstein empfiehlt sich als Ausgangspunkt für Abstecher in das malerische **Bielatal** und zu einigen der bekanntesten Felsmassive der Sächsischen Schweiz – dem **Quirl**, dem **Pfaffenstein** mit der frei stehenden 43 m hohen Felsnadel **Barbarine** und dem majestätischen **Lilienstein** auf der gegenüberliegenden Elbseite.

Festung Königstein

Bad Schandau

Seit Beginn des 19. Jhs. erholen sich in dem beschaulichen rechtselbischen Städtchen Kur- und Badegäste. Am Markt steht die 1709 gebaute **St. Johanneskirche** mit ihrem ursprünglich für die Dresdner Kreuzkirche geschaffenen Renaissancealtar. 1904 ließ Rudolf Sendig, Hotelier und seinerzeit der bedeutendste Förderer des Fremdenverkehrswesens der Stadt, einen 50 m hohen frei stehenden Turm errichten, dessen noch heute betriebener **Historischer Personenaufzug** zur **Ost-**

rauer Scheibe mit ihren prächtigen Holzvillen führt. Im **Nationalparkzentrum** informieren interaktive Ausstellungen über die Nationalparkregion Sächsische Schweiz.

Eine elektrische Straßenbahn, die **Kirnitzschtalbahn** (9.30–17.30 Uhr halbstündlich, im Winter ca. stündlich), verkehrt seit 1898 von Bad Schandau durch das Tal der Kirnitzsch. Endstation ist der durch Aufstauen eines Baches erzeugte **Lichtenhainer Wasserfall** neben dem gleichnamigen Ausflugslokal (Tel. 03 59 71/537 33, Ostern–Okt. tägl. 9–22 Uhr; Nov außer Mi, Do; 25. Dez–3./4. Jan.).

Von Bad Schandau aus kann man Wanderungen und Klettertouren im **Schrammsteingebiet** oder Ausflüge in die **Böhmische Schweiz** (Grenzübergang Schmilka–Hrensko) unternehmen.

Nationalpark Sächsische Schweiz
An der Elbe 4 (Bad Schandau) (03 50 22) 90 06 00 www.nationalpark-saechsische-schweiz.de

Felsenbühne Rathen
Wehlgrund (03 51) 895 42 14, (03 50 24) 77 70 Theaterkasse in der Saison tägl. 9–17 Uhr und zu den Abendvorstellungen www.dresden-theater.de

Festung Königstein
(03 50 21) 646 07 April–Sept. tägl. 9–20 Uhr; Okt. tägl. 9–18 Uhr; Nov.–März tägl. 9–17 Uhr; letzter Einlass eine Stunde vor Schließung mittel www.festung-koenigstein.de

Historischer Personenaufzug Bad Schandau
Rudolf-Sendig-Str. Mai–Sept. tägl. 9–19 Uhr; April und Okt. tägl. 9–18 Uhr; Nov.–März Di–So 9–17 Uhr preiswert

Nationalparkzentrum Sächsische Schweiz
Dresdner Str. 2b, Bad Schandau (03 50 22) 502 30 April–Okt. tägl. 9–18 Uhr; Nov.–März Di–So 9–17 Uhr mittel www.saechsische-landesstiftung.de

Anfahrt: 20–40 km südöstlich vom Dresdner Stadtzentrum; mit dem Auto über A 17 und B 172; S-Bahn S 1 Pirna, Königstein, Kurort Rathen, Bad Schandau; Dampfer. Zur Festung Königstein: Anreise mit dem Festungsexpress von Königstein (Reißiger Platz) oder Auto zum Parkplatz unterhalb der Festung, von dort zu Fuß oder mit Bimmelbahn zum Eingang (Fahrstuhl)

Bizarre Felslandschaften und atemberaubende Ausblicke

Meißen

Die heutige Wein- und Porzellanstadt ist die Wiege Sachsens. Während seines Feldzuges gegen die Slawen gründete König Heinrich I. 929 hier an der Elbe die Burg Misni. 160 Jahre später fiel die Markgrafschaft Meißen an die Wettiner, die bis 1918 über Sachsen herrschen sollten.

Auf dem Burgberg, hoch über der Stadt und dem Fluss, thronen der **Dom zu Meißen** und die **Albrechtsburg**, der erste Schlossbau im deutschsprachigen Raum. 1470 erteilten die gemeinsam regierenden Brüder Ernst und Albrecht von Wettin dem Baumeister Arnold von Westfalen den Auftrag zur Errichtung eines repräsentativen Herrschaftssitzes mit genug Platz für zwei Hofhaltungen. Nach der Landesteilung in eine ernestinische und eine albertinische Linie verlor die neu erbaute Residenz jedoch an Bedeutung. 1710 quartierte August der Starke die gerade gegründete erste europäische Porzellanmanufaktur in den Räumen der Albrechtsburg ein. Nach der Verlagerung der Porzellanproduktion wurde das Schloss 1881 als Museum der Öffentlichkeit zugänglich gemacht.

Albrechtsburg und Dom über der Elbe

Die spätgotische Architektur mit ihren Vorhangbogenfenstern und den kunstvollen Zellengewölben hat die Jahrhunderte ohne nennenswerte Veränderungen überdauert. Besonders beeindruckend ist der **Große Wendelstein**, ein der Hoffassade vorgelagerter Treppenturm. Aus dem 19. Jh. stammen die gesamte Innenausstattung und die umfangreiche Ausmalung mit Historienbildern. Die Ausstellung »Schaff Gold, Böttger« informiert über die Geschichte des europäischen Porzellans. Außerdem präsentieren die Staatlichen Kunstsammlungen Dresden hier

Fummelei

Die Legende besagt, dass zwischen Meißen und Dresden einst ein kurfürstlicher Kurier verkehrte, der allzu gern dem Meißner Wein zusprach und sich deshalb nur mit Mühe im Sattel halten konnte. Der Kurfürst orderte darauf bei der Meißner Bäckerzunft ein leicht zerbrechliches Gebäck, welches besagter Kurier nach der Ankunft unversehrt vorzuzeigen hatte – der **Meißner Fummel** war geboren. Noch heute wird diese überwiegend aus Luft bestehende Spezialität von der Konditorei Zieger (Rote Stufen 5) hergestellt.

und im benachbarten Dom mittelalterliche Skulpturen. Sonderausstellungen, thematische Führungen, Konzerte und Mittelalterfeste bilden das vielfältige Veranstaltungsprogramm.

Der **Dom zu Meißen** ist ein Meisterwerk der Gotik, zwischen 1250 und 1400 erbaut. Die beiden 87 m hohen Westtürme, Wahrzeichen der Stadt, wurden erst 1908 vollendet. Vor der Westfassade mit dem reich geschmückten Portal befindet sich die im 15. Jh. angefügte Begräbniskapelle der Wettiner, südlich des Hohen Chores der Kreuzgang mit seinem schönen Zellengewölbe. Von herausragender künstlerischer Bedeutung sind das Altartriptychon aus der Werkstatt von Lukas Cranach d. Ä. und die sieben Skulpturen des Naumburger Meisters, darunter die Stifter des Bistums Meißen, Kaiserin Adelheid und Kaiser Otto I. Wer sich einmal wie der Glöckner von Notre-Dame fühlen möchte, sollte an einer der Turmführungen teilnehmen.

Im Hof des Traditionsrestaurants *Vincenz Richter*

Alte Häuser, Wein und Porzellan

Zu einem Meißen-Besuch gehört natürlich auch ein ausgiebiger Bummel durch die verwinkelten Gassen und über die Treppen der mittelalterlichen Stadt. Am Markt steht neben restaurierten Renaissancebürgerhäusern das spätgotische **Rathaus** mit seinem hohen Dach und den drei Zwerchgiebeln. Vom Turm der 1457 errichteten **Frauenkirche** in der Südwestecke des Platzes erklingt das älteste Porzellanglockenspiel der Welt. Eine Institution ist das neben der Kirche gelegene fast 500 Jahre alte Restaurant *Vincenz Richter*. Hier werden deftige Speisen und Meißner Wein aufgetragen – und den Gästen in der hauseigenen Folterkammer auch schon mal »die Instrumente gezeigt«.

Bekannt in der ganzen Welt: Meissener Porzellan

Das **Meissener Porzellan®** gilt als eine der ältesten und bekanntesten Marken der Welt. Nach der »Erfindung« des europäischen Hartporzellans

Renaissancehäuser am Markt

durch den Apothekergehilfen Johann Friedrich Böttger und den Naturforscher Ehrenfried Walther von Tschirnhaus im Jahr 1708 gründete August der Starke 1710 die **Porzellan-Manufaktur Meissen**. Seit dem Auszug aus der Albrechtsburg erfolgt die Produktion des »Weißen Goldes« mit den gekreuzten Blauen Schwertern im Meißner Triebischtal. Aus der mehr als 20 000 Stücke umfassenden Sammlung des manufaktureigenen Porzellanmuseums werden 3000 Exponate aus drei Jahrhunderten in der Schauhalle präsentiert. In den Schauwerkstätten können die Besucher die Entstehung des Meissener Porzellans in traditioneller Handarbeit beobachten und Drehern, Formern und Porzellanmalern über die Schultern schauen. Seit 2005 ergänzt ein modernes Besucherzentrum das Porzellanmuseum – mit Veranstaltungsräumen, Fachgeschäft, Café und Restaurant.

Der Marktplatz in Meißen vom Turm der Frauenkirche

Albrechtsburg
✉ Domplatz 1 ☎ (035 21) 470 70 ◷ März–Okt. tägl. 10–18 Uhr; Nov.–Feb. tägl. 10–17 Uhr; 15.–31. Jan. nur am Wochenende ✋ mittel (Kombiticket mit Dom) ? www.albrechtsburg-meissen.de

Dom zu Meißen
✉ Domplatz 7 ☎ (035 21) 45 24 90 ◷ April–Okt. tägl. 9–18 Uhr; Nov.–März tägl. 10–16 Uhr; Turmführungen April–Okt. 13–16 Uhr stündlich; Orgelmusik Mai–Okt. Mo–Sa 12–12.20 Uhr, Domkonzerte Mai–Okt. Sa 18 Uhr ✋ preiswert (Kombiticket mit Schloss) ? www.dom-zu-meissen.de

Vincenz Richter – Restaurant und Weingut
✉ An der Frauenkirche 12 ☎ (035 21) 45 32 85 ◷ Di–So ab 12 Uhr ? www.vincenz-richter.de

Staatliche Porzellan-Manufaktur Meissen
✉ Talstr. 9 ☎ (035 21) 46 82 08 ◷ Mai–Okt. tägl. 9–18 Uhr; Nov.–April tägl. 9–17 Uhr ✋ teuer ? www.meissen.de

Anfahrt: 25 km westlich vom Dresdner Stadtzentrum; mit dem Auto über B 6 (Parkplätze an der Elbe); S-Bahn S1, Dampfer.

Moritzburg

Inmitten einer reizvollen Landschaft aus sanften Hügeln, lauschigen Wäldern und künstlich angelegten Teichen liegt Moritzburg, eines der beliebtesten Ausflugsziele der Dresdner.

Majestätisch erhebt sich das **Schloss Moritzburg** mit seinen vier stattlichen Rundtürmen über dem Schlossteich. Im Auftrag Augusts des Starken und entworfen von dessen Haus- und Hofarchitekten Pöppelmann, entstand das barocke Jagd-

Das Schloss Moritzburg liegt inmitten eines künstlich angelegten Teiches

und Lustschloss ab 1723 aus einer im 16. Jh. unter Herzog Moritz von Sachsen errichteten Anlage. Das Schlossmuseum beeindruckt mit weitgehend original erhaltenen Räumen, der weltweit größten Kollektion historischer Ledertapeten und einer umfangreichen Jagdtrophäensammlung. Eine kunsthandwerkliche Kostbarkeit von europäischem Rang ist das **Moritzburger Federzimmer** Augusts des Starken. Das Prachtbett und die Wandteppiche aus Zehntausenden Hühner-, Enten-, Pfauen- und Fasanenfedern kehrte 2003 nach fast zwei Jahrzehnten Restaurierung an seinen angestammten Platz zurück.

Die das Schloss umgebende Terrasse ist mit zahlreichen Sandsteinskulpturen geschmückt, im Norden schließt sich ein barocker Park mit Kavaliershäusern an. Das rund 2 km östlich gelegene **Fasanenschlösschen** im Chinoiseriestil wurde 1770–76 unter Friedrich August III., einem Enkel Augusts des Starken, erbaut (Besichtigung im Rahmen von Führungen: Mai–Sept. tägl. 10–18, April, Okt. 10–18 Uhr). Der nahe gelegene Großteich bekam einen **Hafen mit Mole und Leuchtturm** als Kulisse für die maritimen Vergnügungen des Hofes.

Kultur und Natur

Die Grafikerin und Bildhauerin Käthe Kollwitz verbrachte die letzten Monate bis zu ihrem Tod im April 1945 in Moritzburg. Das **Käthe Kollwitz Haus** erinnert mit einer kleinen grafischen Sammlung, Fotografien und Dokumenten an die Künstlerin.

Unweit des Moritzburger Schlosses ließ Kurfürst Johann Georg IV. Ende des 17. Jhs. einen Tiergarten anlegen. Die rund 200 Bewohner des heutigen naturnah gestalteten **Wildgeheges** – Rot- und Damwild, Wölfe, Elche und Luchse – brauchen schießwütige Jagdgesellschaften nicht zu fürchten. Outdoorspaß bieten der **Abenteuerpark** im Wildgehege (www.abenteuerpark-moritzburg.de) und der **Hochseilgarten** am Mittelteich (www.hochseilgarten-moritzburg.de).

Mehr als 30 000 Zuschauer erleben an drei Septemberwochenenden die **Hengstparaden** des Landgestüts Moritzburg: ein dreistündiges Programm mit historischen Schaubildern, berittenem Fanfarenzug, Dressurquadrille und 16-spänniger Postkutsche.

Jedes Jahr im August findet das **Moritzburg Festival**, ein international renommiertes Kammermusikfest, statt.

Fasanenschlösschen

Die Moritzburger Hengstparade ist ein Besuchermagnet

Schloss Moritzburg

(03 52 07) 87 30 April–Okt. tägl. 10–17.30 Uhr; Nov., Dez., Feb., März Di–So 10–16 Uhr stündlich Rundgänge; Jan. Sa, So 10–16 Uhr stündlich Rundgänge mittel www.schloss-moritzburg.de

Käthe Kollwitz Haus

Meißner Str. 7 (03 52 07) 828 18 April–Okt. Mo–Fr 11–17, Sa, So 10–17 Uhr; Nov.–März Di–Fr 12–16, Sa, So 11–16 Uhr mittel www.kollwitz-moritzburg.de

Wildgehege

Fasanerie 4 (an der Straße nach Redeburg) (03 52 07) 814 88 März–Okt. tägl. 10–18 Uhr; Nov., Dez. tägl. 9–16 Uhr; Jan., Feb. Sa, So sowie in den Winterferien tägl. 9–16 Uhr preiswert

Landgestüt Moritzburg (Hengstparade)

Schlossallee 1/Hengstparadeplatz Tel. (03 52 07) 89 01 06 Besichtigung des Gestüts Mo–Fr 9–11.30 und 13.30–16 Uhr teuer (Karten unbedingt vorbestellen!) www.landwirtschaft.sachsen.de/sgv

Anfahrt: 13 km nördlich vom Dresdner Stadtzentrum; mit dem Auto über Großenhainer Str./Moritzburger Landstr. (Parkplatz am Schlossteich); Linienbus 326, 457; Schmalspurbahn

Bautzen – Budyšin

Die 1000-jährige Stadt, Zentrum der Oberlausitz, ist von deutscher und sorbischer Kultur und Geschichte geprägt. Ihre historische Altstadt hoch über der Spree zählt zu den schönsten mittelalterlichen Ensembles in Deutschland.

Fürstenloge im Dom St. Petri

Als Ausgangspunkt für einen Stadtrundgang empfiehlt sich der Hauptmarkt mit dem Rathaus. Der Barockbau wird überragt vom **Dom St. Petri**, einer dreischiffigen gotischen Hallenkirche samt ihrem im 17. Jh. mit einer barocken Haube versehenen 83 m hohen Turm (Besteigung Juli–Dez. Sa/So 12–18 Uhr). Seit der Reformation ist St. Petri eine Simultankirche: Sowohl evangelische als auch katholische Christen feiern hier ihre Gottesdienste. Im benachbarten Domstift befindet sich die **Domschatzkammer** St. Petri des Bistums Dresden–Meißen. Ganz in der Nähe liegt der 1455 geweihte **Nicolaifriedhof** mit der Ruine der im Dreißigjährigen Krieg zerstörten Nicolaikirche. Vom Wehrgang blickt man in das Bautzner Umland. Durch den 500 Jahre alten Matthiasturm geht es in den Hof der **Ortenburg**. Diese entstand an der Stelle der im 10. Jh. unter Otto I. eroberten slawischen Feste Budissin, die drei Renaissancegiebel stammen aus dem Jahr 1698. Das einstige Salzhaus der Burg beherbergt das **Sorbische Museum**. Nebenan wurde 2003 das Burgtheater – die Puppen- und Kleinkunstbühne des Deutsch-Sorbischen Volkstheaters – eröffnet, in dessen Foyer der »Rietschelgiebel« von der ersten abgebrannten Dresdner Semperoper seinen Platz gefunden hat.

Die **Alte Wasserkunst**, das Wahrzeichen der Stadt, wurde 1558 errichtet und diente sowohl der Befestigung als auch – bis 1965 – der Wasserversorgung der Stadt. Heute ist der sich nach oben verjüngende Rundturm zugleich technisches Museum, Aussichtsturm, Galerie und Café. Am östlichen Rand der Altstadt liegt der **Reichenturm**, der »Schiefe Turm von Bautzen«, der auf 56 m Höhe 1,44 m von der Senkrechten abweicht. Die **Gedenkstätte Bautzen** in der ehemali-

Der Reichenturm ist der »Schiefe Turm« von Bautzen

gen Haftanstalt Bautzen II erinnert an die Opfer politischer Unterdrückung während des Nationalsozialismus, der sowjetischen Besatzungszeit und der SED-Herrschaft.

Blick auf die Ortenburg

Witajće k nam – Herzlich willkommen

Wenige Kilometer östlich von Dresden sind die Straßenschilder zweisprachig. Hier, in der Lausitz, liegt die Heimat von 60 000 Sorben, dem kleinsten slawischen Volk. Während die Niedersorben rund um Cottbus leben, gilt Bautzen – Budyšin – als »Hauptstadt« der überwiegend katholischen Obersorben. Institutionen wie das Sorbische Museum, das Deutsch-Sorbische Volkstheater und das Sorbische Nationalensemble widmen sich der Pflege des reichen kulturellen Erbes. Die sorbischen Osterbräuche, vom kunstvollen Verzieren der Ostereier bis zu den Prozessionen der Osterreiter, ziehen jedes Jahr Tausende Besucher an. Mitte 2008 wurde ein Sorbe – Stanislaw Tillich – Ministerpräsident Sachsens.

Domschatzkammer im Domstift
An der Petrikirche 6 (035 91) 35 19 50 Mo–Fr 10–12, 13–16 Uhr
Spenden erbeten

Serbski muzej – Sorbisches Museum
Ortenburg 3–5 (035 91) 4 24 03 April–Okt. Mo–Fr 10–17, Sa, So 10–18 Uhr; Nov.–März Mo–Fr 10–16, Sa, So 10–17 Uhr preiswert
www.museum.sorben.com

Alte Wasserkunst
Wendischer Kirchhof 7 (035 91) 4 15 88 April–Okt. tägl. 10–17 Uhr; Nov., Dez., Feb., März tägl. 10–16 Uhr; Jan. Sa, So 10–16 Uhr preiswert

Reichenturm
Reichenstr. Aussichtsplattform: April–Okt. 10–17 Uhr preiswert

Gedenkstätte Bautzen
Weigangstr. 8a (035 91) 4 04 74 Di–Do 10–16, Fr 10–20, Sa/So 10–18 Uhr, Führungen Sa/So 14 Uhr frei
www.stsg.de

Anfahrt: 60 km östlich vom Dresdner Stadtzentrum, mit dem Auto über A 4 oder B 6; Deutsche Bahn

Portal des Domstifts

Radebeul

Die Weinberge an den Hängen der Lößnitz und ein Abenteuerschriftsteller haben die Kleinstadt vor den Toren Dresdens berühmt gemacht.

Von 1896 bis zu seinem Tod im Jahre 1912 lebte Karl May in Radebeul. In seinem Wohnhaus, der *Villa Shatterhand*, befindet sich das **Karl-May-Museum**. Über Leben und Kultur der Indianer Nordamerikas informiert eine Ausstellung in der *Villa Bärenfett* im Garten des Anwesens. Das Grab Karl Mays liegt auf dem Friedhof Radebeul-Ost. Jedes Jahr im Mai finden in Radebeul die Karl-May-Festtage statt.

Im **Weingutmuseum Hoflößnitz** oder im **Sächsischen Staatsweingut Schloss Wackerbarth** kann man sich über die Weinbautradition an der Sächsischen Weinstraße (► 29) informieren und die edlen Tropfen auch verkosten. Der Dorfanger von **Altkötzschenbroda** mit seinen gemütlichen Weinlokalen ist nicht nur während des **Herbst- und Weinfestes** im September einen Besuch wert.

Karl-May-Festtage

Staatsweingut Schloss Wackerbarth

Der **»Lößnitzdackel«**, eine dampfbetriebene Schmalspurbahn, verkehrt zwischen Radebeul-Ost und Radeburg (Tel. 213 44 61, www.traditionsbahn-radebeul.de). Für den Abend empfiehlt sich ein Besuch der Landesbühnen Sachsen (Meißner Straße 152, Tel. 895 42 14, www.dresden-theater.de).

Karl-May-Museum
✉ Karl-May-Str. 5 ☎ 837 30 10 🕔 März–Okt. Di–So 9–18 Uhr; Nov.–Feb. Di–So 10–16 Uhr ✋ mittel ? www.karl-may-museum.de

Weingutmuseum Hoflößnitz
✉ Knohllweg 37 ☎ 839 83 33 🕔 Di–Fr 10–13, 14–18, Sa und So 10–18 Uhr ✋ preiswert ? www.hofloessnitz.de

Schloss Wackerbarth
✉ Wackerbarthstr. 1 ☎ 8 95 50 🕔 Besucherzentrum tägl. 9.30–20 Uhr ✋ teuer (nur Führungen) ? www.schloss-wackerbarth.de

Anfahrt: Nordwestlich von Dresden, hinter der Stadtgrenze, Auto: Über Leipziger Str.; Straßenbahn 4, S-Bahn S 1 Radebeul-Ost, -Weintraube, -West

Spaziergänge & Touren

1 Durch die Gartenstadt Hellerau 162
2 Die Elbe entlang 164
3 Durch die Friedrichstadt 168

1 DURCH DIE GARTENSTADT HELLERAU

Spaziergang

LÄNGE: 3 km **DAUER:** 2 Stunden **START/ZIEL:** Deutsche Werkstätten Hellerau am Moritzburger Weg 🚗 mit dem Auto über Königsbrücker Str./Moritzburger Weg; Straßenbahn 8 Am Hellerrand

Inspiriert von der englischen Gartenstadtbewegung, initiiert von dem Möbelfabrikanten Karl Schmidt und geplant von den Architekten und Werkbundmitgliedern Richard Riemerschmid, Hermann Muthesius und Heinrich Tessenow entstand ab 1908 im Dresdner Norden eine der ersten deutschen Gartenstädte.

1–2

Beginnen Sie den Rundgang an den **Deutschen Werkstätten Hellerau** (wer mit der Straßenbahn anreist, kann den Rundgang auch am Markt beginnen; ➤ 163). 1909 ließ der Tischler Karl Schmidt hier seine Möbelfabrik errichten, die sich bald mit der Produktion serienmäßig hergestellter »Maschinenmöbel« einen Namen machte. Richard Riemerschmid lieferte die Pläne für das in seinem Grundriss einer Schraubzwinge ähnelnde Gebäudeensemble. Heute werden dort vor allem Objekteinrichtungen gefertigt. In den 1990er-Jahren wurde die Anlage vorbildlich saniert, im Pförtnerhaus und dem angrenzenden Garagengebäude befindet sich das *Schmidt's*, ein stilvolles Restaurant.

Verlassen Sie das Gelände durch den Torbogen, und wenden Sie sich nach links. Das **Wohnhaus Karl Schmidts** am Moritzburger Weg Nr. 69 stammt wie das kunstvolle schmiedeeiserne Tor ebenfalls von Riemerschmid.

Seite 161: Schloss Albrechtsberg

Im Hof der Deutschen Werkstätten Hellerau

Das Wohnhaus Karl Schmidts nach einem Entwurf Riemerschmids

2–3

Riemerschmid zeichnete auch für die Gesamtkonzeption der Gartenstadt verantwortlich. Am Grünen Zipfel entstanden ab 1909 die von ihm entworfenen Reihenhäuser des **Kleinhausviertels** – mit 45 m^2 Wohnfläche und 80 m^2 Garten. Hier wohnten die Arbeiter der Deutschen Werkstätten. An der Ecke zum Moritzburger Weg steht die verfallene ehemalige **Waldschänke**

3–4

Der Grüne Zipfel endet am **Markt**. Von den Plänen Riemerschmids wurde nur die imposante Häuserzeile mit Wohnungen und Geschäften auf der Südwestseite verwirklicht, die restlichen Gebäude entstanden 1929/30.

4–5

Wie die Kleinhäuser »An der Winkelwiese« und »Am Dorffrieden« stammen auch die meisten Gebäude »Beim Gräbchen« von Hermann Muthesius. Beachten Sie die aufwändig gestalteten **Werkmeisterhäuser** im oberen Teil der Straße. Heinrich Tessenow entwickelte die Holz-Ziegel-Konstruktion der Arbeiterhäuser »Am Schänkenberg«.

Musterhaus der Deutschen Werkstätten

5–6

Werfen Sie »Am Sonnenhang« einen Blick auf die in den 1930er-Jahren errichtete **Musterhaussiedlung** der Deutschen Werkstätten mit verschiedenen Typenbauten für die Serienproduktion. Die Nr. 6 projektierte der Hygiene-Museum-Architekt Wilhelm Kreis.

6–7

Gehen Sie am Talkenberg entlang, vorbei an einem kleinen Park samt Teich und folgen Sie dem Heideweg bis zum 1911/12 erbauten **Festspielhaus Hellerau**. Heinrich Tessenow entwarf das Ensemble für den Schweizer Musikpädagogen Émile Jacques-Dalcroze, der hier seine Bildungsanstalt für Rhythmische Gymnastik einrichtete. Vor dem Ersten Weltkrieg traf sich im Festspielhaus die europäische Avantgarde: Kokoschka, Kafka, Strawinsky. Heute wächst hier das **Europäische Zentrum der Künste Hellerau**.

Kleine Pause
Eine leckere Wegzehrung gibt's beim Bäcker am Markt.

7–8

Kehren Sie um, und schlendern Sie durch das Landhausviertel zu den Deutschen Werkstätten zurück. Bemerkenswert sind die **Jaques-Dalcroze-Villa** von Riemerschmid (Auf dem Sand 10), das von ihm selbst entworfene **Wohnhaus Tessenows** (Tännichtweg 2) und das **Haus Dohrn** (Tännichtweg 9a) von Theodor Fischer. Bei Tessenows Gestaltung der beiden **Häuser Heideweg 24 und 26** stand Goethes

2 DIE ELBE ENTLANG

Fahrradtour, Dampferfahrt

LÄNGE: 14 km (Fahrradverleihe ➤ 39; Sächsische Dampfschifffahrt ➤ 74) **DAUER:** 0,5 – 1 Tag
START: Marienbrücke, rechtes Elbufer 180 C4 Straßenbahn 4, 9 Palaisplatz **ZIEL:** Pillnitz
Bus 83 Pillnitzer Platz, Dampfer

In weiten Bögen fließt die Elbe durch Dresden, bis in die Stadtmitte hinein gesäumt von breiten Wiesen, von Schlössern und Weinbergen. 2004 wurde das Dresdner Elbtal in die Weltkulturerbe-Liste aufgenommen. Erleben lässt sich diese einmalige Landschaft bei einer Tour auf dem Elberadweg – und zurück geht es dann mit dem Dampfer.

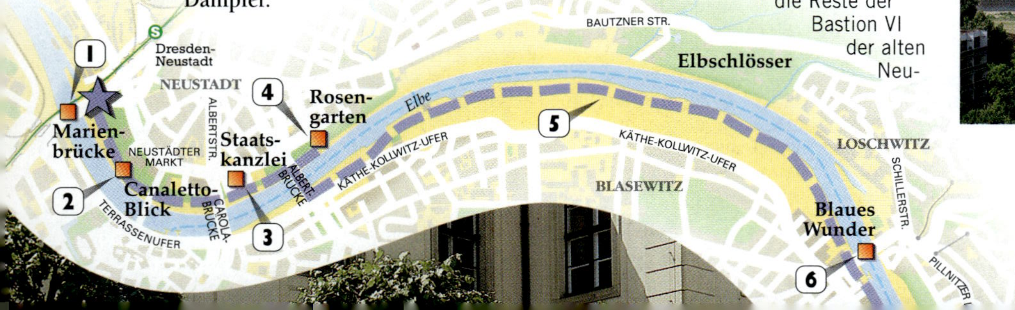

1–2

Am rechten Elbufer, unterhalb der **Marienbrücke** beginnend, führt die Radtour die Uferpromenade entlang flussaufwärts durch das Dresdner Stadtzentrum. (Wenn Sie nicht mit dem Rad fahren möchten, gibt das erste Stück auch einen schönen Spaziergang ab.) Sie passieren zunächst die Reste der Bastion VI der alten Neustädter Stadtbefestigung und des barocken Gartens am **Japanischen Palais** (➤ 86). Das gegenüberliegende Ufer wird von der **Yenidze** im Westen, dem 2004 eröffneten Internationalen Congress Center, dem zum Maritim Ho-

Blick auf die Dresdner Altstadt

Café auf der Brühlschen Terrasse

tel umgebauten Erlweinspeicher und dem **Sächsischen Landtag** geprägt. Etwa auf der Höhe des Glockenspiel-Pavillons zwischen Palais und Hotel Westin Bellevue können Sie den berühmten **Canaletto-Blick** (➤ 87) bewundern.

2–3

Hinter der Augustusbrücke liegt das Altstadtpanorama in seiner ganzen Pracht vor Ihnen – mit der **Neuen Synagoge** (➤ 76), der von der **Frauenkirche** (➤ 63) überragten **Brühlschen Terrasse** (➤ 70), mit **Schloss** (➤ 65), **Hofkirche** (➤ 61) und **Semperoper** (➤ 60). Genießen Sie den Anblick – am besten von den Treppen unterhalb des **Finanzministeriums** (➤ 100). Im Sommer kreuzen Sie an dieser Stelle das Gelände der Filmnächte am Elbufer (➤ 106).

Weiter geht es das Königsufer (➤ 100) entlang, unter der Carolabrücke hindurch und vorbei an der **Sächsischen Staatskanzlei** (➤ 100) und der überlebensgroßen Bronzefigur des *Bogenschützen*.

3–4

Falls Sie zu Fuß gegangen sind, können Sie Ihren Spaziergang nun mit einem Besuch des **Rosengartens** (➤ 99) beenden – oder auf dieser Elbseite bleiben und noch ein Stück weiter gehen. (Von der Marienbrücke bis zum Blauen Wunder sind es rund 7 km.)

4–5

Nachdem Sie sich den Rosengarten angesehen (oder im Kaffee Rosengarten, ➤ 99, ein Eis gegessen) haben, kehren Sie mit dem Fahrrad um, überqueren die Albertbrücke und fahren auf dem linkselbischen Elberadweg weiter.

Samstags können Sie an der Albertbrücke zunächst über den riesigen Trödelmarkt (ca. 8–14 Uhr) bummeln. In Höhe des Johannstädter Fährgartens, eines beliebten Biergartens, kommen Sie an einer Streuobstwiese vorbei. Hier befand sich bis August 2002 eine Kleingartenanlage, die durch das Elbehochwasser zerstört und später abgerissen wurde. Hinter dem Flusskilometer 53 treffen Sie auf die Baustelle der umstrittenen Waldschlösschenbrücke. Die sich nun weitenden **Elbwiesen** sind auf den folgenden 3 km fast 300 m breit. Für die »Mahd« ist übrigens eine Schafherde zuständig.

5–6

Von dem gut ausgebauten Elberadweg haben Sie einen wunderbaren Blick auf die im 19. Jh. errichteten **Elbschlösser** (➤ 132). Von links nach rechts sind dies das Schloss Albrechtsberg, das Lingnerschloss und das Schloss Eckberg. Zwischen dem Elberadweg und dem Käthe-Kollwitz-Ufer liegt die artenreiche Glatthaferwiese am Elbufer Johannstadt, ein Flächennaturdenkmal. Vor Ihnen taucht nun die beeindruckende Stahlkonstruktion des **Blauen Wunders**, Dresdens schönster Brücke, auf; oberhalb davon sehen Sie den Weißen Hirsch (➤ 142) mit dem *Luisenhof* (➤ 145) und der **Standseilbahn** (➤ 136).
Unmittelbar am Blasewitzer Brückenkopf befinden sich drei gastronomische Highlights Dresdens: die *Villa Marie* (➤ 145), das Café *Toscana* (➤ 144) und der *Schillergarten* (➤ 145).

6–7

Auf der gegenüberliegenden Loschwitzhöhe ist die zugleich als Aussichtsturm dienende Bergstation der **Schwebebahn** (➤ 136) zu erkennen, darunter die **Loschwitzer Kirche** (➤ 136). Dicht am Fluss geht es auf dem Elberadweg weiter in Richtung Pillnitz. Nach 2 km verläuft der Weg entlang der ebenfalls geschützten Elbwiese Alttolkewitz. Auf der anderen Flussseite liegt Wachwitz mit seinem schönen alten Dorfkern; am Ende der Wiese verkehrt eine Fähre hinüber nach Niederpoyritz. Vom Wachwitzer Elbhang grüßt der Dresdner Fernsehturm. Der 1969 eingeweihte 252 m hohe Fernsehturm war bis zur Wende ein beliebtes Ausflugsziel mit Aussichtsplattform und Café. Seither dient er leider nur noch als Sendeanlage.

Blaues Wunder

7–8

Am Laubegaster Ufer steht das heute leider nicht mehr als Ballhaus genutzte Volkshaus Laubegast. Ein Denkmal erinnert an Friederike Caroline Neuber, die berühmte deutsche Schauspielerin und Theaterpionierin, die in Laubegast lebte und hier 1760 starb. Das 1408 erstmals erwähnte Laubegast ist einer jener Stadtteile, die Anfang des 20. Jhs. nach Dresden eingemeindet wurden, sich jedoch bis heute Teile ihrer dörflichen Struktur erhalten haben. Unternehmen Sie einen kurzen Abstecher in die angrenzenden Straßen; hier finden Sie einige hübsche Fachwerkhäuser und die eine oder andere urige Schänke. Nach Umgehung der Schiffswerft Laubegast trifft der Weg wieder auf das Elbufer. Der Blick fällt auf die oberhalb der rechtselbischen Wiesen gelegene **Schifferkirche Maria am Wasser** (► 143).

Elbaufwärts sehen Sie zudem die bereits 1924 unter Schutz gestellte Pillnitzer Elbinsel, die letzte der Dresdner Elbinseln. Sie ist Rast- und Überwinterungsplatz für ziehende Wasservögel und Heimat des Elbebibers. Setzen Sie mit der Fähre nach Pillnitz, dem Ziel des Ausflugs, über, und besichtigen Sie **Schloss und Park**.

Natürlich können Sie den ganzen Weg zurückradeln. Oder Sie genießen die Rückfahrt an Bord eines Dampfers und erleben das Elbtal noch einmal anders herum und vom Wasser aus. Fahrräder dürfen nämlich, solange genug Platz vorhanden ist, mit aufs Schiff – und das sogar kostenlos.

Kleine Pause
An der Strecke gibt es jede Menge Biergärten und gemütliche Lokale mit Elbblick.

Autofähre Pillnitz

3 DURCH DIE FRIEDRICHSTADT

Fahrradtour

LÄNGE: 4 km (Fahrradverleih ➤ 39) **DAUER:** 2–3 Stunden **START:** Volksfestgelände an der Marienbrücke **ZIEL:** Yenidze 180 B4 Straßenbahn 6, 11 Kongresszentrum

Sie grenzt im Westen an die Altstadt – die nach Friedrich August II. benannte, 1835 nach Dresden eingemeindete Friedrichstadt. Obwohl das geschichtsträchtige Stadtviertel am 13. Februar 1945 schwer getroffen und nur teilweise wieder aufgebaut wurde, gibt es hier Interessantes zu entdecken: historische Industriearchitektur, alte Friedhöfe und Zeugnisse einstiger barocker Pracht.

1–2

Starten Sie Ihre Tour am elbabwärts hinter der Marienbrücke gelegenen **Volksfestgelände**, auf dem seit 2004 die Vogelwiese sowie die Frühjahrs- und Herbstfeste stattfinden. Gegenüber liegt der **Sportpark Ostragehege** mit dem Heinz-Steyer-Stadion, der Freiberger Arena und weiteren Sportanlagen. Biegen Sie rechts in die Pieschener Allee ein, die nach etwa 800 m

mündet. Das Naturdenkmal **Pieschener Allee** besteht aus einer zu Zeiten Augusts des Starken angelegten und bis zu den Elbwiesen weitergeführten vierreihigen Lindenallee.

1906–10 entstand im Ostragehege – einst Jagdrevier der sächsischen Kurfürsten – der damals modernste und größte Vieh- und Schlachthof Deutschlands. Das von Hans Erlwein entworfene Ensemble ist wie eine Siedlung angelegt und verblüfft durch seinen ländlich-beschaulichen Charakter. Der Schornstein der

Kraftstation wurde mit einem massigen, in der Form an eine barocke Kirche erinnernden Baukörper umhüllt. Vor dem von Häusern mit

Bronzestier vor dem ehemaligen Schlachthof

Mansarddächern gesäumten Haupteingang steht ein Brunnen mit einem Bronzestier und der Inschrift »Der Gesundheit unserer schönen Stadt Dresden«. Der angrenzende Röschenhof ist eine ganz besondere Partylocation.

Teile des 1995 stillgelegten Schlachthofes wurden Ende der 1990er-Jahre zur **Messe Dresden** (www.messe-dresden.de) umgebaut. In den Hallen finden neben Messen u. a. auch Rock- und Popkonzerte statt.

Matthäuskirche auf dem Inneren Matthäusfriedhof

2–3

Die Schlachthofbrücke führt über die Wiesenlandschaft der vor 100 Jahren als Entlastungskanal für die Hochwasser der Elbe angelegten Altstädter Flutrinne. Den südlichen Abschluss des Ostrageheges bildet der 1891–95 gebaute und nach König Albert benannte **Elbhafen** mit seinem 1100 m langen und 150 m breiten Hafenbecken. Die nach dem Zweiten Weltkrieg aufgeschüttete Trümmerhalde auf der Hafen-Ostseite gibt inzwischen einen guten Aussichtshügel ab. Neben dem Alberthafen liegt ein weiterer markanter Industriebau: Die **Hafenmühle** mit ihrem 64 m hohen Siloturm wurde 1913 im Auftrag der Dresdner Müllerdynastie Bienert errichtet.

3–4

Über die Magdeburger Straße geht es nun in die **Friedrichstraße**. Die einst bedeutendste Straße der **Friedrichstadt** hat schon bessere Zeiten gesehen, ist kulturhistorisch aber noch immer interessant. Die evangelisch-lutherische **Matthäuskirche** entstand 1728–30 nach Entwürfen von Matthäus Daniel Pöppelmann, der 1736 in der Gruft seine letzte Ruhestätte fand. Auf dem angrenzenden **Inneren Matthäusfriedhof** wurden Johann Andreas Schubert, der Erbauer der ersten deutschen Lokomotive, Wilhelm Walther, der Schöpfer des Fürstenzuges, und Ludwig Bramsch bestattet, dessen berühmte Spirituo-

Malerisch

1832 hielt Caspar David Friedrich das damals noch wildromantische Areal im Westen der sächsischen Residenz in seinem Gemälde *Das Große Gehege bei Dresden* fest.

Das Grab Carl Maria von Webers auf dem Alten Katholischen Friedhof

senfabrik über 170 Jahre in der Friedrichstraße 56 ihren Sitz hatte.

Das benachbarte **Marcolini-Palais** beherbergt heute das Krankenhaus Friedrichstadt. Es entstand 1736 als Landsitz des Grafen Brühl und wurde später nach Plänen von Johann Daniel Schade und Johann Gottfried Kuntsch für den neuen Besitzer, den kurfürstlichen Kammerherrn Camillo von Marcolini, umgebaut. Im Garten der Klinik steht der **Neptunbrunnen**, die bedeutendste barocke Brunnenanlage Dresdens, 1744 von Lorenzo Mattielli nach Entwürfen Longue-

Schräg gegenüber, auf dem 1721 angelegten **Alten Katholischen Friedhof**, finden Sie zahlreiche kulturgeschichtlich und künstlerisch bedeutende barocke und klassizistische Grabstätten. Gottfried Semper schuf die Gruft der Familie des Komponisten Carl Maria von Weber, der Bildhauer Balthasar Permoser das eigene, heute in der Kapelle aufgestellte Grabmal.

In der Friedrichstraße stolpert man zudem alle naselang über die Spuren diverser Berühmtheiten. Im Marcolini-Palais nahm 1813 Napoleon Quartier, und Richard Wagner komponierte an seinem *Lohengrin*. In der Nr. 44 wurde der Maler Adrian Ludwig Richter geboren (begraben auf dem Neuen Katholischen Friedhof in der nahen Bremer Straße), und in der Nr. 46 lebte der Erfinder und Konstrukteur Johann Andreas Schubert.

4–5

Den krönenden Abschluss der Tour bildet das eigenwilligste Bauwerk des Stadtteils. Die **Yenidze** entstand 1907–09 im Auftrag des Dresdner Industriellen Hugo Zietz in Form einer Moschee als »Orientalische Tabak- und Zigarettenfabrik« – mit einer farbig verglasten Kuppel und mit Schornsteinen, die als Mina-

Kleine Pause

Stärkung mit Blick auf das Hafenbecken bietet das Restaurant ***Fischhaus Alberthafen***. Wochentags gibt es in der angeschlossenen öffentlichen Hafenkantine preiswerte Mittagsgerichte.

mitzsch war seinerzeit heftig umstritten. Zu DDR-Zeiten Tabakkontor der volkseigenen Zigarettenindustrie, beherbergt die Yenidze heute Büroräume sowie ein Restaurant mit Biergarten-Terrasse und schönem Rundumblick. In der Kuppel finden spannende Märchenlesungen statt.

1001 Märchen

Praktisches

INFORMATION VORAB

Websites
- www.dresden.de
- www.dresden-tourist.de
- www.cybersax.de

Deutschland
Dresden-Werbung und Tourismus GmbH
Ostra-Allee 11
01067 Dresden
☎ 03 51 / 49 19 21 00

Österreich
Deutsche Zentrale für Tourismus
Schubertring 12
1010 Wien
☎ 01 / 513 27 92

REISEVORBEREITUNG

WICHTIGE PAPIERE

● Erforderlich
○ Empfohlen
▲ Nicht erforderlich

	Deutschland	Österreich	Schweiz
Pass/Personalausweis	●	●	●
Visum	▲	▲	▲
Weiter- oder Rückflugticket	▲	▲	▲
Impfungen (Tetanus oder Polio)	▲	▲	▲
Krankenversicherung	●	●	●
Reiseversicherung (► 176)	○	○	○
Führerschein (national)	●	●	●
Kfz-Haftpflichtversicherung	●	●	●
Fahrzeugschein	●	●	●

REISEZEIT

Dresden

Hauptsaison — Nebensaison

JAN	FEB	MÄRZ	APRIL	MAI	JUNI	JULI	AUG	SEPT	OKT	NOV	DEZ
1°C	3°C	8°C	14°C	18°C	23°C	24°C	24°C	20°C	14°C	7°C	3°C
Bedeckt	Bedeckt	Wechselhaft	Wechselhaft	Sonnig	Sonnig	Sonnig	Sonnig	Wechselhaft	Wechselhaft	Bedeckt	Bedeckt

Sonnig — Bedeckt — Regnerisch — Wechselhaft

Die angegebenen Temperaturen entsprechen den durchschnittlichen monatlichen **Tagestemperaturen. Hauptreisezeiten** sind die Monate Mai bis Oktober sowie der Dezember. Die Tallage beschert Dresden ein mildes Klima, im Hochsommer allerdings bisweilen auch recht schwüle Tage. Am schönsten sind die Monate Mai und Juni – dann steht die Stadt im wahrsten Sinne in voller Blüte, das Leben verlagert sich nach draußen, und Biergärten wie Stadtfeste haben Hochkonjunktur. Im September und Oktober locken goldene Herbsttage und Weinfeste in der Umgebung, im Dezember eine festlich geschmückte Stadt und der (nur selten verschneite) Striezelmarkt.

Schweiz
Deutsches Verkehrsbüro
Talstr. 62
8001 Zürich
☎ 044 / 213 22 00

ANREISE

Mit dem Flugzeug: Der Flughafen Dresden wird von zahlreichen Städten in Europa und Nordafrika direkt angeflogen und ist über Umsteigeflughäfen aus der ganzen Welt erreichbar. Innerdeutsche Flüge sind – besonders bei frühzeitiger Buchung – zu durchaus moderaten Preisen erhältlich. Auskünfte erteilen die Reisebüros; viele Flüge können auch direkt über das Internet gebucht werden (z. B. bei Lufthansa und dba).

Mit dem Zug: Dresden ist aus allen Richtungen mit ICE, IC/EC, IR sowie Regional-Bahnen erreichbar. Die meisten Fernzüge kommen am südlich der Innenstadt gelegenen **Hauptbahnhof** an, einige halten am **Bahnhof Neustadt**.

Mit dem Auto: Über die Autobahn A13 ist Dresden von Berlin, über die A 4 von Görlitz und Jena, Eisenach und Aachen zu erreichen. Die A17 von Dresden nach Prag wurde Ende 2006 bis Ústí nad Labem (Tschechien) freigegeben. Von Westen kommend, nimmt man die Ausfahrt Altstadt, von Norden Hellerau. Dresden liegt an den Bundesstraßen B6 (nach Bautzen oder Meißen), B170 (nach Zinnwald/ Tschechien), B172 (nach Pirna und in die Sächsische Schweiz) und B173 (nach Freiberg).

ZEIT

Dresden liegt in der Mitteleuropäischen Zeitzone. Die Mitteleuropäische Zeit (MEZ) liegt eine Stunde vor der Greenwich-Zeit (GMT). Von Ende März bis Ende Oktober werden die Uhren um eine Stunde auf die Mitteleuropäische Sommerzeit (MESZ) vorgestellt.

WÄHRUNG UND GELDWECHSEL

Währung: Seit dem 1. Januar 2002 ist die Währung wie in vielen europäischen Staaten der **Euro**. Die offizielle Abkürzung für den Euro ist EUR. Euro-Banknoten gibt es in den folgenden Nennwerten: 5, 10, 20, 50, 100, 200 und 500 Euro; Münzen in Nennwerten zu: 1, 2 und 5 für den Euro-Cent, 10, 20 und 50 für den goldfarbenen Euro-Cent. Zusätzlich gibt es eine 1-Euro- und 2-Euro-Münze.
Devisenrechner zur Umrechnung verschiedener Währungen finden Sie im Internet: u.a. wrechner.tools.zdf.de, www.oanda.com.

Geldwechsel: Wechselstuben sind mittlerweile ziemlich aus der Mode gekommen; eine befindet sich im Hauptbahnhof (ReiseBank, Mo-Fr 8–20, Sa 8–18, So 10–18 Uhr). Geld tauschen und abheben sowie Reiseschecks einlösen kann man bei den reichlich vorhandenen Banken.

Kreditkarten werden in nahezu allen Hotels, jedoch nicht in allen Restaurants und Läden akzeptiert. Weiter verbreitet ist die Bezahlung mit EC/Girokarten.

ZEITUNTERSCHIED

MEZ	Dresden	London	New York	Los Angeles	Sydney
13 Uhr	13 Uhr	12 Uhr	7 Uhr	4 Uhr	22 Uhr

DAS WICHTIGSTE VOR ORT

KONFEKTIONSGRÖSSEN

Deutschland	Frankreich	Italien	
46	46	48	Anzüge
48	48	50	
50	50	52	
52	52	54	
54	54	56	
56	56	58	
41	41	41	Schuhe
42	42	42	
43	43	43	
44	44	44	
45	45	45	
46	46	46	
37	37	37	Hemden
38	38	38	
39/40	39/40	39/40	
41	41	41	
42	42	42	
43	43	43	
34	36	38	Kleider
36	38	40	
38	40	42	
40	42	44	
42	44	46	
44	46	48	
36	36	36	Schuhe
37	37	37	
38	38	38	
39	39	39	
40	40	40	
41	41	41	

FEIERTAGE

1. Januar	Neujahr
März/April	Karfreitag, Ostersonntag und -montag
1. Mai	Tag der Arbeit
Mai/Juni	Christi Himmelfahrt, Pfingstsonntag und -montag
3. Oktober	Tag der Deutschen Einheit
31. Oktober	Reformationstag
November	Buß- und Bettag
25. Dezember	1. Weihnachtsfeiertag
26. Dezember	2. Weihnachtsfeiertag

ÖFFNUNGSZEITEN

- Geschäfte
- Büros
- Banken
- Postämter
- Museen/Denkmäler
- Apotheken

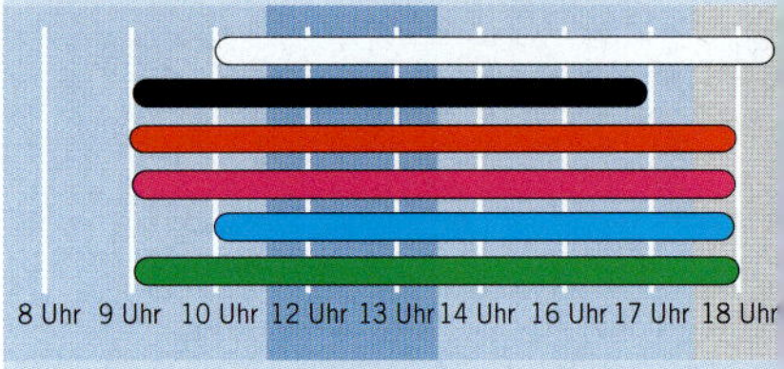

tagsüber mittags abends

Geschäfte: Die meisten Geschäfte im Stadtzentrum sind von Montag bis Samstag von 9.30/10 bis 20 Uhr, einige bis 21 Uhr, geöffnet. In der Neustadt variieren die Öffnungszeiten. Montags bis freitags zwischen 10/12 bis 18/20 Uhr, am Samstag 10/12 bis 16/18 Uhr.

Banken: Banken und Sparkassen haben sehr unterschiedliche Öffnungszeiten. Die Filiale »Am Altmarkt« der Ostsächsischen Sparkasse Dresden (Dr.-Külz-Ring 17) ist Montag bis Freitag von 9 bis 19 und Samstag von 9 bis 16 Uhr geöffnet.

Museen: Die meisten Dresdner Museen sind von 10 bis 18 Uhr geöffnet und haben jeweils einen Ruhetag (im Stadtzentrum zumeist Montag oder Dienstag).

NOTRUF 110

POLIZEI 110

FEUERWEHR (auch Krankenwagen) 112

GIFTNOTRUF (03 61) 73 07 30

SICHERHEIT

Dresden gilt als sichere Stadt. Auch die Äußere Neustadt mit ihren zahlreichen Bars, Kneipen und Clubs ist trotz anders lautender Behauptungen nicht gefährlicher als die übrigen Viertel. Es gibt weder einen Rotlichtbezirk noch eine offene Drogenszene.
Auch wenn die Zahl der Taschendiebstähle in Dresden weit unter der westdeutscher Großstädte liegt, sollte man bei Veranstaltungen mit vielen Menschen wie dem Stadtfest oder dem Striezelmarkt gegen Langfinger gewappnet sein.

POLIZEI
☎ 110 von jedem Telefon

TELEFONIEREN

Die gelben Telefonhäuschen sind mittlerweile fast vollständig durch die pinkfarbenen Häuschen oder Säulen der Deutschen Telekom ersetzt. Diese funktionieren mit Telefonkarten und Münzen.

Internationale Vorwahlen:

Österreich	**00 43**
Schweiz	**00 41**

POST

Auch in Dresden ist das Filialnetz der Deutschen Post in den letzten Jahren merklich geschrumpft. Die Hauptpost in der Königsbrücker Straße 21–29 ist montags bis freitags von 9 bis 19 Uhr und samstags von 10 bis 13 Uhr geöffnet, die Filiale in der Altmarkt-Galerie (Erdgeschoss) Montag bis Samstag von 9.30 bis 21 Uhr. Briefmarken bekommt man außerhalb der Öffnungszeiten an Automaten.

ELEKTRIZITÄT

Die Spannung beträgt 220 Volt. Reisende aus dem außereuropäischen Ausland sollten einen Adapter verwenden.

TRINKGELD

Restaurant- und Taxirechnungen werden aufgerundet. Mit 5 % macht man nichts falsch.

Hotelportiers/Zimmermädchen	1 Euro
Stadtführer	nach Ermessen
Toiletten	50 Cent

BOTSCHAFTEN UND KONSULATE

Österreichische Botschaft Berlin
☎ 030/20 28 70

Österreichisches Honorarkonsulat Dresden
☎ 0351/481 70 40

Schweizer Botschaft Berlin
☎ 030/390 40 00

GESUNDHEIT

Krankenversicherung: Für Bürger aus Nicht-EU-Staaten empfiehlt sich eine Reisekrankenversicherung.

Arzt: Anschriften und Telefonnummern von Ärzten aller Fachrichtungen stehen in den Gelben Seiten und im örtlichen Telefonbuch. Die Allgemein- und Kinderärztliche Notfallpraxis befindet sich in der Uni-Klinik, Fiedlerstraße 25, Haus 28, Tel. 192 92.

Zahnarzt: Anschriften und Telefonnummern von Zahnärzten stehen in den Gelben Seiten und im Telefonbuch. Der Zahnmedizinische Notdienst befindet sich in der Uni-Klinik, Fiedlerstraße 25, Haus 28, Tel. 458 36 70.

Wetter: Das Dresdner Klima ist mild, im Sommer kann es auf Grund der Tallage recht heiß und schwül werden. Achten Sie vor allem bei Radtouren und Spaziergängen an der Elbe auf Sonnenschutz.

Medikamente: Die Apotheken verkaufen rezeptfreie und rezeptpflichtige Medikamente. Außerhalb der Ladenöffnungszeiten existiert ein Apothekennotdienst – die jeweiligen Adressen sind in jeder Apotheke von außen sichtbar angeschlagen.

Trinkwasser: Das Dresdner Leitungswasser kann man bedenkenlos trinken.

ERMÄSSIGUNGEN

Viele kulturelle und touristische Einrichtungen bieten – nach Vorlage der Berechtigung – **ermäßigte Tickets**, z. B. für Schüler, Studenten, Arbeitslose, Schwerbehinderte oder Senioren. Für Museen oder öffentliche Verkehrsmittel gibt es günstige **Tageskarten**.

Mit der **Dresden City-Card** hat man 48 Stunden freie Fahrt mit öffentlichen Verkehrsmitteln in Dresden, freien Eintritt in allen elf Museen der Staatlichen Kunstsammlungen Dresden sowie weitere Ermäßigungen. Die **Dresden Regio-Card** gilt 72 Stunden und zusätzlich für die Linienverkehrsmittel im Dresdner Umland. Die Cards sind bei der Tourist-Information Dresden (Schinkelwache am Theaterplatz und »Prager Spitze«) und bei den Servicezentren der DVB erhältlich.

EINRICHTUNGEN FÜR BEHINDERTE

Die Broschüre *Dresden ohne Barrieren* bietet Informationen für einen Dresden-Besuch ohne Hindernisse. Sie kann unter Tel. 49 19 21 00 oder unter prospekt@dresden-tourist.de bestellt werden und ist in den Tourist-Informationen erhältlich. Ebenfalls dort bekommt man einen akustischen Stadtführer – nicht nur für Blinde und Sehschwache. Unter www.dresden.de findet sich zudem ein »Stadtführer für Körperbehinderte« mit Informationen über den Zugang zu mehreren Hundert Einrichtungen.

KINDER

Kinder sind nahezu überall willkommen. Informationen zu Kinderveranstaltungen findet man im Stadtmagazin *SAX* und unter www.dresden-tourist.de.

TOILETTEN

Es gibt nicht viele öffentliche Toiletten, deshalb sollte man die in Museen oder Kaufhäusern nutzen. Restaurant-Toiletten sind Gästen vorbehalten.

FUNDSACHEN

Städtisches Fundbüro: Ordnungsamt, Theaterstraße 13, Zimmer 52 (Mo, Fr 9–12, Di, Do 9–18 Uhr), Tel. 488 59 96/59 97.

VERANSTALTUNGEN RUND UMS JAHR

JANUAR

SemperOpernball: Ein glanzvoller Abend und ein Fest für Auge und Ohr (www.semperopernball.de).

FEBRUAR

Erich Kästner Museumsfestival: Dresden huldigt seinem berühmten Schriftsteller mit Lesungen, Theater und Film (www.erich-kaestner-museum.de).

MÄRZ

Hutball: Das gesellschaftliche Ereignis des Dresdner Frühlings. Gut behütet trifft man sich in Ballsaal, Blauem Salon und Kakadu-Bar des Parkhotels zum Ball, am Abend darauf folgt die »Party zum Hutball« (www.hutball.de).

APRIL

Osterreiten: Die Prozessionen der Osterreiter rund um Bautzen sind der Höhepunkt des Osterfestes der katholischen Sorben.

Internationales Festival für Animations- und Kurzfilm: Filmemacher aus der ganzen Welt stellen im Metropolis ihre Arbeiten vor. (www.filmfest-dresden.de)

Internationale Tanzwoche: Zehn Tage modernes Tanz- und Körpertheater, Performances und genreübergreifende Projekte (www.tanzwoche.de).

MAI

Dampferparade: Am 1. Mai legen die historischen Raddampfer der Sächsischen Dampfschiffahrt zur traditionellen Dampferparade ab. Flottenparade zum Stadtfest im August. (www.saechsische-dampfschiffahrt.de).

Dixieland-Festival: Seit 1971 wird Dresden alljährlich im Mai zur Hauptstadt des Dixieland. Zum Abschluss führt eine Dixieparade durch die Stadt (www.dixieland. de) .

Karl-May-Festtage Radebeul: Am Wochenende nach Himmelfahrt treffen sich in Radebeul echte und Freizeit-Indianer, Cowboys und Cowgirls zu Pow Wow, Country Shows und Action (www.karl-may-fest.de).

Musikfestspiele: Seit 1978 finden sie jährlich Ende Mai/Anfang Juni unter einem wechselnden Thema statt. Seit 2001 gibt es neben klassischer Musik auch Konzerte mit Jazz oder Weltmusik sowie Film-, Literatur- und Theaterveranstaltungen (www.musikfestspiele.com).

JUNI

Nacht der Kirchen: Die Dresdner Gotteshäuser öffnen ihre Türen für alle Interessierten. Seit 2008 im Zwei-Jahres-Rhythmus. www.nacht-der-kirchen-dresden.de.

Bunte Republik Neustadt: Mit Konzerten, Kunstaktionen und Partys auf Straßen und Plätzen, in Kneipen und Hinterhöfen feiern Bewohner und Gäste ein Wochenende in der Äußeren Neustadt ein buntes Stadtteilfest.

Elbhangfest: Am letzten Juniwochenende wird der Elbhang zwischen Loschwitz und Pillnitz zu einem einzigen riesigen Veranstaltungsareal mit rund 200 unterschiedlichsten Veranstaltungen, mit Märkten, Festumzug und Drachenbootrennen (www.elbhangfest.de).

Filmnächte am Elbufer: Von Ende Juni/Anfang Juli bis Ende August gibt es am Neustädter Königsufer Open-Air-Filme und Konzerte (www.filmnaechte-am-elbufer.de).

JULI

Lange Nacht der Wissenschaften: Hochschulen und Forschungsinstitute öffnen Labore und Experimentiersäle (nacht.dresden-wissenschaft.de).

Museums-Sommernacht: Bis 1 Uhr nachts präsentieren die Museen der Stadt ihre Schätze und jede Menge Sonderveranstaltungen. Historische Straßenbahnen und Busse verbinden die Veranstaltungsorte (www.dresden.de).

Schaubuden-Sommer: Die Wiederentdeckung der Schaubude: Zehn Tage Attraktionen und Sensationen – Theater, Musik und Installationen – im Hof der »Scheune« in der Äußeren Neustadt (www.schaubudensommer.de).

AUGUST

Moritzburg Festival: Das Kammermusikfestival in Kirche und Schloss Moritzburg gehört zu den renommiertesten seiner Art (www.moritzburgfestival.de).

Stadtfest: Ein Wochenende lang wird die gesamte Innenstadt zum Volksfestgelände (www.dresden.de/stadtfest).

SEPTEMBER

Dresdner Töpfermarkt: Rund um den Goldenen Reiter bieten rund 70 Keramiker ihre Waren feil. (www.toepfermarkt-dresden.de).

Herbst & Weinfest in Radebeul mit Internationalem Wandertheater-Festival: Am letzten Septemberwochenende verwandelt sich der Dorfanger von Altkötzschenbroda in ein großes Weindorf.Theatergruppen aus dem In- und Ausland sorgen für den kulturellen Rahmen (www.weinfest-radebeul.de).

Kneipen und KulTournacht Dresden: In den Clubs, Bars und Kneipen der Dresdner Alt- und Neustadt gibt es bei zumeist freiem Eintritt Bands und DJs.

Bardinale: Beim einzigen ostdeutschen Poesiefestival gibt es Poets on the Road, Poetry Kids und Poetry Slam (www.bardinale.de).

OKTOBER

Dresdner Tage der zeitgenössischen Musik: Festival der Gegenwartsmusik mit Sinfonik, Musiktheater und Elektronischer Musik, mit Tanz, multimedialen Performances und Jazz. Immer vom 1.–10 Oktober, im Festspielhaus Hellerau und in anderen Spielstätten (www.kunstforumhellerau.de).

Jiddische Musik- und Theaterwoche: In- und ausländische Künstler, Profis und auch Laien, präsentieren Ende Oktober/Anfang November jiddische Kultur: in Lesungen, Konzerten, Theater (www.jiddische-woche-dresden.de).

NOVEMBER

Tschechisch-Deutsche Kulturtage in Dresden und der Euroregion Elbe/Labe: 14 Tage Kunst und Kultur vom Nachbarn und tschechisch-deutsche Begegnungen (www.tschechische-kulturtage.de).

Jazztage Dresden: Bei Sachsens größtem Jazzfestival treffen Künstler aus der Region auf internationale Stars. Spielstätten: u.a. Schauspielhaus, Alter Schlachthof und Gläserne Manufaktur (www.jazztage-dresden.de).

Cynetart: Internationales Festival für computergestützte Kunst. Mit Performances, Installationen und Ausstellungen (www.cynetart.de).

DEZEMBER

Striezelmarkt: 1434 zum ersten Mal abgehalten, ist er einer der ältesten Weihnachtsmärkte Deutschlands (www.dresden.de/striezelmarkt).

Cityplan

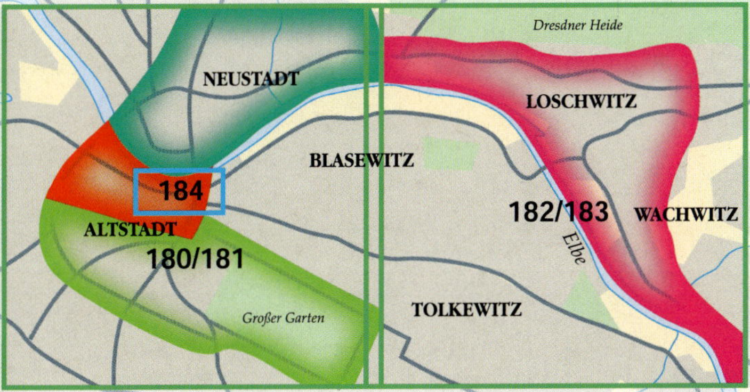

Kapiteleinteilung: siehe Übersichtskarte
auf der Umschlaginnenseite

Legende

- Hauptstraße
- Nebenstraße
- Tunnel
- Fußweg
- Bahnlinie
- S-Bahn-Linie
- Park
- Wichtiges Gebäude
- Sehenswürdigkeit (im Text)
- S-Bahn-Station
- Seilbahn
- Fähre

180–183 0 750 Meter

184 0 250 Meter

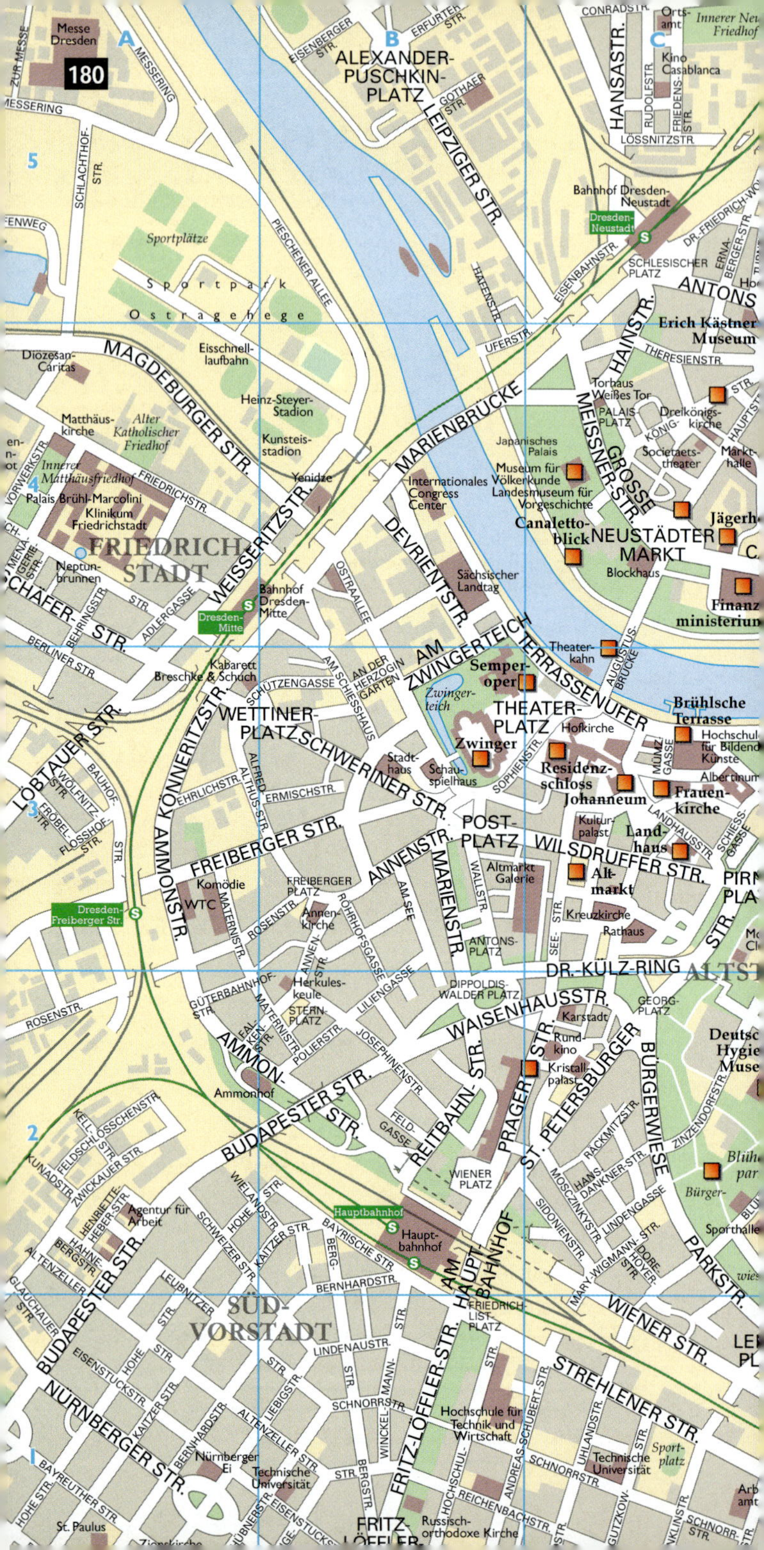
Messe Dresden
A
B
C
5
4
3
2
1
ZUR MESSE
MESSERING
SCHLACHTHOF-STR.
EISENBERGER STR.
ERFURTER STR.
ALEXANDER-PUSCHKIN-PLATZ
GOTHAER STR.
LEIPZIGER STR.
CONRADSTR.
Orts-amt
Innerer Neustädter Friedhof
HANSASTR.
RUDOLFSTR.
FRIEDENS-STR.
Kino Casablanca
LÖSSNITZSTR.
Bahnhof Dresden-Neustadt
Dresden-Neustadt
DR.-FRIEDRICH-WOLF-STR.
ERNA-BERGER-STR.
SCHLESISCHER PLATZ
EISENBAHNSTR.
ANTONS
Sportplätze
Sportpark
Ostragehege
PIESCHENER ALLEE
HAFENSTR.
UFERSTR.
Erich Kästner Museum
THERESIENSTR.
HAINSTR.
Diozesan-Caritas
MAGDEBURGER STR.
Eisschnell-laufbahn
Heinz-Steyer-Stadion
Kunsteis-stadion
Matthäus-kirche
Alter Katholischer Friedhof
Innerer Matthäusfriedhof
FRIEDRICHSTR.
VORWERKSTR.
Palais Brühl-Marcolini
Klinikum Friedrichstadt
FRIEDRICH-STADT
Neptun-brunnen
Yenidze
WEISSERITZSTR.
MARIENBRÜCKE
Internationales Congress Center
Japanisches Palais
Museum für Völkerkunde
Landesmuseum für Vorgeschichte
Canaletto-blick
Torhaus Weißes Tor
PALAIS-PLATZ
KÖNIG-
Dreikönigs-kirche
Societaets-theater
Markt-halle
MEISSNER-STR.
GROSSE MEISSNER-STR.
HAUPTSTR.
NEUSTÄDTER MARKT
Blockhaus
Jägerhof
Finanzministerium
SCHÄFER-STR.
BEHRINGSTR.
ADLERGASSE
Bahnhof Dresden-Mitte
Dresden-Mitte
OSTRAALLEE
DEVRIENTSTR.
Sächsischer Landtag
BERLINER STR.
Breschke & Schuch
Kabarett
SCHÜTZENGASSE
AM SCHIESSHAUS
AN DER HERZOGIN GARTEN
AM ZWINGERTEICH
Zwingerteich
Semperoper
Theaterkahn
AUGUSTUSBRÜCKE
TERRASSENUFER
Brühlsche Terrasse
THEATERPLATZ
Hofkirche
Hochschule für Bildende Künste
Albertinum
WETTINER PLATZ
SCHWERINER STR.
LÖBTAUER STR.
KÖNNERITZSTR.
WÖLFNITZ-STR.
FRÖBEL-STR.
FLOSSHOF-STR.
BAUHOF-STR.
EHRLICHSTR.
ALFRED-ALTHUS-STR.
ERMISCHSTR.
Stadt-haus
Schau-spielhaus
Zwinger
SOPHIENSTR.
Residenz-schloss
Johanneum
MÜNZGASSE
Frauen-kirche
LANDHAUSSTR.
SCHIESSGASSE
FREIBERGER STR.
ANNENSTR.
POSTPLATZ
Kultur-palast
Landhaus
WILSDRUFFER STR.
PIRNAISCHER PLATZ
AMMONSTR.
Komödie
WTC
Dresden-Freiberger Str.
FREIBERGER PLATZ
MATERNISTR.
ROSENSTR.
Annen-kirche
ROHRHOFSGASSE
AM SEE
MARIENSTR.
WALLSTR.
Altmarkt Galerie
Altmarkt
Kreuzkirche
Rathaus
SEESTR.
ANTONS-PLATZ
DR.-KÜLZ-RING
ALTSTADT
GÜTERBAHNHOFSTR.
ANNENSTR.
Herkules-keule
STERNPLATZ
LILIENGASSE
DIPPOLDISWALDER PLATZ
WAISENHAUSSTR.
GEORGPLATZ
Karstadt
Rundkino
Kristall-palast
ROSENSTR.
FALKENSTR.
POLIERSTR.
JOSEPHINENSTR.
AMMONSTR.
Ammonhof
BUDAPESTER STR.
FELDGASSE
REITBAHNSTR.
PRAGER STR.
ST. PETERSBURGER STR.
BÜRGERWIESE
Deutsches Hygiene-Museum
ZINZENDORFSTR.
Blüherpark
KELLERSTR.
FELDSCHLÖSSCHENSTR.
ZWICKAUER STR.
KUNADSTR.
RACKNITZSTR.
HANS-DANKNER-STR.
MOSCZINSKYSTR.
LINDENGASSE
Bürgerwiese
Sporthalle
WIENER PLATZ
Hauptbahnhof
WIELANDSTR.
HOHE STR.
SCHWEIZER STR.
KAITZER STR.
BAYRISCHE STR.
BERGSTR.
HENRIETTE-HEBER-STR.
Agentur für Arbeit
HAHNEBERGSTR.
ALTENZELLER STR.
GLAUCHAUER STR.
LEUBNITZER STR.
BERNHARDSTR.
AM HAUPTBAHNHOF
FRIEDRICH-LIST-PLATZ
SIDONIENSTR.
MARY-WIGMANN-STR.
DORE-HOYER-STR.
PARKSTR.
WIENER STR.
LENNÉPLATZ
SÜDVORSTADT
BUDAPESTER STR.
EISENSTUCKSTR.
HOHE STR.
LINDENAUSTR.
STREHLENER STR.
NÜRNBERGER STR.
KAITZER STR.
BERNHARDSTR.
ALTENZELLER STR.
LIEBIGSTR.
SCHNORRSTR.
WINCKELMANNSTR.
FRITZ-LÖFFLER-STR.
Hochschule für Technik und Wirtschaft
SCHUBERTSTR.
UHLANDSTR.
Technische Universität
Sportplatz
Nürnberger Ei
Technische Universität
BERGSTR.
HOCHSCHULSTR.
ANDREAS-SCHUBERT-STR.
SCHNORRSTR.
BAYREUTHER STR.
HOHE STR.
St. Paulus
EISENSTUCKSTR.
FRITZ-LÖFFLER-PLATZ
Russisch-orthodoxe Kirche
REICHENBACHSTR.
GUTZKOWSTR.
SCHNORRSTR.
Arbeitsamt

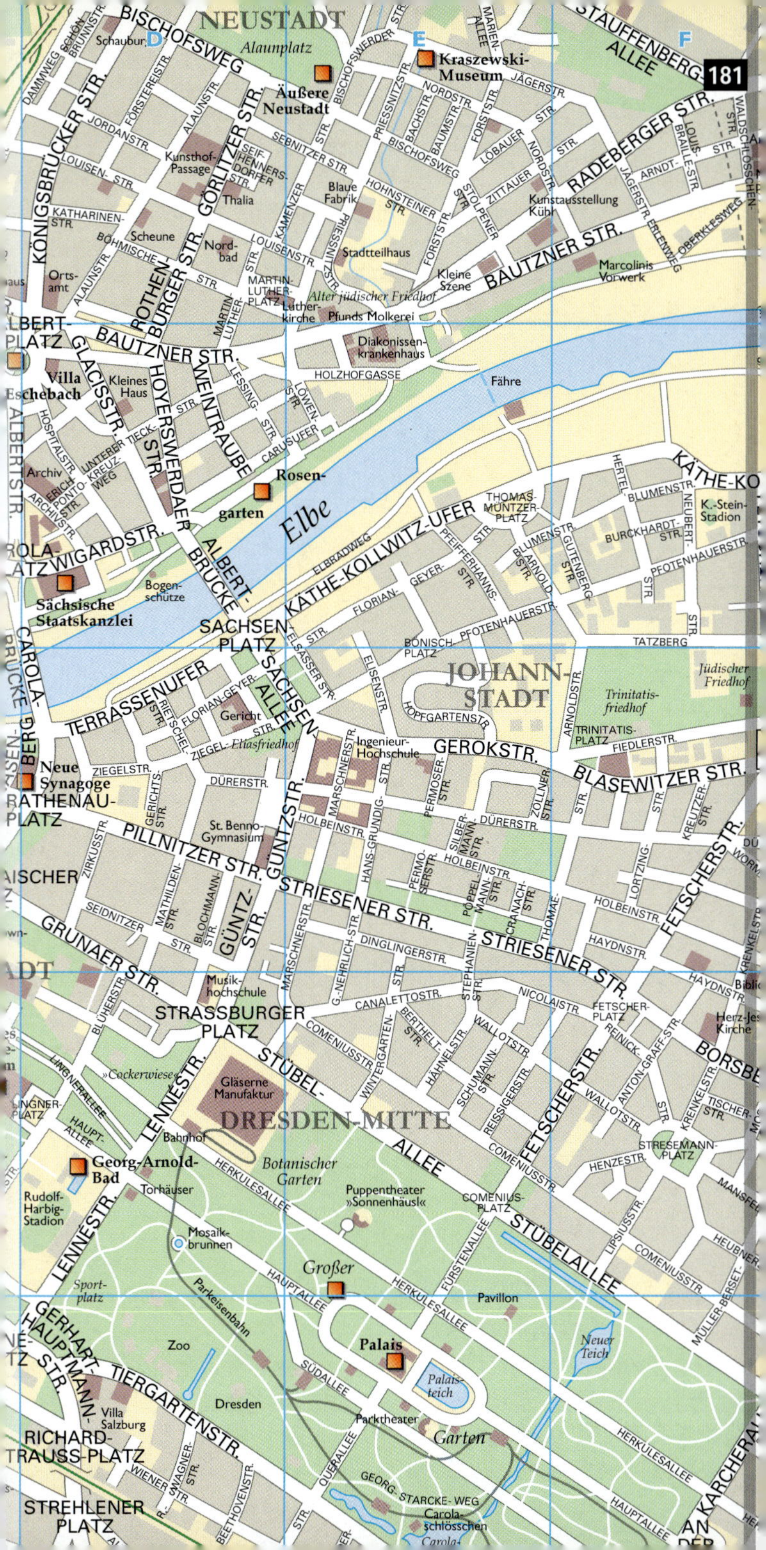
NEUSTADT
Alaunplatz
Kraszewski-Museum
Äußere Neustadt
Schauburg
Kunsthof-Passage
Thalia
Blaue Fabrik
Scheune
Nordbad
Stadtteilhaus
Kunstausstellung Kühl
Marcolinis Vorwerk
Kleine Szene
Ortsamt
Alter jüdischer Friedhof
Lutherkirche
Pfunds Molkerei
Diakonissenkrankenhaus
Villa Eschebach
Kleines Haus
Fähre
Archiv
Rosengarten
Elbe
Sächsische Staatskanzlei
Bogenschütze
JOHANN-STADT
Jüdischer Friedhof
Trinitatisfriedhof
Gericht
Eliasfriedhof
Ingenieur-Hochschule
Neue Synagoge
St. Benno-Gymnasium
K.-Stein-Stadion
Musikhochschule
Gläserne Manufaktur
DRESDEN-MITTE
Bahnhof
Georg-Arnold-Bad
Botanischer Garten
Puppentheater »Sonnenhäusl«
Rudolf-Harbig-Stadion
Torhäuser
Mosaikbrunnen
Sportplatz
Großer Garten
Palais
Pavillon
Neuer Teich
Palaisteich
Zoo
Dresden
Villa Salzburg
Parktheater
Carolaschlösschen
Herz-Jesu-Kirche
»Cockerwiese«
Parkeisenbahn
BISCHOFSWEG
STAUFFENBERGALLEE
KÖNIGSBRÜCKER STR.
GÖRLITZER STR.
ROTHENBURGER STR.
BAUTZNER STR.
RADEBERGER STR.
ALBERTPLATZ
GLACISSTR.
HOYERSWERDAER STR.
WEINTRAUBE STR.
ALBERTBRÜCKE
CAROLABRÜCKE
KÄTHE-KOLLWITZ-UFER
SACHSENPLATZ
SACHSENALLEE
TERRASSENUFER
WIGARDSTR.
GEROKSTR.
BLASEWITZER STR.
RATHENAUPLATZ
PILLNITZER STR.
GÜNTZSTR.
STRIESENER STR.
FETSCHERSTR.
GRUNAER STR.
STRASSBURGER PLATZ
STÜBELALLEE
LENNÉSTR.
GERHART-HAUPTMANN-STR.
TIERGARTENSTR.
RICHARD-STRAUSS-PLATZ
STREHLENER PLATZ
HERKULESALLEE
HAUPTALLEE
SÜDALLEE
GEORG-STARCKE-WEG
KARCHERALLEE
BORSBERGSTR.
TATZBERG

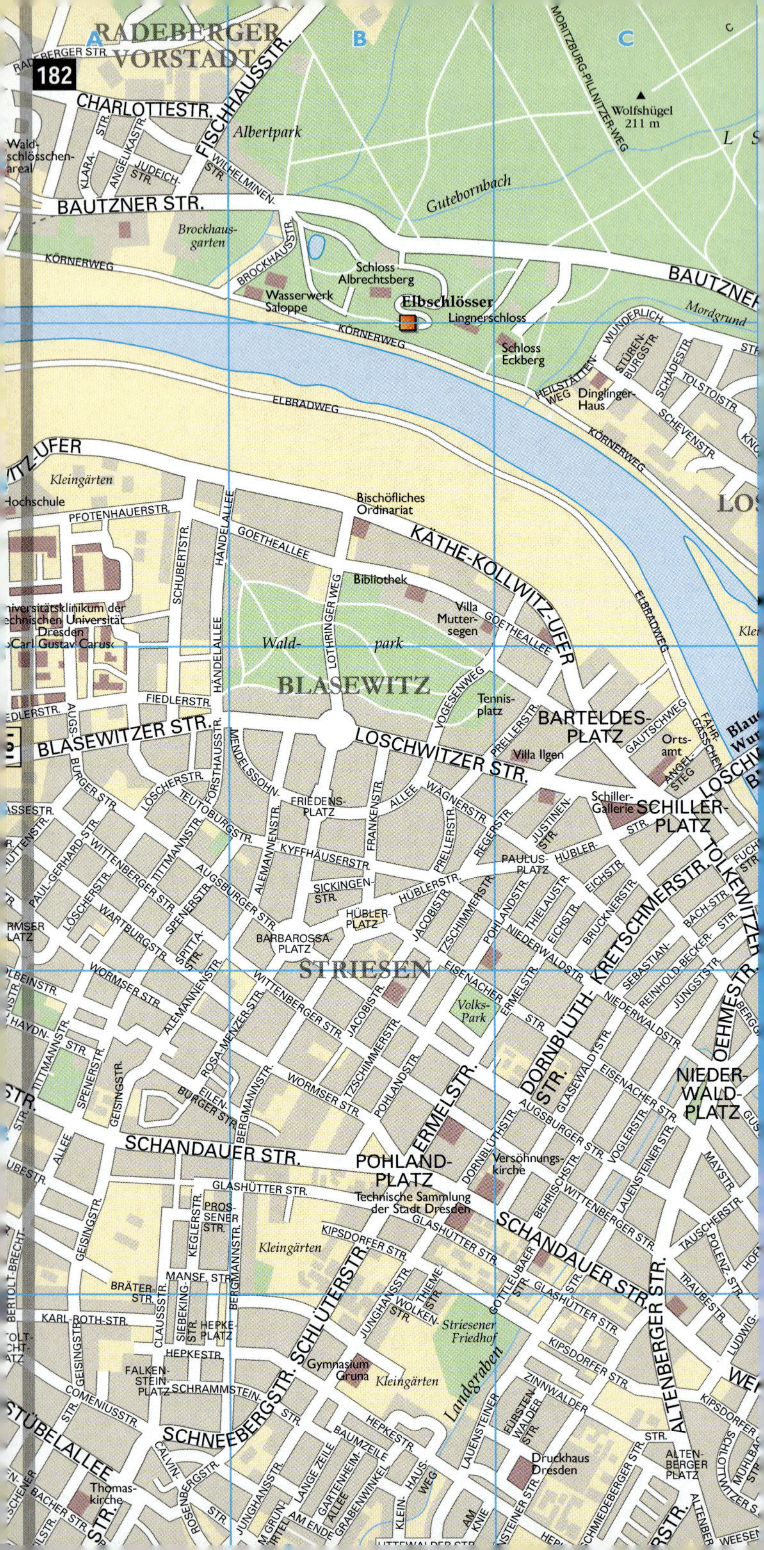
A
B
C
RADEBERGER VORSTADT
RADEBERGER STR.
CHARLOTTESTR.
FISCHHAUSSTR.
Albertpark
MORITZBURG-PILLNITZER-WEG
Wolfshügel 211 m
Wald-schlösschen-areal
KLARA-STR.
ANGELIKASTR.
JUDEICH-STR.
WILHELMINEN-STR.
Gutebornbach
BAUTZNER STR.
Brockhaus-garten
KÖRNERWEG
BROCKHAUSSTR.
Schloss Albrechtsberg
BAUTZNER
Wasserwerk Saloppe
Elbschlösser
Lingnerschloss
Mordgrund
KÖRNERWEG
Schloss Eckberg
WUNDERLICH-STR.
STÜREN-BURGSTR.
SCHÄDESTR.
HEILSTÄTTEN-WEG
Dinglinger-Haus
TOLSTOISTR.
SCHEVENSTR.
KÖRNERWEG
ELBRADWEG
Kleingärten
Hochschule
Bischöfliches Ordinariat
PFOTENHAUERSTR.
HÄNDELALLEE
GOETHEALLEE
KÄTHE-KOLLWITZ-UFER
SCHUBERTSTR.
Bibliothek
LOTHRINGER WEG
Universitätsklinikum der Technischen Universität Dresden Carl Gustav Carus
Villa Mutter-segen
GOETHEALLEE
ELBRADWEG
Wald-
park
BLASEWITZ
HÄNDELALLEE
VOGESENWEG
Tennis-platz
FIEDLERSTR.
PRELLERSTR.
BARTELDES-PLATZ
GAUTSCHWEG
FÄHRGÄSSCHEN
Orts-amt
BLASEWITZER STR.
LOSCHWITZER STR.
Villa Ilgen
ANGEL-STEG
FORSTHAUSSTR.
MENDELSSOHN-ALLEE
LOSCHERSTR.
TEUTOBURGSTR.
FRIEDENS-PLATZ
FRANKENSTR.
WAGNERSTR.
Schiller-Gallerie
SCHILLER-PLATZ
JUSTINEN-STR.
HÜBLER-STR.
TOLKEWITZER
ALEMANNENSTR.
KYFFHÄUSERSTR.
PRELLERSTR.
REGERSTR.
PAULUS-PLATZ
EICHSTR.
KRETSCHMERSTR.
WITTENBERGER STR.
TITTMANNSTR.
AUGSBURGER STR.
SICKINGEN-STR.
HÜBLERSTR.
JACOBISTR.
TZSCHIMMERSTR.
POHLANDSTR.
THIELAUSTR.
EICHSTR.
BRUCKNERSTR.
BACH-STR.
PAUL-GERHARD-STR.
LÖSCHERSTR.
WARTBURGSTR.
SPENERSTR.
SPITTA-STR.
HÜBLER-PLATZ
BARBAROSSA-PLATZ
STRIESEN
NIEDERWALDSTR.
SEBASTIAN-
REINHOLD-BECKER-STR.
JUNGSTSTR.
WORMSER STR.
ALEMANNENSTR.
ROSA-MENZER-STR.
WITTENBERGER STR.
JACOBISTR.
EISENACHER STR.
ERMELSTR.
Volks-Park
DORNBLÜTH-STR.
NIEDERWALDSTR.
OEHMESTR.
HAYDN-STR.
TITTMANNSTR.
SPENERSTR.
GEISINGSTR.
TZSCHIMMERSTR.
POHLANDSTR.
ERMELSTR.
GLASEWALDTSTR.
EISENACHER STR.
NIEDER-WALD-PLATZ
WORMSER STR.
EILEN-BURGER STR.
BERGMANNSTR.
AUGSBURGER STR.
VOGLERSTR.
ALLEE
SCHANDAUER STR.
POHLAND-PLATZ
DORNBLÜTHSTR.
Versöhnungs-kirche
BEHRISCHSTR.
WITTENBERGER STR.
LAUENSTEINER STR.
MAYSTR.
GLASHÜTTER STR.
Technische Sammlung der Stadt Dresden
PROS-SENER STR.
GEISINGSTR.
KEGLERSTR.
GLASHÜTTER STR.
SCHANDAUER STR.
TAUSCHERSTR.
POLENZ-STR.
Kleingärten
KIPSDORFER STR.
BERGMANNSTR.
ALTENBERGER STR.
TRAUBESTR.
BRÄTER-STR.
MANSF. STR.
THIEME-STR.
GOTTLEUBAER STR.
GLASHÜTTER STR.
SCHLÜTERSTR.
JUNGHANSSTR.
WOLKEN-STR.
Striesener Friedhof
LUDWIG-
KARL-ROTH-STR.
GEISINGSTR.
SIEBEKING-STR.
CLAUSSSTR.
HEPKE-PLATZ
HEPKESTR.
KIPSDORFER STR.
Gymnasium Gruna
Kleingärten
Landgraben
FALKEN-STEIN-PLATZ
SCHRAMMSTEIN-STR.
ZINNWALDER STR.
KIPSDORFER STR.
COMENIUSSTR.
SCHNEEBERGSTR.
HEPKESTR.
LAUENSTEINER STR.
FÜRSTEN-WALDER STR.
STÜBELALLEE
CALVIN-STR.
BAUMZEILE
Druckhaus Dresden
ALTEN-BERGER PLATZ
Thomas-kirche
ROSENBERGSTR.
JUNGHANSSTR.
LANGE ZEILE
GARTENHEIM-ALLEE
GRABENWINKEL
KLEIN-HAUS-WEG
AM KNIE
SCHMIEDEBERGER STR.
ALTENBERGER STR.
WEESEN-
SCHLOTTWITZER STR.
MÜHLBACH
AM ENDE
M. GRÜN
TITTWALDER STR.
BERTOLT-BRECHT-ALLEE
LOSCHWITZ
Blaues Wunder

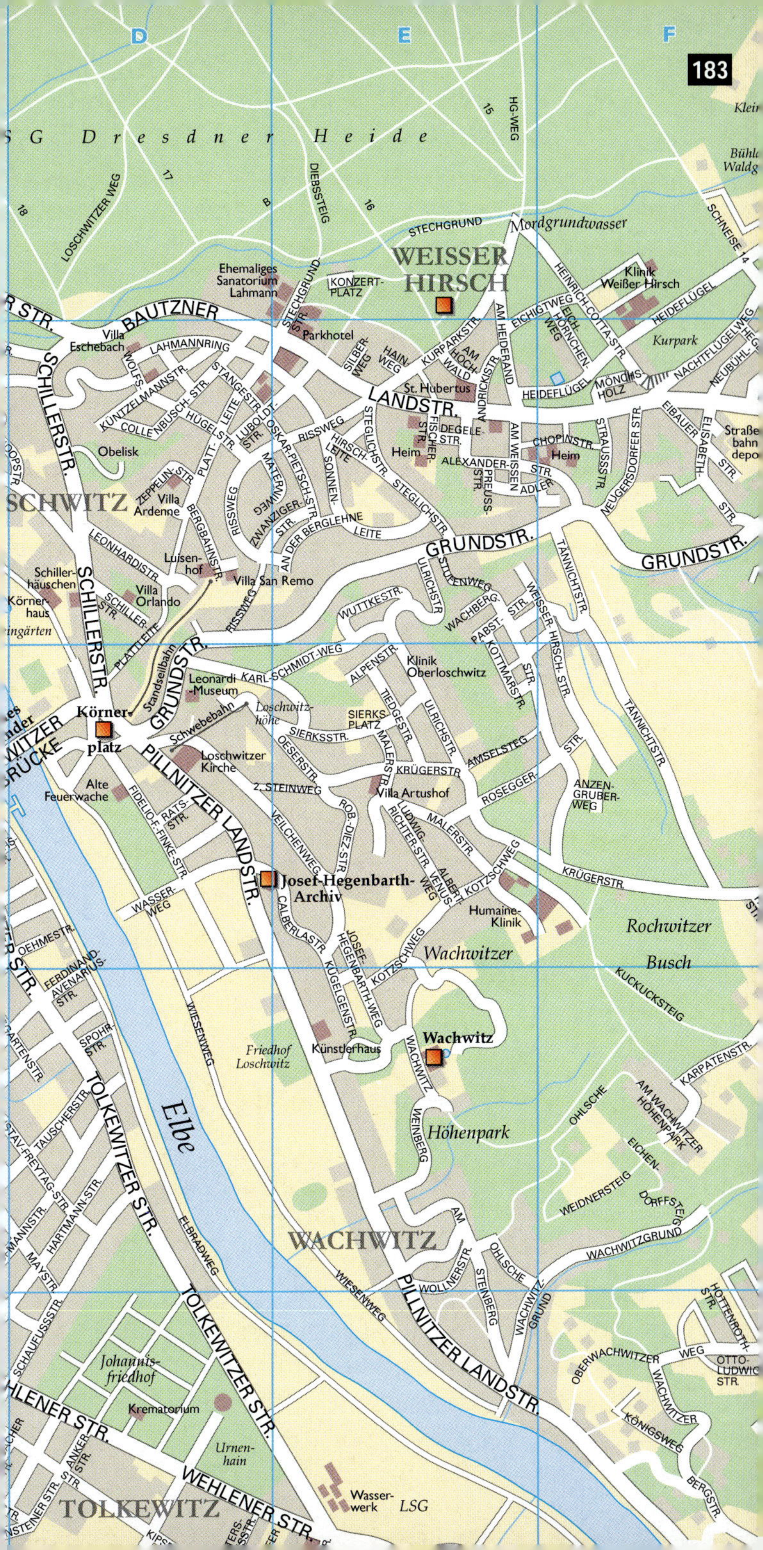
D
E
F
G Dresdner Heide
Kleir
Bühla
Waldg
LOSCHWITZER WEG
DIEBSSTEIG
HG-WEG
STECHGRUND
Mordgrundwasser
SCHNEISE 14
WEISSER HIRSCH
Ehemaliges Sanatorium Lahmann
KONZERT-PLATZ
Klinik Weißer Hirsch
HEINRICH-COTTA-STR.
HEIDEFLÜGEL
Kurpark
NACHTFLÜGELWEG
NEUBÜHLER STR.
BAUTZNER LANDSTR.
Villa Eschebach
LAHMANNRING
STECHGRUND-STR.
Parkhotel
SILBER-WEG
HAIN-WEG
KURPARKSTR.
AM HOCHWALD
AM HEIDERAND
EICHIGTWEG
HÖRNCHENWEG
MÖNCHSHOLZ
HEIDEFLÜGEL
St. Hubertus
SCHILLERSTR.
WOLFSHÜGELSTR.
KÜNTZELMANNSTR.
COLLENBUSCH-STR.
HÜGELSTR.
STANGESTR.
PLATTLEITE
LUBOLDT-STR.
OSKAR-PIETSCH-STR.
MATERNIWEG
ZWANZIGER-STR.
RISSWEG
HIRSCHLEITE
SONNENLEITE
STEGLICHSTR.
FISCHER-STR.
Heim
ANDRICKSTR.
DEGELE-STR.
ALEXANDER-STR.
PREUSS-STR.
AM WEISSEN ADLER
CHOPINSTR.
Heim
STRAUSSSTR.
NEUGERSDORFER STR.
EIBAUER STR.
ELISABETH-STR.
Straßenbahn depot
Obelisk
ZEPPELINSTR.
Villa Ardenne
SCHWITZ
AN DER BERGLEHNE
LEITE
GRUNDSTR.
LEONHARDISTR.
BERGBAHNSTR.
Luisenhof
Villa San Remo
Schillerhäuschen
Körnerhaus
ingärten
Villa Orlando
SCHILLER-STR.
PLATTLEITE
ULRICHSTR.
STUFENWEG
TÄNNICHTSTR.
WUTTKESTR.
WACHBERGSTR.
PABSTSTR.
WEISSER-HIRSCH-STR.
KOTTMARSTR.
KARL-SCHMIDT-WEG
Klinik Oberloschwitz
Standseilbahn
Leonardi-Museum
ALPENSTR.
TIEDGESTR.
SIERKS-PLATZ
SIERKSSTR.
MALERSTR.
ULRICHSTR.
AMSELSTEG
STR.
Körnerplatz
Schwebebahn
Loschwitzhöhe
OESERSTR.
KRÜGERSTR.
ROSEGGER-STR.
ANZENGRUBER-WEG
Loschwitzer Kirche
Alte Feuerwache
2. STEINWEG
Villa Artushof
LUDWIG-RICHTER-STR.
MALERSTR.
PILLNITZER LANDSTR.
FIDELIO-F.-FINKE-STR.
RATSSTR.
VEILCHENWEG
ROB.-DIEZ-STR.
ALBERT-VENUS-WEG
KOTZSCHWEG
KRÜGERSTR.
Josef-Hegenbarth-Archiv
Humaine-Klinik
Rochwitzer Busch
WASSERWEG
CALBERLASTR.
JOSEF-HEGENBARTH-WEG
Wachwitzer
OEHMESTR.
FERDINAND-AVENARIUS-STR.
KUGELGENSTR.
KOTZSCHWEG
KUCKUCKSTEIG
WIESENWEG
Friedhof Loschwitz
Künstlerhaus
Wachwitz
SPOHRSTR.
TAUSCHERSTR.
TOLKEWITZER STR.
Elbe
WACHWITZ
Höhenpark
WEINBERG
KARPATENSTR.
OHLSCHE
AM WACHWITZER HÖHENPARK
EICHENDORFFSTEIG
WEIDNERSTEIG
WACHWITZGRUND
GUSTAV-FREYTAG-STR.
HARTMANNSTR.
MAYSTR.
ELBRADWEG
AM
WOLLNERSTR.
STEINBERG
OHLSCHE
WACHWITZGRUND
HOTTENROTH-STR.
OTTO-LUDWIG-STR.
OBERWACHWITZER WEG
WACHWITZER
KÖNIGSWEG
BERGSTR.
SCHAUFUSSSTR.
Johannisfriedhof
Krematorium
TOLKEWITZER STR.
WEHLENER STR.
Urnenhain
ANKERSTR.
Wasserwerk
LSG
TOLKEWITZ

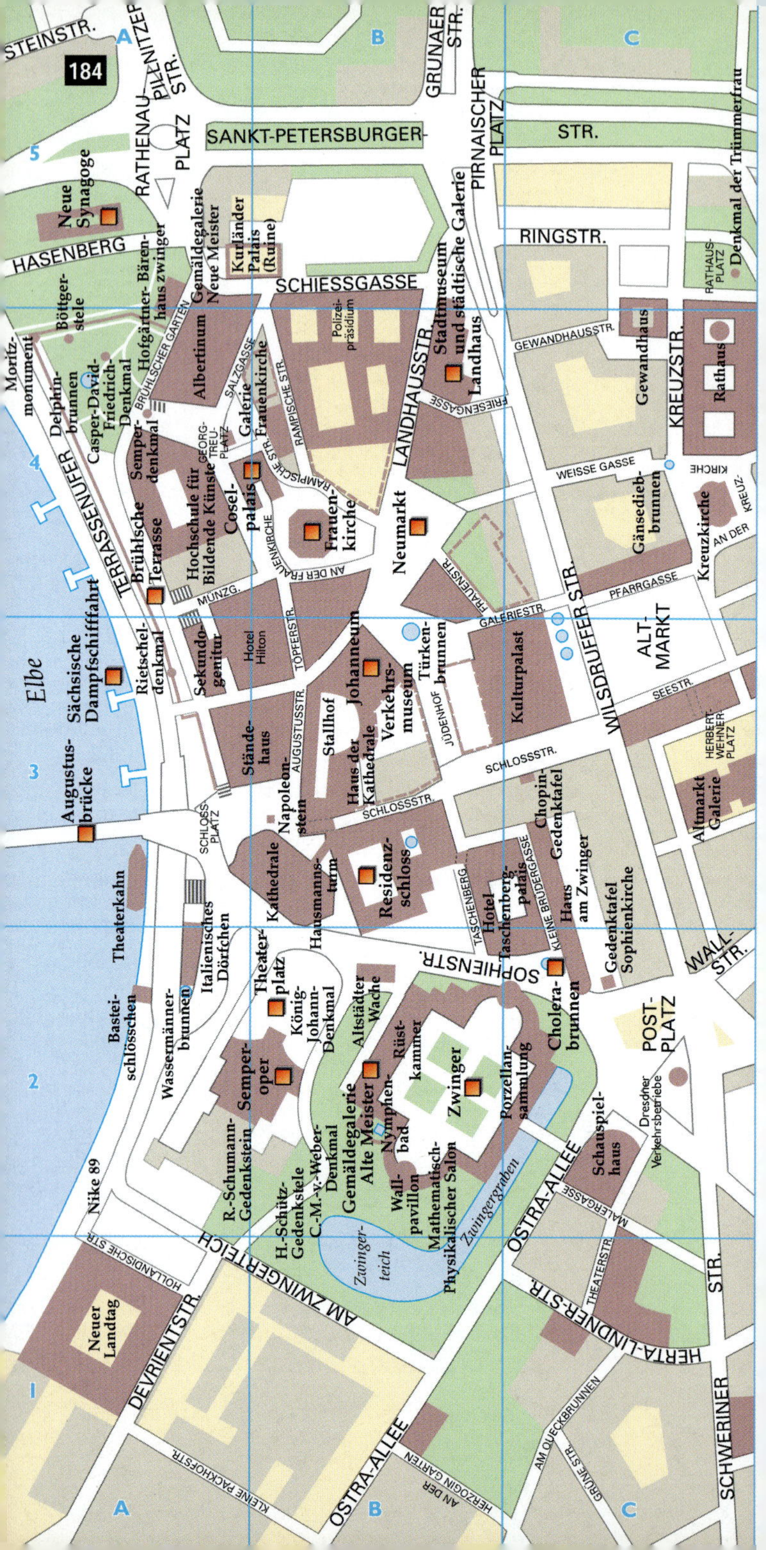

Elbe
Terrassenufer
Augustusbrücke
Sächsische Dampfschiffahrt
Brühlsche Terrasse
Neue Synagoge
Hasenberg
Steinstr.
Rathenauplatz
Pillnitzer Str.
Sankt-Petersburger-Str.
Grunaer Str.
Pirnaischer Platz
Ringstr.
Schießgasse
Kurländer Palais (Ruine)
Gemäldegalerie Neue Meister
Albertinum
Hofgärtner-Bärenhauszwinger
Böttger-stele
Moritz-monument
Delphinbrunnen
Casper-David-Friedrich-Denkmal
Semperdenkmal
Hochschule für Bildende Künste
Coselpalais
Galerie Frauenkirche
Frauenkirche
Neumarkt
Polizeipräsidium
Landhausstr.
Stadtmuseum und städtische Galerie Landhaus
Gewandhausstr.
Gewandhaus
Kreuzstr.
Rathaus
Rathausplatz
Denkmal der Trümmerfrau
Weisse Gasse
Gänsediebbrunnen
Kreuzkirche
Pfarrgasse
Wilsdruffer Str.
Altmarkt
Seestr.
Herbert-Wehner-Platz
Altmarkt Galerie
Kulturpalast
Galeriestr.
Türkenbrunnen
Jüdenhof
Verkehrsmuseum
Johanneum
Stallhof
Haus der Kathedrale
Schlossstr.
Residenzschloss
Hausmannsturm
Chopin-Gedenktafel
Taschenberg
Hotel Taschenbergpalais
Kleine Brüdergasse
Haus am Zwinger
Gedenktafel Sophienkirche
Sophienstr.
Cholerabrunnen
Postplatz
Wallstr.
Münzg.
Hotel Hilton
Töpferstr.
Sekundogenitur
Rietschel-denkmal
Ständehaus
Augustusstr.
Napoleonstein
Schlossplatz
Kathedrale
Theaterkahn
Italienisches Dörfchen
Theaterplatz
König-Johann-Denkmal
Altstädter Wache
Rüstkammer
Zwinger
Porzellansammlung
Nymphenbad
Gemäldegalerie Alte Meister
Semperoper
Bastei-schlösschen
Wassermännerbrunnen
Nike 89
R.-Schumann-Gedenkstein
H.-Schütz-Gedenkstele
C.-M.-v.-Weber-Denkmal
Wallpavillon
Mathematisch-Physikalischer Salon
Zwingergraben
Zwingerteich
Am Zwingerteich
Schauspielhaus
Dresdner Verkehrsbetriebe
Ostra-Allee
Marienstr.
Theaterstr.
Herta-Lindner-Str.
Holländische Str.
Neuer Landtag
Devrientstr.
Kleine Packhofstr.
An der Herzogin Garten
Am Queckbrunnen
Grüne Str.
Schweriner Str.

Straßenregister

Albertbrücke **181 D4**
Albertstr. **180 C4**
Alemannenstr. **182 A2-B3**
Alexander-Puschkin-Platz **180 B5**
Alfred-Althus-Str. **180 A/B3**
Altmarkt **184 C3/4**
Am Hauptbahnhof **180 B1/2**
Am Heiderand **183 E4/5**
Am Queckbrunnen **184 C1**
Am Schiesshaus **180 B3/4**
Am See **180 B2/3**
Am Wachwitzer Höhenpark **183 F2**
Am Zwingerteich **184 A2-B1**
Ammonstr. **180 A3-B2**
Amselsteg **183 E3**
An der Berglehne **183 E4**
An der Frauenkirche **184 B4**
An der Herzogin Garten **184 B/C1**
An der Kreuzkirche **184 C4**
An der Pikardie **181 F1**
Andreas-Schubert-Str. **180 B/C1**
Ankerstr. **183 D1**
Annenstr. **180 B2/3**
Antonsplatz **180 B3**
Antonstr. **180 C5**
Anzengruberweg **183 F3**
Arndtstr. **181 F5**
Augustusbrücke **180 C3/4**
Augustusstr. **184 B3**

Barteldesplatz **182 C3**
Bautzner Landstr. **183 D-F4**
Bautzner Str. **182 A-C5**
Bayrische Str. **180 B1/2**
Behrischstr. **182 C2**
Bischofsweg **181 D/E5**
Blasewitzer Str. **182 A3**
Blüherstr. **181 D2**
Böhmische Str. **181 D5**
Bönischplatz **181 E3/4**
Brühlscher Garten **184 A4/5**
Budapester Str. **180 A1-B2**
Bürgerwiese **180 C2**

Calberlastr. **183 D/E3**
Calvinsr. **182 A1**
Carolaplatz **180 C4**

Devrientstr. **184 A1**
Dippoldiswalder Platz **180 B2**
Dr.-Külz-Ring **180 B2-C3**

Eibauer Str. **183 F4**
Eichendorffsteig **183 F2**
Eisenacher Str. **182 B3-C2**
Eisenberger Str. **180 B5**
Elbradweg **182 A4-C3**
Elisenstr. **181 E3/4**
Elsasser Str. **181 D4-E3**
Enderstr. **182 C1**
Erfurter Str. **180 B5**

Falkensteinplatz **182 A1**
Fischhausstr. **182 A/B5**
Forststr. **181 E5**
Frankenstr. 182 B3
Franklinstr. **180 C1**
Frauenstr. **184 B4**
Freiberger Platz **180 B3**
Freiberger Str. **180 A/B3**
Friedensplatz **182 B3**
Friedrich-List-Platz **180 B1**
Friesengasse **184 B/C4**
Fritz-Löffler-Platz **180 B1**
Fritz-Löffler-Str. **180 B1**
Fürstenallee **181 E1/2**

Galeriestr. **184 B3-C4**
Georg-Treu-Platz **184 A4**
Gerhart-Hauptmann-Str. **181 D1**
Gerokstr. **181 E/F3**
Gewandhausstr. **184 C4**
Glacisstr. **181 D4**
Glasewaldtstr. **182 C2**
Görlitzer Str. **181 D5**
Grosse Meissner Str. **180 C4**
Grunaer Str. **184 B5**
Grundstr. **183 D3-F4**
Grüne Str. **184 C1**
Gustav-Freytag-Str. **183 D2**

Hainstr. **180 C4/5**
Hansastr. **180 C5**
Hans-Grundig-Str. **181 E3**
Hartmannstr. **183 D2**
Hasenberg **184 A5**
Hauptstr. **180 C4**
Heinrich-Cotta-Str. **183 E5-F4**
Henzestr. **181 F2**
Herbert-Wehner-Platz **184 C3**
Herrenberg-Str. **183 F3**
Herta-Lindner-Str. **184 C1**
Holländische Str. **184 A1/2**
Hottenrothstr. **183 F1**
Hoyerswerdaer Str. **181 D4**

Josef-Hegenbarth-Weg **183 E2/3**
Jüdenhof **184 B3**
Justinenstr. **182 C3**

Karl-Schmidt-Weg **183 D3-E4**
Karpatenstr. **183 F2**
Käthe-Kollwitz-Ufer **181 D-F4**
Kleine Brüdergasse **184 C2/3**
Kleine Packhofstr. **184 A/B1**
Königsbrücker Str. **181 D5**
Königsweg **183 F1**
Könneritzstr. **180 A3-B4**
Kottmarstr. **183 E3/4**
Kretschmerstr. **182 C2/3**
Kreuzstr. **184 C4/5**
Kuckucksteig **183 F2/3**
Kügelgenstr. **183 E2/3**
Kurparkstr. **183 E4/5**

Landhausstr. **184 B4/5**
Laubestr. **182 A2**
Lauensteiner Str. **182 B1-C2**
Leipziger Str. **180 B/C5**
Lennéplatz **180 C1**
Lennéstr. **181 D1/2**
Liebigstr. **180 A/B1**
Löbtauer Str. **180 A3**
Lortzingstr. **181 F3**
Loschwitzer Brücke **183 D3**
Louis-Braille-Str. **181 F5**

Magdeburger Str. **180 A/B4**
Malergasse **184 C1/2**
Marienbrücke **180 B4**
Marienstr. **180 B2/3**
Marschnerstr. **181 D2-E3**
Mary-Wigmann-Str. **180 C1/2**
Maternistr. **180 A3-B2**
Materniweg **183 D/E4**
Maystr. **183 D2**
Messering **180 A5**

Nachtflügelweg 183 F4/5
Neugersdorfer Str. 183 F4
Neumarkt 184 B4
Neustädter Markt 180 C4
Niederwaldplatz 182 C2
Nürnberger Str. 180 A/B1

Oehmestr. 182 C2/3
Ostraallee 184 B1-C2

Pabststr. 183 E4
Parkstr. 180 C1/2
Pieschener Allee 180 A5-B4
Pillnitzer Landstr. 183 D3-F1
Pillnitzer Str. 184 A5
Pirnaischer Platz 184 B5
Polenzstr. 182 C1/2
Postplatz 184 C2
Prager Str. 180 B/C2
Prellerstr. 182 B/C3

Rampische Str. 184 A/B4
Rathausplatz 184 C5
Rathenauplatz 184 A5
Ratsstr. 183 D3
Reissigerstr. 181 E/F2
Ringstr. 184 B/C5
Rosa-Menzer-Str. 182 A2-B3
Roseggerstr. 183 E/F3
Rosenstr. 180 A2-B3
Rothenburger Str. 181 D4/5

Sachsenallee 181 D4-E3
Salzgasse 184 A4-B5
Sankt Petersburger Str. 184 A-C5
Schäferstr. 180 A3/4
Schandauer Str. 182 A2-C1
Schevenstr. 182 C4
Schillerstr. 183 D3/4
Schlesischer Platz 180 C5
Schlossplatz 184 A3
Schlossstr. 184 B3
Schlottwitzer Str. 182 C1
Schnorrstr. 180 B/C1
Schubertstr. 182 A3/4
Schumannstr. 181 E2
Schützengasse 180 A/B3
Schweizer Str. 180 A2-B1
Schweriner Str. 184 C1/2
Semperstr. 180 C1
Sickingenstr. 182 B3
Silbermannstr. 181 E3
Sonnenleite 183 E4
Sophienstr. 184 A3-C2
Spenerstr. 182 A2-B3
Stauffenbergallee 181 F5
Steinstr. 184 A5
Stephanienstr. 181 E2/3
Sternplatz 180 B2
Strassburger Platz 181 D2
Straussstr. 183 F4
Strehlener Platz 181 D1
Strehlener Str. 180 B1
Stübelallee 181 D2-F1
Südallee 181 D2-F1

Taschenberg 184 B2/3
Tauscherstr. 183 D2
Terrassenufer 184 A2-4
Theaterplatz 184 B2
Theaterstr. 184 C1/2
Tiedgestr. 183 E3
Tischerstr. 181 F2
Tittmannstr. 182 A2/3
Tolkewitzer Str. 183 D2-E1
Töpferstr. 184 B3/4

Waisenhausstr. 180 B/C2
Wallstr. 184 C2
Wehlener Str. 183 D/E1
Weidnersteig 183 F2
Weisse Gasse 184 C4
Weisser-Hirsch-Str. 183 E4-F3
Weisseritzstr. 180 A3-B4
Wettinerplatz 180 A/B3
Wielandstr. 180 A/B2
Wiesenweg 183 D3-E1
Wilsdruffer Str. 184 B5-C2
Winckelmannstr. 180 B1/2
Wintergartenstr. 181 E2/3

Zittauer Str. 181 E/F5
Zur Messe 180 A5
Zwanzigerstr. 183 D/E4
Zwickauer Str. 180 A2
Zwinglistr. 182 A1

Register

Abenteuerspielplatz 96
Alaunplatz 95
Alaunstraße 7
Albertinum, Skulpturensammlung 10
Albertplatz 93
Albrechtsburg 153
Alte Meister 9
Alter Jüdischer Friedhof 85, 96
Alter Katholischer Friedhof 170
Alter Landtag 70
Alter Schlachthof 48
Altmarkt 31, 110, 112ff
Altmarkt-Galerie 46, 113
Altstadt 8, 13
Altstädter Wache 61
Altstadtpanorama 100
Anreise 173
Antikriegs-Symbol 13
Antiquitätengeschäfte 104
August der Starke (Friedrich August I.) 6, 9, 58, 66, 82
Augustusbrücke 53, 74
Ausgehen 47f
siehe auch einzelne Stadtgebiete
Äußere Neustadt 94ff
Aussichten 7

Bad Schschandau 151
Bahnhöfe 36
Bahninformationen 36
Bähr, George 24, 92
Banken 174
Bastei 149
Bautzen 158f
Behinderte 176
Behnisch, Günter 26
Bellotto, Bernardo (Canaletto) 16, 87
Bentz, Melitta 17
Bergbahnen 37
Bergpalais 139
Besucherinformationen 36
Bierdeckel 17
Biergarten 101, 103
Blaues Wunder 7, 38, 134, 166
Bleyl, Fritz 20
Blüherpark 111, 123
Bodt 86
Bogenschützen 100
Botanischer Garten 120
Böttger, Johann Friedrich 17, 19, 72, 154
Brandenburg-Bayreuth, Christiane Eberhardine von 10
BRN (Bunte Republik Neustadt) 21
Brockdorff, Anna Constantia Gräfin von (Gräfin von Cosel) 10, 75
Brücke, Künstlergruppe 19
Brücke-Gesellschaft Moritzburg 21
Brühlsche Terrasse 7, 24, 53, 70f, 165
Bülow Palais 92
Bunte Republik Neustadt (BRN) 9, 22, 82, 94
Burg Stolpen 11
Bürgerwiese 111, 123
Büstenhalter 17

Cafés 45
Campingplätze 41
Canaletto (Belloto, Bernardo) 16, 87
Canaletto-Blick 44, 87, 101
Caravanplätze 41
Cholerabrunnen 52, 74
Christopher Street Day 48
Clubs 9, 48
Coop Himmelb(l)au 26
Cosel, Anna Constantia Gräfin von (Gräfin von Brockdorff) 9, 75
Coselpalais 53, 75f
Coventry 13
CVJM Jugendschiff 42

Damaskus-Zimmer 87
Dampferfahrt 7
Delphinbrunnen 72
Diesbar-Seußlitz 7
Dietrich, Anton 100
Dietz, Robert 93
Dippelsdorfer Teich, Veranstaltungs- und Begegnungszentrum 21
Dix, Otto 16
Dixielandfestival 9
Dom zu Meißen 153
Domino-Stein 18
Dresdner Kreuzchor 14
Dresdner Messe 48
Dresdner Musikhochschule 14
Dresdner Neueste Nachrichten 47
Dresdner Parkeisenbahn 120
Dresdner Philharmonie 14, 48
Dresdner Stollen 45, 47
Dresdner Zoo 120

Einkaufen 46f
siehe auch einzelne Stadtgebiete
Elbe 6f
Elberadweg 7, 39
Elbetrödelmarkt 46
Elbfähren 39
Elbhangfest 9, 22
Elbschlösser 130, 132f, 166
Elektrizität 175
Erlwein, Hans 25, 93
Erlweinpreis 26
Erlweinspeicher 26, 43, 176
Ernemannturm 18
Essen und Trinken 44f
siehe auch einzelne Stadtgebiete
Exaktakamera 18

Fahrrad-Ausleihstationen 39
Feiertage 174
Felsenbühne Rathen 48,150
Festspielhaus Hellerau 48
Festung Dresden 53, 73
Festung Königstein 150
Filmnächte, Elbufer 100, 104
Finanzministerium 100
Flughafen Dresden (Klotzsche) 36
Flughafeninformationen 36
Flughafentransfer 36
Friedrich August II. 10
Friedrich, Caspar David 16, 89
Friedrichstadt 21, 168ff
Fürstenzug 67

Galerie Arnold 21
Galerien 24, 46, 104
Gemäldegalerie Alte Meister 7, 16, 21, 34, 52, 54f, 58, 72, 87
Georg-Arnold-Bad 111, 123
Geschäfte 174
Gesundheit 176
Gewandhaus 115
Geyger, Ernst Moritz 100
Giese, Ernst 95
Gläserne Manufaktur 30f, 111, 121

Glockenspielpavillon 55
Goldener Reiter 81, 88
Gorbitz 25
Görlitzer Straße 7
Großer Garten 111, 119ff
Großer Schlosshof 13, 66
Großer Wendelstein 153
Grundig, Hans 15
Grünes Gewölbe 9, 53, 67f
»Gruppe der 20« 27

Hardt, Christine 17
HATiKVA, Begegnungszentrum 97
Hauptstraße 88,104
Hausmannsturm 7, 9, 66
Heckel, Erich 20
Heermann, Paul 10
Heißluftballone 39
Hellerau 162f
Herder, Johann Gottfried 6
HG Merz 98
Hochschulen 30
Hochwasser 7
Hotels 41ff
Hoym, Adolf Magnus von 11
Hoym, Anna Constantia von (Gräfin von Brockdorff, Gräfin von Cosel) 10, 75

Ihagee-Kamerawerke 19
Imbiss 45
Internationales Congress Center 43
Italienisches Dörfchen 26, 61

Jacques-Dalcroze, Émile 15
Japanisches Palais 24, 86f, 164
Johann Georg III. 10
Johann Georg IV. 10
Johannisfriedhof 25
Jordan, Gottfried Heinrich Christoph 18
Josef-Hegenbarth-Archiv 131, 142
Jugendherberge 40

Kaffeefilter 17
Kästner, Erich 15, 85, 95
Käthe-Kollwitz-Haus 157
Kersting, Georg Friedrich 15
Kinder 96, 118, 176
Kinos 48, 106
Kirchen
  Dreikönigskirche 7, 85, 90, 92
  Frauenkirche 6, 8, 13, 25ff, 47, 53, 63f, 165
  Hofkirche (Kathedrale Ss. Trinitatis) 16, 53, 61f, 165
  Kreuzkirche 7, 112, 113f
  Loschwitzer Kirche 22, 24, 136, 166
  Pillnitzer Weinbergkirche 22
  Martin-Luther-Kirche 85, 95
  Matthäuskirche 24, 169
  Schifferkirche Maria am Wasser 131, 143, 167
  Weinbergkirche »Zum Heiligen Geist« 29, 131, 142f
Kirchner, Ernst Ludwig 20, 21
Kirnitzschtalbahn 152
Kleinbild-Spiegelreflexkamera 19
Kleines Haus 47, 105
Kleist, Heinrich von 6
Klemperer, Viktor 15
Klengel, Wolf Caspar von 82
Klettersportler 9
Klotzsche, Flughafen 35
Kneipen 45
Kokokschka, Oskar 16
Konditorei Kreutzkamm 112
Königstraße 91f, 104
Königsufer 100
Konzerte 47
Körner, Theodor 15
Körnerplatz 131, 134ff
Kraszewski, Jósef Ignacy 99
Kristallpalast 117
Kronentor 54
Kügelgen, Gerhard von 89
Kügelgenhaus 89
Kulka, Peter (Sächsischer Landtag) 26
Kulturpalast 26, 48, 64, 113, 126
Kulturzentrum Scheune 95, 103
Kunstakademie 25, 71
Kunsthandwerk 32
Kunsthandwerker-Passagen 84, 90, 104
Kunsthaus Dresden 92
Kunsthof-Passage 85, 95, 105
Künstlergruppe Brücke 20
Kupferstich-Kabinett 66, 68

Lampenfabrik Seifert 21
Landesbühnen Sachsen 48, 160
Langer Gang 67
Lange Nacht der Wissenschaften 31
Lesben 48
Libeskind, Daniel 26, 98
Lingner, Karl August 19
Liotard 7
Lippe, Prinz zur Weingut Schloss Proschwitz 29
Lipsius, Constantin 25
Löffler, Fritz 25
Lokomotive 19
Longuelune 86
Loschwitz 6, 22
Louisenstraße 7
Löwenkopfbastei 139
Ludwig XIV. 10
Luther, Martin 95

Marcolini-Palais 170
Maria am Wasser 143
Marienbrücke 22
Märkte 46
Martin-Luther-Platz 85, 95
Mathematisch-Physikalischer Salon 56
May, Karl 15
Mayenburg, Ottomar Heinsius von 18
Meißen 7, 153ff
Meißen, Sächsische Winzergenossenschaft Meißen 28
Meißener Porzellan 19, 47, 154f
Meißner Schieler 28
Merz, HG 26
Milchschokolade 18
Mineralwasser 18
Moritzburg 156f
Moritzburger Teiche 21
Moritz von Sachsen, Kurfürst 82
Mosaikbrunnen 120
Mueller, Otto 20
Müller, Lutz Winzer 29
Müller-Thurgau 28
Münzkabinett 66, 69
Museen 8, 174
  Carl-Maria-von-Weber-Museum 131, 143
  Deutsches Hygiene-Museum 118

Erich Kästner Museum 93
Johanneum / Verkehrsmuseum 75
Karl-May-Museum 160
Kindermuseum 118
Kraszewski-Museum 99
Kunstgewerbemuseum 139f
Landesmuseum für Vorgeschichte 87
Leonhardi-Museum 135
Militärhistorisches Museum der Bundeswehr 98
Militärhistorisches Museum 26
Museum der Dresdner Romantik 84, 89
Museum für Sächsische Volkskunst 98
Museum für Völkerkunde 87
Stadtmuseum 53, 76
Verkehrsmuseum 53, 75
Weber-Museum 131
Weingut-Museum Hoflößnitz 28
Museumssommernacht 9
Musikfestspiele 9

Neptunbrunnen 170
Neue Synagoge 25, 53, 76, 165
Neue Wache 88
Neues Palais 139
Neumarkt 26, 53, 75
Neustadt 7, 22, 81
Neustädter Markt 88f
Neustädter Markthalle 90
Nolde, Emil 20
Nordbad 97
Nymphenbad 54
Nymphenbrunnen 89

Odol-Mundwasser 19
Öffentlicher Nahverkehr 37
Öffnungszeiten 174
Oper 47
Ortenburg 158

Paddeltouren 39
Palais im Großen Garten 119
Palucca Schule 15
Palucca, Gret 15
Parken 38
Parkleitsystem 38
Passage Königstraße 92, 104
Paulick, Hermann 93
Pechstein, Max 20
Penck, A.R. 15, 41
Pensionen 41ff
Permoser, Balthasar 15
Permoser-Kanzel 17
Pfeiffer, Felix 99
Pfunds Molkerei 96
Pietzsch, Martin 142
Pillnitz 7, 22, 167
Pillnitzer Park 138ff
Pillnitzer Kamelie 140
Pirna 149
Polizei 175
Pöppelmann, Matthäus Daniel 24, 29, 86, 92
Porzellanmanufaktur Meißen 56
Porzellansammlung 55
Post 175
Prager Straße 26, 46, 111, 116f, 126
Prisco-Passage 91f, 104
Programmkinos 48
Prohlis 26
Projekttheater 105
Puppentheater Sonnenhäusl 120, 121
Puppentheatersammlung 98

Radebeul 28f, 160
Raffael's Engel 47
Rambold, Adolf 17
Rathaus 114
Rathausturm 7
Rathen 149
Rebeccabrunnen 92
Reisezeit 172
Residenzschloss 8, 13, 53, 65ff
Restaurants 45
Richter, Adrian Ludwig 16
Richter, Gerhard 16
Riesling 27
Rietschel, Ernst 16
Rikscha 38
Rosengarten 99, 165
Rundflüge 39
Rüstkammer 57

Sächsische Dampfschifffahrt 39, 53, 74
Sächsische Küche 45
Sächsische Schweiz 7, 9, 39, 148ff
Sächsische Sprache 34
Sächsische Staatskapelle Dresden 13, 61, 100
Sächsische Staatsoper 61
Sächsische Weinstraße 9, 29
Sächsische Winzergenossenschaft Meißen 29
Sächsische Zeitung 47
Sächsischer Landtag 26
Sächsischer Wein 45, 47
Sächsische Weinstraße 29
Sächsischer Weinwanderweg 29
Sächsisches Staatsweingut Schloss Wackerbarth 29
Saxonia-Lokomotive 18
S-Bahn 36
Schauspielhaus 47
Schiffsreisen 36
Schiller-Denkmal 92
Schillerhäuschen 135
Schillerplatz 134
Schilling, Johannes 16
Schloss Albrechtsberg 47f, 131, 132, 146
Schloss Eckberg 133
Schloss Moritzburg 23, 156
Schloss Pillnitz 8, 24, 38, 131, 138ff, 167
Schloss Wackerbarth, Sächsisches Staatsweingut 29
Schmidt, Karl 20
Schmidt-Rottluff, Karl 20, 21
Schmilka 8
Schubert, Johann Andreas 19
Schütz, Heinrich 14
Schwebebahn 38, 136
Schwule 48
Seelig, R. & Hille, Teekanne-Stammhaus 16
Seestraße 46
Seifert, Karl-Max 20
Semper, Gottfried 25
Semper Kleine Szene 105
Semperoper 13, 14, 25, 47, 53, 60f, 165
Seyffert, Oskar 98
Sixtinische Madonna 9
Skulpurensammlung 57, 72
Societaetstheater 90, 102, 105
Sorben 34
Souvenirs 47
Speedbootfahrten 39
Sputh, Robert 17
Staatliche Kunstsammlungen Dresden 21
Staatliche Naturhistorische

Sammlungen 87
Staatsoperette 48
Staatsschauspiel Dresden 47
Stadtfest 22
Städtische Galerie (Landhaus) 76
Stadtmagazin SAX 47
Stadtrundfahrten 39
Stadtrundgänge 39
Stadtzentrum-Ring 25
Stallhof 67
Standseilbahn 38, 166
Stella, Frank 26
Sterl, Robert 16
Stollen 33
Stollenfest 33
Straßenbahn 34, 37
Strauss, Richard 15
Striezelmarkt 9, 32, 33, 113
Struve, Friedrich Adolph August 17
Stufenpyramide 32
Synagoge 25, 76

Tanz 106
Taschenbergpalais 23, 25, 42
Taxi 38
Technische Sammlungen 18
Technische Universität 30
Teekanne-Stammhaus R.Seelig & Hille 17
Telefonieren 175
Theater 47, 105f
Theater Junge Generation 48
Theaterplatz 25, 52, 60f
Thomae, Benjamin 88, 89
Tickets 48
Tillich, Stanislaw 159
Timaeus, Friedrich 18
Trinkgeld 175
Tscharmann, Heinrich 25, 100
Tschirnhaus, Ehrenfried Walther von 19, 72, 154
Türckische Cammer 66

Übernachten 40ff
Übigau 7
Unesco 7

Wachwitz 131, 142
Wackerbarth, Schloss Sächsisches Staatsweingut 29
Wagner, Richard 14
Währung und Geldwechsel 173
Waldow, Edmund 25, 100
Wallpavillon 24, 54
Wanckel, Otto 25, 100
Wasserpalais 139
Weber, Carl Maria von 14
Weidner, Paul 95
Weihnachtsmarkt 32
Weinanbaugebiete 28
Weinfeste 29
Weingut Hoflößnitz 29
Weingut Jan Ulrich 29
Weingut Schloss Proschwitz Prinz zur Lippe 29
Weingut Vincenz Richter 29
Weingut Zimmerling 29
Weinhaus Schuh 29
Weißburgunder 28
Weißer Hirsch 130f, 142
Weißes Tor 91
Welterbeliste der Unesco 6
Wende 1989 25
Wendler, Herbert 18
Wiedemann, Ludwig 89
Wigman, Mary 15
Wolf, Paul 99

Yenidze 164, 170

Zahnpaste 17
Zeit 173
Zweiter Weltkrieg 12
Zwinger 12, 24, 52, 54ff

Abbildungsnachweis

Abkürzungen: (o) oben; (u) unten; (l) links; (r) rechts; (m) Mitte

Umschlag: HB Verlag/Kirchner

AKG Images, Berlin: *2u, 14 om H. Schütz, Dafne, Titelblatt der Ausgabe Breslau (David Müller) o. J. 1627, 1*
Carl Maria von Weber, Porträt mit Rahmenzeichnung (Szenen aus dem Freischütz, Stahlstich von Albert Henry
Payne, 14ul, 14ur Richard Wagner, Uraufführung des "Rienzi" am Dresdner Hoftheater am 20. Okt. 1842, zei
nössischer Holzstich, 15l Mary Wigman, Porträtaufnahme, undat. (Robertson), 15r Karl May, Porträtaufnahme
1892, 15u Erich Kästner, Porträtaufnahme um 1959, 16ml "Caspar David Friedrich in seinem Atelier", Gemäl
1812 von Georg Friedrich Kersting, 16lu "Dresden vom rechten Elbufer unterhalb der Augustusbrücke" Gemäl
Bernardo Bellotto 1748 genannt Canaletto, 20u "Eine Künstlergemeinschaft" (Die Maler der Brücke) 1925 von
Ernst Ludwig Kirchner, 21u "Eisenbahnunterführung Löbtauer Straße in Dresden, 1910/1926" von Ernst Ludw.
Kirchner, 135or "Schiller und Körner in Loschwitz", Holzstich von Theobald R. Frhr. v. Oer 1807-1865; Deutsc
Hygiene-Museum/Sandra Neuhaus: 118, Deutsche Telekom: 175o; W. Dieterich, Stuttgart: 6/7 Hintergrund, 9u
24m, 132/133, 133or, 155om; R. Freyer, Freiburg: 2lII, 3V, 24ul, 49, 52ul, 53o, 64u, 67ul, 82/83, 85u, 86
86u, 87o, 91, 96o, 96/97m, 96ul, 98u, 99o, 109, 110o, 116u, 120ol,156, 157or, 171; R.M. Gill, Tübinger
2lI, 2 IV, 5, 10ml, 10/11 Hintergrund, 11or, 12/13 Hintergrund, 13o, 25ol, 25ur, 35, 53mr, 61ur, 62 m, 64o
67o, 67 ur, 70ol, 70/71, 70ul, 72o, 74or, 81, 84ul, 85o, 88, 89u, 90 ml, 90ur, 92ol, 92ml, 111ur, 150ol, 1
151or, 165, 175u; HB Verlag, Ostfildern: (Kirchner) 3 III, 3 V, 6, 7o, 8/9m, 8ol, 8ul, 14ol,15m, 16ol, 21or, 2
Hintergrund, 23ol, 23m, 24ol, 28ol, 28mul, 29or, 29ul, 32/33, 50ur, 51o, 52ol, 52mr, 54l, 54/55, 56ol, 56
56/57, 58ol, 60, 61ol, 61or, 62ol, 64or, 68ol, 68ur, 73or, 75u, 76, 93ml, 93ur, 94ul, 94ur, 95o, 95mr, 95u
97or, 110ul, 111or, 112/113, 112u1, 114, 116o, 117o, 120/121, 121o, 122lo, 122m, 123, 128/129, 130
131m, 132u, 137u, 140, 147, 149o, 149u, 150/151, 151ur, 154ol, 154u, 154/155, 157mr, 160ol, 160m,
F. Ihlow, Potsdam: 3l, 3lI, 10mr, 11u, 16or , 16uml, 17, 21om, 26or, 26ml, 26ur, 28/29, 53ul, 55o, 57or, 5
58ur, 59u, 65, 72ur, 73u, 74ul, 75ol, 82u, 84l, 89o, 90o, 92ur, 100, 107, 115ol, 115ur, 119, 127, 131lo,
134m, 1381, 143u1, 152u, 152mr, 153, 158ol, 158ur, 159ur, 159o, 164; La Terra Magica, München: 175
picture-alliance/dpa, Hamburg: (ADN) 27m; T. Stankiewicz, München: 9or, 22l, 30/31, 63, 108, 111or, 139
139u; M. Weigt, Berlin: 3IV, 7u, 18ol, 18ml, 18/19m, 19, 28mol, 28lu, 130u, 131ul, 134ol, 135u, 136or,
136ml, 142, 143o, 161, 162ul, 162or, 163u, 166or, 166/167, 167u, 168ul, 169ul, 170ol

Leserbefragung

Ihre Ratschläge, Urteile und Empfehlungen sind für uns sehr wichtig. Wir bemühen uns, unsere Reiseführer ständig zu verbessern. Wenn Sie sich ein paar Minuten Zeit nehmen, diesen kleinen Fragebogen auszufüllen, könnten Sie uns sehr dabei helfen.

Wenn Sie diese Seite nicht herausreißen möchten, können Sie uns auch eine Kopie schicken, oder Sie notieren Ihre Hinweise einfach auf einem separaten Blatt.

Bitte senden Sie Ihre Antwort an:
NATIONAL GEOGRAPHIC SPIRALLO-Reiseführer, MAIRDUMONT GmbH & Co. KG, Postfach 31 51, D-73751 Ostfildern, E-Mail: spirallo@nationalgeographic.de

Über dieses Buch …

NATIONAL GEOGRAPHIC SPIRALLO-Reiseführer DRESDEN

Wo haben Sie das Buch gekauft? ____________________

Wann? Monat / Jahr

Warum haben Sie sich für einen Titel dieser Reihe entschieden? ____________________

Wie fanden Sie das Buch?

Hervorragend ☐ Genau richtig ☐ Weitgehend gelungen ☐ Enttäuschend ☐

Können Sie uns Gründe angeben?

Bitte umblättern …

Hat Ihnen etwas an diesem Führer ganz besonders gut gefallen?

____

____

____

____

____

Was hätten wir besser machen können?

____

____

____

____

____

____

Persönliche Angaben

Name ______________________________________

Adresse ______________________________________

____

____

Zu welcher Altersgruppe gehören Sie?
Unter 25 ☐ **25–34** ☐ **35–44** ☐ **45–54** ☐ **55–64** ☐ **Über 65** ☐

Wie oft im Jahr fahren Sie in Urlaub?
Seltener als einmal ☐ **Einmal** ☐ **Zweimal** ☐ **Dreimal oder öfter** ☐

Wie sind Sie verreist?
Allein ☐ **Mit Partner** ☐ **Mit Freunden** ☐ **Mit Familie** ☐

Wie alt sind Ihre Kinder? _____

Über Ihre Reise …

Wann haben Sie die Reise gebucht? Monat / Jahr

Wann sind Sie verreist? Monat / Jahr

Wie lange waren Sie verreist? ______________________________________

War es eine Urlaubsreise oder ein beruflicher Aufenthalt? ______________________________________

Haben Sie noch weitere Reiseführer gekauft? ☐ **Ja** ☐ **Nein**

Wenn ja, welche? ______________________________________

____

Herzlichen Dank dafür, dass Sie sich die Zeit genommen haben, diesen Fragebogen auszufüllen.